죽음은   최소한으로   생각하라

스티븐 내들러
연아람 옮김

Think Least
of Death

삶과
죽음에 대한
스피노자의
지혜

죽음은　　　최소한으로　　　생각하라

민음사

차례

일러두기

1 옮긴이 주는 각주(*)로, 저자가 강조한 단어나 구절은 고딕으로 처리했다.

2 원문의 affect는 '정서'로, emotion은 '감정'으로 번역했다.

1 새로운 삶의 방식

매일 수십억의 사람들이 엄청난 시간을 바쳐 가며 상상의 존재를 경배한다. 더 정확하게 말하면 아브라함 계통의 세계 주요 종교가 모시는 유일신을 칭송하고 찬양하며 기도한다. 그들은 초월적이고 초자연적인 신에게 희망을 품고 그러한 신을 경외한다. 그리고 신이 이 세상을 창조했고 지금도 다스린다고 믿는다.

유대교, 기독교, 이슬람교의 예언서에 등장하는 이 신은 우리에게 익숙한 심리적, 도덕적 특성을 지닌다. 대개 남성으로 그려지는 신은 인식, 지각, 계획, 의지, 욕망이 있으며 질투, 실망, 즐거움, 슬픔과 같은 감정도 느낀다. 신은 권능을 지니고 자유로우며 전지전능하다. 인간이 지켜야 할 계명을 내리고 지키지 않는 이들에게 혹독한 벌을 내린다. 또 신은 선하고 인자하고 자애로우며, 신이 이 세상을 위해 구상하고 추구하는 계획은 지혜와 정의에 입각한다.

17세기 철학자 벤투 드 스피노자[1]는 너무나 인간 같은 이런 신은 존재하지 않는다고 주장한다. 그는 이런 신이 미신적 허구일 뿐이며, 하루하루 삶의 부침에 고단함을 느끼는 인간의 비이성적인 정념에서 비롯된 것이라고 주장한다. 인간은 자신의 바람과 어긋나는 불안한 세계에서 혼란스럽고 버림받은 감정을 느끼지만 동시에 그런 세상에서 질서와 또 우연이라고 보기 힘든 편의를 발견하기 때문에 세상을 관장하는 상상의 정령을 그려 낸다. 이 정령은 인간을 본떠 만들었으며 세상 만물이 특정한 목적을 향해 가도록 지시한다. 스피노자는 상상의 신을 만들어 내는 인간의 심리적 과정을 다음과 같이 묘사한다.

> 인간은 내적으로나 외적으로나 자신에게 이로운 것을 추구하는 데 매우 유용한 수단들을 찾는다. 예를 들면 보는 데 필요한 눈, 씹는 데 필요한 이, 음식으로 쓸 식물과 동물, 세상을 밝힐 해, 물고기를 키울 바다 같은 것들 말이다. 그 결과 인간은 모든 자연물을 인간에게 유익하도록 만들어진 수단이라고 여긴다. 그리고 이러한 수단들을 스스로 마련하지 않고 발견했기 때문에, 다른 누군가가 인간을 위해 그 수단들을 미리 마련해 두었다고 믿는다. 또 인간은 모든 것을 수단으로 여겼으므로 그것들이 스스로 생겨났다고 믿지 않는다. 그 대신 자신에게 마련된 그런 수단들을 통해 이 세상에는 인간의 자율

성을 지닌 하나 또는 여러 지배자가 있으며 그 지배자가 인간을 위해 세상 만물을 지배하고 인간이 사용할 수 있도록 그 만물을 창조했다는 결론에 이른다.[2]

참으로 마음이 편안해지는 사유가 아닐 수 없다. 하지만 이런 생각이 가져다주는 위안에는 진실이 없다. "인간을 닮은 신을 꾸며 내는" 사람들은 "신을 진정으로 안다고 말할 수 없다." 초월적인 신은 존재하지 않는다. 초자연적인 존재는 없으며, 어떤 것도 자연과 별개로 또는 자연 너머에 존재할 수 없다. 천지 창조가 없었으므로 최후의 심판도 도래하지 않는다. 오직 자연과 자연에 속한 것만 있을 뿐이다.

그럼에도 '신'이라는 단어는 여전히 사용할 수 있으며, 신의 정의(적어도 스피노자가 살았던 시대의 철학자들 사이에 통용되던)에 부합하는 자연의 핵심적인 특징을 설명하는 데는 유용하기까지 하다. 스피노자는 자연을 영원하고 무한하며 필연적으로 존재하는 실체이자, 실재하는 다른 모든 것의 가장 실재적인 자기 원인이라고 정의한다.('실체'는 스피노자 형이상학의 기본 개념으로 "자신 안에 있으며 그 자신을 통해 파악되는 것", 즉 진정한 존재론적, 인식론적 독립성을 지니는 것이라고 정의된다.) 그러므로 신은 자연 그 자체와 전혀 다르지 않다. 신이 곧 자연이며, 자연은 존재하는 모든 것이다. 이

새로운 삶의 방식

것이 바로 스피노자가 "신 즉 자연(Deus sive Natura)"이라는 표현을 즐겨 썼던 이유다.

　불후의 철학 명저인 『에티카』의 앞부분에서 스피노자는 "모든 것이 신 안에 존재"하므로 "신의 본성의 필연성으로부터 무한히 많은 것이 무한히 많은 방식으로 생겨날 수밖에 없다."[3]라고 말한다. 모든 것은 예외 없이 자연 안에 존재하고 자연에 속한다. 즉 만물은 자연법칙의 지배를 받고 다른 자연적 원인에 의해 야기된다. 스피노자의 이론은 역사적으로 가장 일반적인 해석인 범신론으로도, 그의 가장 격렬한 반대파(그리고 열렬한 팬들)의 견해인 무신론으로도 해석될 수 있다. 어느 쪽이 되었든 그가 아브라함 계통의 인간화된 인격신을 부정했다는 사실은 논쟁의 여지가 없다.[4]

　따라서 스피노자의 논리는 적어도 우리가 일반적으로 알고 있는 신의 섭리는 없고, 있을 수도 없다는 결론에 이르게 된다. 자연에서 일어나고 자연의 법칙에 의해 일어나는 모든 것은 무조건적이고 절대적인 필연성으로 발생한다. 모든 것과 모든 상황은 그렇게 되도록 인과적으로 결정된다. 자연 그 자체도, 자연 안에 있는 어떤 것도 다른 방식으로 존재할 수 없다. 스피노자의 표현처럼 "자연 안에는 어떤 것도 우연이 없고, 모든 것은 신의 본성의 필연성으로 인해 특정한 방식으로 존재하고 작용하도록 결정되어 있다."[5]

스피노자의 관점에서 이것은 발생 가능한 세계 중에 최선의 세계가 아니다. 발생 가능한 여러 세계 중 하나는 더더욱 아니다. 이것은 발생 가능한 유일한 세계다. "사물이 신에 의해 지금과 다른 방식으로, 그리고 지금과 다른 질서로 산출되었을 가능성은 없다."[6]

자연법칙의 예외적 경우로 신성의 힘으로 일어났다고 인식되는 기적 역시 없으며 있을 수 없다는 것은 말할 필요도 없다. 단순히 기적이 일어날 가능성이 희박하다거나 목격하기 매우 어렵다는 말이 아니다. 기적은 형이상학적으로 불가능한 일이다. 자연은 자신의 필연적 방식을 절대 거스를 수 없다. 우리가 기적이라고 받아들이는 사건은 그저 그 현상을 설명할 수 있는 자연법칙을 우리가 모르는 것뿐이다. "자연 안에서는 자연의 보편 법칙에 반하는 어떤 것도 일어나지 않는다. (……) '기적'이라는 단어는 인간의 의견과 관계되지 않으면 이해될 수 없을 뿐 아니라, 다른 익숙한 것을 예로 들어 그것의 자연적 원인을 설명할 수 없거나 적어도 그것을 기적이라고 쓰고 이야기하는 자가 설명하지 못하는 자연 현상일 뿐이다."[7]

목적론 또한 허구다.[8] 자연은 그리고 자연 안에는 아무런 목적도 없다. 자연은 다른 어떤 것을 위해 존재하지 않으며, 어떤 목적을 위해 어떤 것을 지배하지도 않는다. 무엇이

새로운 삶의 방식

든 존재하는 것은 그저 존재하는 것이고, 무엇이든 일어나는 일은 그냥 일어나는(그리고 일어나야만 했던) 것이다. 우주 그 자체도, 우주 안에 있는 어떤 것도 어떤 목적을 이루기 위해 창조되지 않았다.

목적론의 진리는 도덕적 가치와 미학적 가치에도 적용된다. 그 자체로 선하거나 나쁘거나 아름답거나 추한 것은 없다. "선과 악에 관해 말하자면, 사물들이 그 자체로 고찰되는 한 그것은 사물 안에 있는 어떤 실체적인 것도 나타내지 않으며, 사유의 양태 또는 우리가 사물들을 서로 비교하면서 형성하는 관념에 지나지 않는다."[9] 신은 세상이 선해서 창조한 것이 아니다. 신이 창조해서 세상이 선한 것도 아니다. 다시 한번 말하지만, 존재하는 것은 모두 그냥 존재하는 것이며 지금의 모습은 필연적이다. 더 이상의 설명은 필요하지 않다.

『에티카』 중 형이상학을 다룬 부분에서 정의, 공리, 정리와 증명, 계(系),* 주석 같은 '기하학적 방법'을 통해 스피노자가 묘사하고 정립한 우주는 이러하다. 이 우주는 언뜻 보면 암울한 세계 같고 허무주의의 가장 극단적인 형태처럼 보이기도 한다.

---

* 어떤 명제나 정리로부터 옳다는 것이 쉽게 증명되는 다른 명제나 정리.

그러나 이게 다가 아니다.

자연의 신성한 필연성은 나무에서 사과가 떨어지고 바위가 언덕 아래로 굴러가는 물리적인 물질의 세계뿐 아니라 인간의 정신에서 일어나는 일들을 포함한 인간 행위의 영역까지 지배한다. 움직이는 물체가 물리 법칙에 따르듯 우리의 일상적 의향과 선택인 사상, 관념, 의도, 감정, 판단, 욕망, 심지어 의지 작용도 필연적으로 엄밀한 사유의 법칙에 따른다. 실제로 스피노자는 인간의 심리를 다루는『에티카』3부의 도입에서 다음과 같이 공언한다. "나는 감정의 본성과 힘 그리고 감정을 지배하는 정신의 힘에 대해 이야기할 것이며, 앞에서 신과 정신을 다룬 것과 같은 방법으로 선, 면, 물체를 바라보듯 인간의 행동과 욕망을 고찰할 것이다."[10] 하나의 정신적 행위 또는 심리적 사건이 다른 정신적 행위 또는 심리적 사건에 뒤이어 일어나는 것은 내각의 합이 180도를 이룬다는 삼각형의 본질과 동일한 필연성과 연역적 확실성에 의해서다. 정신도 물체와 마찬가지로 엄격한 인과적 결정론의 지배를 받기에 그 무엇도 지금과 달랐을 가능성은 없다.

이는 곧 의지의 자유 같은 것은 존재하지 않는다는 의미다. 인간이 애쓰거나 욕망하거나 선택하는 것이 정신의 자유 의지적 행위라는 관념, 즉 신념, 감정과 같은 다른 정

새로운 삶의 방식

신적 요소나 신체 상태의 영향을 받을 수는 있으나 그런 것들에 의해 절대적으로 결정되는 일은 결코 없다는 생각은 착각이다. "모든 인간은 사물의 원인을 모른 채 태어난다. (……) (인간은) 자신의 의지와 욕구를 의식하므로 스스로 자유롭다고 여기지만 자신이 애쓰고 원하게 된 원인에 대해서는 꿈에서조차 생각하지 않는다. 그 원인에 대해 무지하기 때문이다."[11] 물론 인간에게 주어진 자유가 없는 것은 아니다. 자유를 얻기 위해 최선을 다해 노력하는 것은 유익한 일이다. 이것이 바로 『에티카』의 핵심이다. 그러나 인간의 자유는 과거와 다른 선택, 노력, 행위를 했을 수도 있었다는 능력에 있지도 않고 그럴 수도 없다. "인간의 정신에 절대적이거나 자유로운 의지란 없다. 이런저런 것을 하려고 애쓰는 마음은 어떤 원인에 의해 결정된 것이고, 그 원인은 다른 원인에 의해, 다른 원인은 또 다른 원인에 의해 결정되며 이런 작용은 무한히 이어진다."[12]

세상 모든 것을 관장하는 신이 부재한다는 사실, 세상의 모든 의미와 가치가 사라진다는 사실, 인간에게 자유 의지가 없다는 사실을 안타까워하거나 상황이 지금과 다르기를 바라는 것은 무의미하다(절대 달랐을 리 없기 때문에). 순순히 체념하거나 자기 운명을 한탄하거나 자신을 그렇게 만든 자연에 저주를 퍼부으며 세월을 보내는 것은 시간 낭

비일 뿐 아니라 비이성적이고 위험한 일이다. 그것은 실제로 고통을 자초하는 일이자 스피노자의 말을 빌리면 정념의 '노예'가 되는 일이다.

그렇다면 대안은 무엇인가? 이렇게 끝없이 계속되고 무한하며 필연적이고 모든 것이 결정되어 있는 무의미한 세상에서 유한하고 언젠가는 죽음을 맞는, 가혹한 운명의 시련을 피할 수 없는 인간 같은 존재가 행복하고 활기차게 살아갈 수 있는 방법이 있기는 할까? 지혜롭고 정의로우며 만물을 관장하는 신이 어떤 목적을 지니고 이 세상을 다스리는 것도 아니고, 모든 것이 절대로 깨지지 않는 법과 같은 필연에 의해 좌우되며 다른 식으로 이루어졌을 가능성은 전혀 존재하지 않는다면, 그럼에도 인간이 인간의 자질과 노력으로 행복한 삶을, 나아가 '지복'이나 '구원'까지 얻을 수 있다고 기대할 수 있을까?

스피노자는 암스테르담의 포르투갈계 유대인 공동체에서 파문을 당했을 무렵 바로 이러한 질문에 경도되어 무역상의 삶을 포기하고 가장 심오하고 중요한 도덕 문제를 탐구하기 시작했다.

인간의 행복은 무엇이며 그 행복은 어떻게 이룰 수 있는가?

스피노자의 삶은 여전히 대부분이 베일에 가려져 있다. 그는 1632년 11월 24일에 암스테르담에서 포르투갈계 이민자인 미겔 드 스피노자와 그의 두 번째 부인 한나 데보라 사이에서 태어났다. 그의 부모 미겔과 한나는 모두 콘베르소(converso, 중세 스페인과 포르투갈에서 강압에 못 이겨 가톨릭으로 개종한 유대인) 출신이었는데, 유대교에 관대했던 네덜란드로 망명하자마자 다시 유대교로 돌아와 자유로운 종교 생활을 누렸다. 아버지 미겔이 무역상이었기에 비교적 부유했던 그의 가족은 암스테르담의 유대인 사이에서 유력 인사였다. 스피노자와 그의 형제들은 유대계 공동체의 학교에 다녔고 아버지의 사업을 도왔다.

그러나 스피노자의 어린 시절과 청년 시절에 대해서는 알려진 바가 거의 없다. 공식 문서에 기록된 "극악무도한 이단 행위와 추악한 행위"로 인해 추방되었다는 사실 말고는 그가 왜 추방을 당했는지도 분명치 않다. 그나마 알려진 이야기라고는 1677년 2월 21일에 요절하기 전까지의 성년기 시절뿐이다. 스피노자가 죽고 나서 친구들은 출판되지 않은 그의 라틴어와 네덜란드어 저술을 한데 모았다. 그러나 개인적인 이야기가 담긴 서신은 모두 파기하는 바람에 편지를 통해 짐작할 만한 그의 삶과 철학 외의 문제에 대한 그의 생각을 후대 사람들은 영영 알 수 없게 되었다.

그럼에도 일반적으로 스피노자의 첫 저작이라고 알려진 『지성교정론』은 그의 저서에서 흔히 볼 수 없는 자전적인 내러티브로 시작한다. 끝내 완성되지 못한 『지성교정론』의 도입부에서 짧게나마 스피노자가 자신의 삶의 궤적을 반추하는 것을 엿볼 수 있다. 이 책은 그가 추방당한 후 약 2년이 지난 1658년경에 집필하기 시작한 것으로 추정된다.

경험을 통해 삶에서 일상적으로 마주치는 모든 것이 공허하고 허무하다는 것을 알게 된 후, 그리고 나의 모든 불안의 근원과 대상이 내 정신에 영향을 준다는 점을 제외하면 그 자체로는 선도 악도 아니라는 사실을 깨달은 후, 나는 진정한 선, 즉 스스로 그 의미를 전달할 수 있고 다른 모든 것은 배제한 채 오직 정신만을 자극하여 변화시킬 수 있는 것이 존재하는가, 한번 발견하고 습득하고 나면 내게 끊임없는 궁극의 기쁨을 영원히 가져다주는 것이 실제로 존재하는가를 탐구하기로 굳게 결심했다.[13]

1656년 여름에 추방을 당하기 전까지 스피노자는 형 가브리엘과 함께 돌아가신 아버지에게서 이어받은 가업(수

입업)을 운영하고 있었다. 큰 빚을 함께 물려받은지라 부와 명예를 가져다준 사업은 아니었지만, "무언가 새롭고 다른 목표에 전념하기 위해" 사업을 포기하기는 주저될 만큼 수입은 넉넉했다. 삶은 만족스럽지 않았으나 "불확실한 시대에 무언가를 소망하면서 확실한 것을 잃어버릴 각오를 하는 일은 경솔해 보였다." 동시에 그는 '궁극의 행복'이 무역상의 삶이 아닌 다른 곳에 있다고 느꼈다. 무역업은 자신이 어찌하지 못하는 부침이 잦고 보상이나 보람도 크지 않았기 때문이다. 그는 더 높은 선을 추구할 수 있는 기회를 놓칠까 봐 두려웠다.

대개 삶에서 찾아오는 것, 인간의 행동으로 판단하건대 인간이 최고의 선이라고 여기는 것은 크게 부, 명예, 감각적 쾌락 세 가지로 추려진다. 인간의 정신은 이 세 가지 때문에 매우 산란하여 다른 선에 대해 생각할 수 없다. 감각적 쾌락의 경우, 정신이 이것에 완전히 집착한 나머지 어떤 선에 몰두한 것처럼 보인다. 그래서 다른 것은 생각할 수 없다. 그러나 감각적 쾌락을 누린 후에는 깊은 우울감이 따라오고, 이것은 다시 정신이 완전히 사로잡힌 경우가 아니라면 혼란과 무력감으로 이어진다. 부와 명예를 좇는 일 역시 상당히 인간의 정신을 빼앗아 가는데, 특히 부 그 자체를 위해 부를 축적하려

할 때 그러하며, 그 까닭은 부를 최고의 선으로 간주하기 때문이다.[14]

스피노자 이전의 사상가들이 그러했듯이 젊은 스피노자 역시 물질적, 사회적 성공이 가져다준다고 알려진 이익들은 오래 지속되지 않고 예측하기 힘들다는 사실을 깨달았다. 게다가 그런 이익들은 언제나 불안, 질투, 충족되지 않은 욕망과 같은 다양한 악을 동반한다. 더 오래 지속되는 만족의 근원을 찾던 스피노자는 "새로운 삶을 찾아 나서야" 할 때가 왔다는 결론에 다다랐고, 새로운 삶에 수반하는 위험과 불확실성에도 불구하고 그렇게 하는 것이 자신에게 유익하다고 굳게 믿었다. "본질적으로 불확실한 것이 아니라(나는 영구적인 선을 추구하므로) 성취 가능성 여부만이 불확실한 것을 위해 (……) 본질적으로 불확실한 선을 포기해야 한다." 실제로 그는 "확실한 선을 위해 확실한 악을 버려야 한다."라고 생각했다. 그래서 세속적 가치에 좌우되고 덧없는 소유물에 집착하는 인습적 삶을 포기하고 궁극의 선, 즉 진정한 행복을 추구하는 데 전념하는 철학의 삶을 살기로 했다.

이처럼 『지성교정론』의 도입부에서 스피노자는 자신의 학문적 과제가 처음부터 근본적으로 그리고 본질적으로 가장 넓은 의미에서의 도덕철학이었다는 사실을 밝히고 있다.

전통적 도덕철학은 개인이 행복에 이르는 방법을 연구했다. 소크라테스, 플라톤, 아리스토텔레스, 견유학파, 회의주의자, 스토아학파 등의 고대 철학자들에게 가장 중요한 관심사는 어떻게 하면 인간이 좋은 삶을 영위할 수 있을까 하는 것이었다. 덕에 관한 철학자들의 논의는 대부분 성장이나 행복으로 번역되는 에우다이모니아(eudaimonia)를 어떻게 획득할 것인가에 집중되었다.(물론 그러한 삶에는 다른 인간을 사려 깊게 대하는 것도 포함된다고 여겼다.) 기독교에 뿌리를 둔 중세 라틴 철학자들과 유대교나 이슬람교 전통에 의거하여 히브리어, 아랍어로 글을 쓰는 학자들에게도 철학의 목표는 크게 다르지 않았다. 물론 만물을 관장하는 유일신의 맥락에서는 그것을 축복이나 구원이라고 해석하지만 말이다.(일부 학자가 설명한 것처럼 고대 및 중세의 윤리는 근대의 윤리 개념보다 자기중심적이며, 옳은 것보다는 선한 것에 초점을 둔다.[15])

스피노자는 이러한 광의의 에우다이모니아 전통에 꼭 맞는 철학자다. 스피노자를 읽는 사람은 누구나 『에티카』에 나오는 신과 자연에 관한 충격적일 만큼 이단적인 이야기에 빠져들기 쉽다. 성서에 등장하는 기적과 신의 말씀으로서의 성서를 부정하는 주장도, 1670년에 출간되어 세간을 충격에 빠뜨린『신학정치론』에서 흔히 종교라 통하는 것들에 던진 단호한 비판도 확실히 매혹적이다. 어쨌거나 그의 도발적이고 급진적인 견해는 동시대인들에게 큰 충격을 안겼고, 수백 년 동안 학계와 대중으로부터 큰 주목을 받았다.[16] 그러나 스피노자 철학에서 그의 모든 형이상학적, 경험적, 정치적, 신학적, 종교적 이론이 추구하는 가장 중요한 목표는 바로 진정한 행복, 즉 안정되고 완전하며 변덕스러운 운에 휘둘리지 않는 행복에 이르는 길을 제시하는 것이다. 누가 봐도 안정적인 가업과 공동체에서의 안락한 지위를 포기하고 그가 철학에 매진하게 된 질문은 바로 철학의 아주 오랜 주제, 곧 무엇이 좋은 삶인가였다.

스피노자가 찾은 것, 그래서 우리에게 가르쳐 주고자 하는 것은 인간 본성의 완성이라 부를 수 있는 삶의 방법이 있다는 사실이다. 실제로 이 방법은 인간의 진정한 성장을 구성하는 조건이며, 심지어 인간을 신 또는 자연처럼 만들어 주기도 한다.

스피노자의 모든 저작을 관통하고 통합하는 하나의 주제가 있다면, 그것은 바로 자유다. 표현과 사상의 자유를 다루는『신학정치론』에서 그는 개인과 시민으로서의 자유와 종교적 자유를 이야기하면서 정치권력이나 종교 권력이 개인이 철학적으로 사색할 자유를 침해해서는 안 된다고 말한다. 그러면서 근대 초기 사회의 관용에 관한 아주 비범한 진술로 끝을 맺는다.

> 신앙과 종교가 자애와 평등의 실천만을 말하고 교회와 세속의 최고 권력자들이 행위에 대한 것에만 권한을 행사하는 것보다 공화국에 좋은 일은 없다. 다른 문제에 대해서는 모든 사람이 자신이 원하는 대로 생각하고 생각한 대로 말할 권리를 부여받아야 한다.[17]

『에티카』는 이와 관련은 있지만 종류는 다른 자유를 이야기한다. 사유하고 말하는 자유, 바라는 대로 행동하는 자유가 아니라, 능동적이고 자주적인 행위자가 되는 자유를 이야기한다. 인간은 자신이 통제할 수 없는 많은 것을 무모하게 좇거나 피하면서 주변 환경과 형편에 좌우되는 삶을 산다. 그러나 자유로운 인간(이하 자유인)은 삶을 스스로 통제한다. 반응하지 않고 **행동**한다. 원하는 것은 반드시 행동에 옮기되, 그가 원하는 것(그래서 곧 행위가 되는 것)은 내면의 상상, 감정, 기분이 아니라 인식에서 나온다. 자유인은 정념이 아니라 이성에 이끌려 산다. 간단히 말해서 자유인의 삶은 인간에게 귀감이 되는 삶이다.

인간 본성의 전형

스피노자의 세계에 불완전한 것은 존재하지 않는다. 결함이 있거나 어설프거나 부족한 것은 없다. 악도 없고, 본래 '그러해야 할' 상태에 미치지 못하는 것도 없다. 모든 것은 완전하다. 그러나 자연을 가치 중립적이라고 여긴 스피노자가 진정으로 의미한 바는 모든 것은 있는 그대로라는 점이다. 완전함이란 그저 실재다. 어떤 사물이 완전하려면 그것이 가진 실재성을 지니기만 하면 된다. 스피노자는 "나는 실재와 완전함을 동일한 것으로 본다."[1]라고 말한다. 무엇보다 중요한 사실은 '완전함'이 평가를 위한 개념이 아니라 존재를 표현하는 개념이라는 것이다.

물론 비교는 할 수 있다. 실제로 어떤 것은 다른 것보다 더 실재성을 갖고 더 완전하다. 이를테면 무한한 영속적 실체인 신 또는 자연은 무한한 완전성을 지닌다. 반면 스피노자가 영속적이고 무한하며 고유한 실체의 "유한한 양태"라고 부르는 나무나 기린, 인간과 같은 유한한 존재들은 유한한 완전성을 지닌다. 다시 말해 자연 그 자체는 절대적으로 완전하고, 자연 안에 있거나 자연에 속한 것은 자연의 완전성을 공유하고 고유의 제한적 측면 안에서 완전하다.

그럼에도 어떤 유한한 사물이 다른 유한한 사물보다 더 완전하다고, 어떤 것이 과거나 미래보다 지금 더 완전하다고 말할 수 있는 평가적 의미는 여전히 사라지지 않는다. 그러나 이러한 평가는 대개 주관적인 의견일 뿐이다. 스피노자는 완전함이 평가적 의미에서 쓰일 때 자연의 일상적 흐름에 의해 발생한 것은 그 무엇도 스스로 완전하거나 불완전하지 않다고 주장한다. 완전함과 불완전함은 순전히 그 사물에 대한 관찰자의 평가로 결정되는 문제라는 것이다.

예술과 기술이 결합한 결과물인 장인이 만든 작품을 예로 들어 보자. 이런 작품이 더 완전하고 덜 완전한지를 가르는 판단 기준은 두 가지뿐이다. 작가의 본래 의도에 얼마나 부합하는지 또는 평가자가 그러한 종류의 작품이 도달해야 하는 이상적인 전형을 무엇이라고 생각하는지다.

인간이 보편적 관념을 형성하여 가옥, 건물, 탑과 같은 사물의 형(型)들을 고안하고 어떤 형을 다른 형보다 선호하기 시작한 이후, 인간은 자신이 형성해 놓은 해당 사물에 대한 보편적 관념에 부합한다고 생각하는 것을 완전하다고 하고, 만

든 이가 완성했다고 여기는 것조차 자신이 생각해 온 형과 조금이라도 다르면 불완전하다고 했다.[2]

어떤 사물의 이상적인 형태에 대한 한 사람의 생각은 (경험 또는 취향의 차이로 인해) 다른 사람의 생각과 다를 수 있기 때문에 무엇이 완전하고 완전하지 않은지에 대한 평가도 달라진다. 가옥이나 탁자, 아이스크림의 이상적인 형태에 대한 보편적 관념이 다르면 해당 가옥, 탁자, 아이스크림이 얼마나 완전한지에 대한 판단도 달라질 것이다. 그런 평가는 매우 주관적이고 가변적이며 자의적인 기준에 근거할 뿐 아니라 어느 쪽이 맞는지 판단할 수도 없다.

이와 마찬가지로 인간이 창조하지 않은 자연물들을 더 완전하다거나 덜 완전하다고 평가하는 이유도 자연을 예술처럼 어떤 목적을 달성하기 위해 의도가 분명한 방식으로 행위하는 목적론적 존재라고 생각하는 (그릇된) 통념 때문인데, 이것은 아마도 일반적으로 사람들이 자연을 전지전능한 신의 창조물이라고 여겨서일 것이다. "사람들은 해당 사물이 자신이 가지고 있던 형과 일치하지 않는 일이 자연에서 발생하면, 자연 그 자체가 제대로 작동하지 않아 그것을 불완전하게 만들었다고 믿는다." 실제로 시든 나무는 나무란 본래 이렇다거나 이러해야 한다는, 자연은 어떻게 기능

인간 본성의 전형

해야 한다는 특정 관념을 가진 사람의 눈에만 불완전하다. 이런 생각은 그 나무의 본질과 아무런 상관이 없다. 스피노자는 "인간은 참된 인식이 아니라 편견에 근거하여 자연물을 완전하다거나 불완전하다고 부르는 데 익숙하다."[3]라고 결론짓는다.

그러니까 스피노자의 관점에서 보면 어떤 것을 평가하는 데 기준이 되는 형은 철저히 주관적이므로 완전함이나 불완전함도 일반적으로는 개인의 독자적 의견 표현에 불과한 온전히 주관적인 관념이다. 판단의 근거는 오직 그 판단을 내리는 사람에게 있고 판단은 그 사람에게만 유효하다. 스피노자에 따르면 "완전함과 불완전함은 사유의 양태, 즉 우리가 동일한 종(種) 또는 속(屬)의 개체를 다른 개체와 비교해서 만들어 내는 개념" 또는 이상적이라고 생각하는 해당 종의 형태에 비교해서 만들어 내는 개념일 뿐이다.[4] 어떤 것이 완전하거나 불완전한 것은 단지 그 사람이 그렇게 믿기 때문이다. 완전성과 불완전성은 그렇게 생각하는 사람의 믿음에 있을 뿐이다. 다시 말해 그 사람의 눈에만(그리고 우연히 그와 해당 사물의 이상적인 형태에 대한 생각이 같은 사람의 눈에만) 완전하다. 그것을 완전하다고 믿는 것은 단지 그 사물의 당위적 형태에 대해 개략적이지만 개인적인 생각을 지니고 있기 때문이다.

스피노자는 이와 유사한 고찰이 다른 평가적 개념, 이를테면 선과 악[5]에도 적용된다는 점을 보여 준다. "선과 악에 관해 말하자면, 사물들이 그 자체로 고찰되는 한 그것은 사물 안에 있는 어떤 실체적인 것도 나타내지 않으며, 사유의 양태 또는 우리가 사물들을 서로 비교하면서 형성하는 관념에 지나지 않는다."[6] 이는 도덕적으로 가장 중요한 두 개념에서 실질적인 규범적 힘을 없애는 것처럼 보인다. 이렇게 되면 진정으로 선하거나 악한 것은 없고 모두 보는 사람의 마음에 달려 있게 된다. 선악의 문제에 정답과 오답이 없으므로 무엇이 선이고 악인지 의견이 갈릴 때는 그저 견해의 차이를 인정하기만 하면 된다.

이런 급진적인 도덕적 주관주의가 스피노자의 근본 입장일까?[7] 그는 정말로 사물의 완전성 또는 선에 대한 객관적으로 진실한 판단, 즉 누군가의 생각과 별개로 무엇이 선이고 악인지에 대한 진실한(또는 거짓된) 판단은 없다고 믿는 걸까? 어떤 사람, 어떤 행위, 어떤 삶의 방식보다 진정 더 나은 사람, 더 나은 행위, 더 나은 삶의 방식은 전혀 없는 걸까?

이는 상황에 따라 다르다. 만일 평가적으로 어떤 것이 다른 것과 무관하게 절대적인 의미에서 그 자체로 완전하거나 선한지 묻는다면 그 대답은 '절대 그렇지 않다'이다. 스피

인간 본성의 전형

노자는 철학의 길로 들어설 무렵부터 이 점에 대해 입장을 꽤 분명히 했다. 초기작(그러나 곧 집필을 중단한)『신, 인간, 인간의 행복에 관한 소론』에서 스피노자는 "선과 악 또는 죄는 실재성이 있는 사물이 아니라 그저 사유의 양태에 불과하다."[8]라고 주장했다. '선과 악은 무엇인가'라는 장에서 그는 선과 악이 실재적 존재라는, 즉 사물 내지 어떤 사물이 다른 사물과 상관없이 지니는 특질이라는 주장에 반론을 펼친다. 그는 "선과 악은 관계에 지나지 않는다."라고 말하면서, 명료하고 확실한 설명을 위해 증명의 형식으로 자기 주장의 근거를 밝힌다.

> 자연에 존재하는 것은 모두 사물이거나 행위다.
> 선과 악은 사물도 행위도 아니다.
> 그러므로 선과 악은 자연에 존재하지 않는다.[9]

이에 따라 선과 악이 사물 또는 상황의 본질적이거나 비관계적 성질이라는 주장도 성립하지 않는다.

그럼에도 완전함 또는 선을 평가하는 방법이 있다면? 사물이 이러이러해야 한다는 주관적이고 임의적이며 가공된 기준, 곧 이 사람 저 사람의 경험과 취향을 반영할 뿐인 기준이 아니라, 사물의 진정한 본질에 입각한 기준과 비교하여 평가할 수 있는 방법이 있다면? 그러한 판단은 단순히 개인의 선호나 의견 표현에 그친다고 볼 수는 없을 것이다.

스피노자가 천착한 좋은 삶은 무엇인가라는 문제는 결국 한 인간의 삶을 평가하고 그것이 좋은 삶이라고 말할 수 있는 객관적인 기준이 존재하는가라는 문제로 귀결된다. 이 사람이 다른 사람보다 선하고 완전하다고 판단할 수 있는 기준이 있는가? 사람들의 생각과 상관없이 인간에게 객관적으로 더 나은 행동 방식과 삶의 방식이 존재하는가? 플라톤의 대화편 『소크라테스의 변명』에서 소크라테스가 "성찰하지 않는 삶은 살 가치가 없다."라는 단정적이고 기탄없는 주장을 펼쳤던 것처럼, 모든 조건을 고려했을 때 스피노자가 어떤 삶을 다른 삶보다 낫다고 권고할 수 있는 객관적인 기준은 과연 있을까?

사실 스피노자는 그러한 기준이 있음을 인정한다. 그는 이 기준을 "인간 본성의 전형(exemplar naturae humanae)"이라고 부르는데, 이것은 개인적인 기호의 문제로 받아들일 수 있는, 곧 보는 사람이 시각적으로 매력적이라고 느끼는 나무나 먹는 사람의 입맛에 더 맞는 아이스크림의 전형과는 다르다. 스피노자의 인간 본성의 전형은 주관적인 특성과 무관하며 인간이란 어떤 존재인가에 형이상학적인 근거를 둔다. 따라서 어떤 사람이 완전한지 불완전한지는 그 사람과 그가 사는 삶이 그 전형과 얼마나 가까운지에 따라 판단된다. 그리고 선과 악은 그런 삶의 전형을 달성하는 데 도움이 되느냐 또는 방해가 되느냐에 따라 결정된다. 이러한 평가적 용어 속에 주관주의가 숨겨져 있기는 하지만, 스피노자는 "그럼에도 그런 용어를 계속 사용해야" 한다는 사실을 인정한다. 실제로 우리는 이 용어들을 진정한 형이상학적 의미와 평가적 의미를 담아 사용할 수 있으며 심지어 사용해야 할 때도 있다. 적어도 그 용어를 사용하며 호소하는 전형이 단순히 우리의 상상 또는 과오의 산물이 아니라면 말이다.

그렇다면 이 인간 본성의 전형은 무엇인가? 어떤 아이스크림이 더 맛있는가를 판단할 수 있게 해 주는 이상적인 아이스크림의 전형과 달리, 충분한 근거를 바탕으로 인간의 삶을 보다 객관적으로 판단할 수 있도록 기준을 제공해 주는 이상적인 인간의 전형은 무엇인가? 이 물음에 답하려면 먼저 스피노자가 인간을 어떻게 정의하는지 살펴보아야 한다.

───────────

『에티카』 2부에서 스피노자는 인간에 관한 많은 사유를 진술하고 있는데, 17세기 당시에는(그리고 오늘날에도) 그다지 특별할 것이 없는 내용이었다.

"인간의 본질은 필연적 존재를 수반하지 않는다."[10]

"인간은 정신과 신체로 구성되어 있다."[11]

"인간은 사유한다."[12]

인간은 인간의 본질에 의해서가 아니라 일련의 자연적 원인에 의해 지속적으로 존재하는 유한한 사물이므로 인간이란 무엇인가에 대한 개념은 인간이 현실에 존재함을 의미하지 않는다. 인간은 정신과 신체를 (둘 사이의 관계가 어떠하든) 지닌다. 그리고 정신(이것이 결국 무형의 영혼이든 단지 운동 중인 물질이든)은 인간이 사유하는 존재라는 사실, 인간의 정신 상태가 사유라는 사실을 말해 준다. 여기에는 스피노자가 많은 영향을 받았던 데카르트와 토머스 홉스처럼 서로 완전히 다른 철학자들도 동의하지 못할 것이 없다.

데카르트의 이원론에서 인간은 뚜렷이 구별될 뿐 아니라 극단적으로 다른 두 가지 실체, 즉 사유하는 무형의 실체인 정신(영혼)과 물질적 실체인 신체의 결합이다. 정신의 근본적 속성 또는 본성은 사유다. 물질의 근본적 속성은 연장(延長), 즉 공간이다. 그러므로 정신과 신체는 공통점이 없다. 정신 또는 영혼은 공간을 차지하지 않으므로 크기, 모양, 가분성, 운동 같은 공간적 특성을 가질 수 없고, 신체는 사고하지 않기에 사유, 욕망, 의지 같은 정신 상태를 가질 수 없다. 어쨌거나 "완전히 구별"되므로 하나가 다른 하나 없이도 존재할 수 있는 이 두 가지 이질적인 실체가 (신에 의해) 결합하여 인간을 구성한다.

> 우리는 신이 유형의 실체와 사유의 실체를 더 견고할 수 없을 만큼 단단히 결합시켜 하나의 개체를 탄생시켰다고 생각하지만, 그럼에도 그 둘은 여전히 완전히 구별된다.[13]

반면 홉스는 유물론자였다. 그는 인간이 정신과 신체를 지닌다는 데에는 동의했으나 비물질적인 실체가 존재한다는 생각은 인정하지 않았다. 그의 주장에 따르면 '실체'와 '비물질적'이라는 용어는 "'무형의 신체'라는 말처럼 결합하면 서로를 파괴하는 단어들이다."[14] 홉스의 세계에서 존재하는 것은 모두 운동하는 물질이다. 인간의 사유와 그에 수반되는 것은 신체에서 발생하는 운동의 한 부류일 뿐이다.

스피노자는 홉스의 견해와 달리 세상에 비물질적이거나 연장되지 않은 사물이 존재한다는 점을 인정한다. 그러나 인간의 정신과 신체가 뚜렷이 구별되는 실체이며 인간은 두 실체의 결합의 결과라는 데카르트의 주장에도 동의하지 않는다. 스피노자에 따르면 하나의 실체, 즉 궁극적 실재는 신 또는 자연밖에 없기에 인간 정신과 인간 신체는 신 또는 자연의 양태이거나 그 안에 존재하는 개체일 수밖에 없다. 또 그는 두 가지 개별적인 사물이 결합하여 (일시적인) 일체를 이루었다는 데카르트의 이론이 설명하지 못하는 심오하고 근원적인 통일성이 인간에게 있다고 본다.

인간 본성, 그리고 나무든 기린이든 자연의 유한한 양태의 본성 또는 본질에 대한 스피노자의 주장은 신 또는 자연 그 자체가 무엇인지에 관한 견해에서 도출된 것이다.

신 또는 자연의 근원적 본질은 능력이다. 끝없이 무한한 실체인 신 또는 자연의 본성은 끝없이 무한한 능력이다. 스피노자가 설명하는 것처럼 "신의 능력은 신의 본질 그 자체다."[15] 이 능력은 자연 만물의 근원에 자리한다. 자연의 모든 개물(個物)은 이 능력의 독자적이고 확정적인 표현이다. 자연의 유한한 양태라는 것은 자연의 무한한 능력의 유한한 일부라는 의미다.

그러나 유한한 개인은 자연의 무한한 능력을 똑같은 방식으로 표현하지 못한다. 신 또는 자연은 능력 외에도 스피노자가 '속성'이라고 부르는 것을 지닌다. 속성이란 자연에 존재하는 방식이다. 각각의 속성은 자연의 능력이 스스로를 드러내 보이는 매우 일반적인 방법을 의미하는데, 이런 속성은 무한히 많다.(그렇지 않다면 신 또는 자연은 무한한 실체가 아닐 테니까.) 우리에게 익숙한 두 가지 속성, 즉 존재 방식은 사유(본질적으로 정신적 존재 방식)와 연장(공간을 차지하는 물리적 존재 방식)이다. 자연의 능력은 사유의 속성 아래서는 정신, 의견, 관념으로, 연장의 속성 아래서는 공간을 차지하고 움직이거나 정지한 물체로 나타난다. 그러므로 각각의 정신은 모두 신 또는 자연의 무한한 사유 능력의 유한한 표현이다. 마찬가지로 각각의 물체는 물질과 운동의 형식을 취한 신 또는 자연의 무한한 능력의 유한한 표현이다.[16]

(아인슈타인 이후의 세대가 이해하기 쉽도록 풀어 쓰면, 스피노자가 말하는 자연은 근본적으로 에너지다. 이 에너지는 움직이거나 정지해 있는 물체의 형식을 취한 물질로 전환되거나, 정신, 관념, 의견의 형식을 취한 사유로 전환된다.[17])

자연에 있는 모든 개물을 형성하는 능력의 유한한 일부를 스피노자는 코나투스(conatus)라 부르는데, 이는 추구, 경향, 노력 등으로 다양하게 번역된다. 스피노자는 이것을 "활동 능력" 또는 개체의 "존재하려는 힘"이라고도 부른다. 각각의 유한한 사물에서 이 능력은 스스로를 그 사물로서 유지하려는 노력을 말한다. 『에티카』3부의 정리 6에서 스피노자는 "각각의 사물은 자신의 힘이 미치는 한 자신의 존재를 끝까지 지속하려고 노력한다."라고 설명한다. 이 정리의 증명은 다음과 같다.

왜냐하면 개물은 신의 속성이 일정하고 확정적인 방식으로 표현되는 양태, 즉 신이 존재하고 활동하는 능력을 일정하고 확정적인 방식으로 표현하는 사물이기 때문이다. 그리고 사물은 자신을 파괴할 수 있는 것, 즉 자신의 존재를 제거하는 어떤 것도 본질적으로 갖고 있지 않다. 반대로 자신의 존재를 제거할 수 있는 모든 것에 대립한다. 그러므로 사물은 가능한 한, 그리고 자신의 힘이 미치는 한 자신의 존재를 끝까지 지속하기 위해 노력한다.[18]

모든 개체는 존재를 지속하기 위해 필연적으로 노력한다. 그리고 여기에는 자신의 코나투스, 즉 활동 능력을 보존 또는 강화하려는 노력이 수반된다. 말하자면 이것은 노력하는 능력을 강화하는 노력이다. 사실 모든 개체는 본질적으로 그런 코나투스, 즉 존재를 지속하려는 노력 그 자체다. 코나투스는 사물의 일시적이거나 우연한 성질이 아니다. 개체는 코나투스 없이 존재할 수 없다. 코나투스는 "무한한 지속"을 필요로 하며 사물의 개체화의 핵심이다. 코나투스는 모든 것의 "현실적 본질"을 구성한다.[19] 그것은 사물의 본성이며 사물 그 자체와 다르지 않다.[20]

이 모든 것은 결국 인간은 무엇인가라는 특별한 개념으로 귀결된다. 데카르트와 달리(이전의 철학자들은 말할 것도 없고) 스피노자에게 인간은 정신(영혼)과 신체라는 독립되고 완전히 별개인 두 사물의 결합으로 이루어진 것이 아니라 다른 유한한 창조물과 마찬가지로 코나투스, 즉 존재를 유지하고 강화하기 위해 노력하는 자연의 무한한 능력의 확정적이고 유한한 일부다. 인간의 정신은 이 독자적이고 유한한 노력이 사유라는 속성 아래서 나타나는 것이며, 인간의 신체는 이 독자적이고 유한한 노력이 연장이라는 속성 아래서 나타나는 것이다.

다시 말해 인간은 근본적으로 하나의 통합체이며 정신과 신체의 구분은 자연의 속성에 비하면 부차적이고 상대적인 문제다. "사유하는 실체와 연장된 실체는 하나의 동일한 실체이고, 때로는 이 속성 아래서, 때로는 저 속성 아래서 파악된다."라는 인상적인 주장을 편 스피노자는 "연장의 양태와 그 양태의 관념(즉 정신)은 하나의 동일한 것이나 다만 두 가지 방식으로 표현될 뿐이다."[21]라고 결론 내린다. 두 가지 방식으로 스스로를 표현하는 '사물'은 개개의 코나투스다. 한 사람의 정신은 코나투스의 한 가지 표현이며, 그 사람의 신체는 동일한 코나투스의 다른 표현이다.

코나투스는 인간의 완전성과 행복에 가해지는 위협에 신체가 물리적으로 저항하는 이유다. 인간의 정신 안에서 코나투스는 스스로를 의지로 드러낸다. 그러나 그것은 의사

(意思)나 바람 같은 추상적인 능력이 아니라 인간 사유의 대부분을 구성하는 긍정이나 부정과 같은 특정한 정신적 행위로 드러난다. 인간을 정신과 신체의 결합이라고 이해할 때, 코나투스는 욕구가 된다. 사람이 자신의 정신과 신체의 노력을 함께 의식할 때, 즉 욕구를 자각할 때 그것을 욕망이라고 부른다.[22]

코나투스는 개체가 무엇인지 외에 개체가 하는 행위의 이유도 설명한다. 인간에게 코나투스란 개인이 다하는 모든 노력의 근원에 자리하는 실천력을 의미한다. 성취하거나 획득하거나 피하고자 하는 것이 무엇이든, 인간이 욕망하고 행하는 것은 모두 의식적으로나 무의식적으로나 자신의 능력을 유지하고 강화하려는 노력에 의해 자기 본위로 추동된다.[23] 코나투스는 자신의 능력을 약화시키는 것에 대한 혐오이자, 자신이 아는 한 자신의 행복을 증진하고 능력을 보존 및 증대하는 것들에 대한 욕망이다. 스피노자의 이론에서 이보다 인간의 행동을 추동하는 근본적인 동기는 없다. 인간이 다른 사람의 행복을 위해 의도적으로 이타적인 행동을 할 때도 있지만, 그러한 행동의 근원에도(꼭 자각하는 건 아니지만) 언제나 자기 보존과 자기 발전이라는 원동력이 자리한다. 사실 우리가 항상 존재 지속을 증진하는 행위만 하는 것은 아니다. 자기도 모르는 새 결국 존재의 지속에 반하는 일을 할 때도 많다. 그러나 우리에게 유익하든 유해하든, 또 우리가 자신의 욕망을 어떻게 이해하는지에 상관없이, 우리의 행위는 모두 존재를 지속하려는 코나투스에 기인한다.

———————

사람의 본성이나 본질을 구성하는 능력 또는 노력은 항상 발휘되기는 하지만 살아가는 동안 절대 변하지 않는 것이 아니다. 오히려 끊임없이, 많은 경우 매 순간 변화한다. 특히 코나투스는 강화되기도 하고 약화되기도 한다. 이것이 감정 또는 정서에 관한 스피노자 설명의 핵심이다. 정서란 바로 사람의 활동 능력 안에서 나쁜 쪽으로든 좋은 쪽으로든 일어나는 변화를 말한다.

> 나는 정서를 신체의 활동 능력을 증가 또는 감소시키거나 활성화 또는 억제하는 신체의 변용인 동시에 이러한 변용의 관념이라고 이해한다.[24]

중요한 사실은 스피노자도 강조하듯이 정서나 감정이 인간 능력의 변화의 원인도 결과도 아니라는 점이다. 예를 들어 기쁨은 더 좋은 상태가 되는 결과를 가져오거나 더 좋은 상태에서 비롯된 것이 아니다. 그보다 정서란 한 상태에서 다른 상태로 변화하는 전환 그 자체를 말한다. 정서를 경험하는 것을 스피노자는 '이행(移行)'이라고 부른다.[25] 정서는 더 안 좋은 상태로의 퇴보거나 더 나은 상태로의 향상이지 그런 변화의 원인도 산물도 아니다. 정신과 신체 모두에 대해 스피노자가 의미하는 바는 바로 자신을 보존하고 외부의 힘에 저항하며 능력 증대를 추구하는 능력, 즉 코나투스 힘의 개선과 저하다.

개체는 상태의 변화에 대해 능동적일 수도 있고 수동적일 수도 있다. 이는 전적으로 능력의 향상 또는 저하가 어느 정도 외부 사물의 영향으로 발생하는지 아니면 온전히 내부적 원인 때문인지에 따라 다르다. 수동적 정서, 즉 정념은 개체의 능력에 일어나는 변화로서 인과관계를 온전히 설명할 수 있는 변화의 적합한 원인이 전적으로 그 개체의 내부에 있지 않고 부분적으로 외부 사물에 있다. 정념은 개체가 겪게 되는 능력의 변화다. 반면 능동적인 정서는 적합한 원인이 온전히 그 개체 자체에 있는 개체 능력의 변화다.[26] 인간이 다른 사람들이나 대상, 사건과 상호 작용을 통해 발전하거나 상처를 입거나 약해질 때, 그때 겪게 되는 이행이 바로 정념이다. 반면 어떤 사람의 상태 개선이 온전히 그 사람이 가지고 있는 자원, 예를 들어 자신이 보유한 인식에서 비롯된 경우, 그때 경험하는 이행은 능동적 정서 또는 능동이다.

정념, 즉 외부 원인에 의한 변화는 더 나은 쪽으로의 변화일 수도 있고 더 나쁜 쪽으로의 변화일 수도 있지만, 능동은 언제나 개체 능력의 향상이다. 이는 코나투스 이론에서 알 수 있듯이, 개체가 다른 사물에 의해 특정 방식으로 자극받아 변화되어 어떤 감정을 느끼는지와 관계없이 오직 자신의 본성과 역량을 통해 하는 일은 자신의 존재 지속과 능력 향상을 추구하는 것뿐이기 때문이다. 또 이성적인 존재가 자신이 보유한 인식에 의해 추동되어 진정으로 능동적일 때, 그는 자신에게 유익한 것을 정확히 알고 행하므로 결과적으로 자신의 상태를 개선하게 된다.

스피노자는 『에티카』 3부에서 정념에, 그리고 인간의 상태가 그가 사는 물리적, 사회적 세계와 맺는 인과적 상호작용에 어떤 영향을 받는지에 주목한다. 정념은 사물에 대한 인간의 감정적 반응, 변덕스러운 반응, 의지에 의한 반응을 모두 포함한다. 인간의 수동적 기쁨, 사랑, 미움, 동정심, 욕망, 의향, 반감, 우유부단함은 모두 우리 능력이 다른 대상이나 사람들에 의해 어떻게 향상되거나 저하되는지, 정신이 어떻게 다양한 관념들을 연관시키고 이 생각에서 저 생각으로 옮겨 가는지에 따라 달라진다. 그러므로 "정신은 가능한 한 신체의 활동 능력을 향상시키거나 촉진하는 것들을 표상하려고 노력"하며, "신체의 활동 능력을 저하하거나 억제하는 것들을 표상할 때 정신은 가능한 한 그러한 것들의 존재를 배제하는 사물을 마음에 떠올리려고 노력한다."[27]

수동적 정서는 크게 세 가지로 나뉘는데 다른 정념들은 모두 이 세 가지 정서에서 파생된 것이라 할 수 있다. 수동적 정서에서 가장 중요한 세 가지는 기쁨, 슬픔, 욕망이다. 기쁨(laetitia)은 "정신이 더 큰 완전성으로 이행하는 정념", 즉 개체 외부에 존재하는 무언가에 의해 야기된 더 큰 활동 능력으로의 이행이다.[28] 이것은 자신의 상태가 다른 사물에 의해 개선되었다는 느낌이다. 정신-신체의 복합체에서 기쁨에 상응하는 정서는 쾌감(titillatio)이다. 한편 슬픔(tristitia)은 "(정신이) 더 낮은 완전성으로 이행하는 정념"으로, 자신의 상태가 악화되었다는 느낌이다. 이에 상응하는 정신-신체의 정서는 누구나 예상하겠지만 바로 고통(dolores)이다.[29]

다른 정념들은 모두 그 기저에 기쁨이나 슬픔이 존재하는, 기쁨과 슬픔의 변형이다. 예를 들어 사랑은 기쁨의 원인이 되는 대상을 떠올릴 때 동반되는 기쁨에 지나지 않는다. 인간은 자신의 상태를 개선해 준다고 믿는 대상이나 자신을 이롭게 하는 사람을 사랑한다. 미움도 마찬가지다. 미움은 슬픔의 원인이 되는 대상을 떠올릴 때 동반되는 슬픔이다.

인간은 자신의 상태를 악화시키는 대상 또는 자신에게 해가 되는 사람을 미워한다.[30] 이러한 정념들은 그에 따른 개인의 노력의 변화를 야기한다. 욕망은 사랑하는 대상 또는 사람을 소유(간혹 독점)하는 데에, 미워하는 대상 또는 사람을 피하거나 파괴하는 데에 주목한다.

스피노자는 다양한 감정으로 점철된 인간의 삶이 지니는 엄청난 풍요로움과 다양성을 잘 알고 있었다. 그의 분석을 보면 기본 정서들이 끝없이 변형되는 것처럼 보인다. 여기에는 관련된 사람 또는 대상의 수는 물론 각 개체의 특징도 영향을 미친다. 사람들은 각기 다른 사물에 각기 다른 방식으로 반응한다. 심지어 같은 사람도 같은 사물에 매번 같은 방식으로 반응하지 않는다. 그렇다고 인과관계가 결정되어 있지 않다거나 정념이 선택적 또는 즉흥적이라는 의미는 아니다. 스피노자의 보편 결정론은 이를 배제한다. 그보다는 다른 인과관계 요소가 관계되면 그 결과는 필연적으로 달라진다는 것을 의미한다. 사람들 사이에 나타나는 정념의 차이는 체질의 차이에서 비롯되기도 한다.(이런 차이는 필연적으로 정신의 차이를 동반한다. 정신과 신체는 동일한 사물의 두 가지 다른 표현이므로, 정신의 변용은 신체의 변용을 반영한다.) 『에티카』 3부의 정리 51에서 스피노자는 다음과 같이 진술한다.

서로 다른 인간은 동일한 대상에 의해 다른 방식으로 자극받아 변화될 수 있으며, 동일한 사람이라 하더라도 때에 따라 동일한 대상으로부터 다르게 자극받아 변화될 수 있다.

이 정리의 증명은 다음과 같다.

인간의 신체는 외부의 물체로부터 아주 다양한 방식으로 자극받아 변화된다. 그러므로 두 사람이 동시에 자극받아 변화되더라도 그 방식은 다를 수 있으며, 따라서 하나의 동일한 대상으로부터 자극받아 변화되더라도 그 방식은 다를 수 있다.
다음으로, 인간의 신체는 이때는 이런 방식, 저때는 저런 방식으로 자극받아 변화될 수 있다. 그 결과 (동일한 공리에 의해) 신체는 동일한 대상으로부터 자극받아 변화되더라도 그 방식이 매번 달라질 수 있다. Q.E.D.

결과적으로 말하자면 "한 사람이 사랑하는 것을 다른 사람은 미워하고, 한 사람이 두려워하는 것을 다른 사람은 두려워하지 않으며, 동일한 사람이라도 과거에는 미워하던 것을 지금은 사랑하거나 과거에는 두려워하던 것을 지금은 과감히 행할 수 있다."[31] 무엇보다 욕망 그 자체는 그 이면에 숨겨진 정서에 따라 달라진다. 누군가의 욕망의 대상이 다른 누군가의 혐오의 대상이 되기도 하는 법이다.

———————

인간의 본성과 그것을 구성하는 능력과 작용에 대한 스피노자의 설명은 이쯤 하기로 한다. 스피노자가 더 완전하고 이상적인 인간상에 대한 객관적이고 비임의적인 정의가 있다고 주장할 수 있었던 것은 인간 존재에 대한 이런 설명, 곧 정신과 신체에 관한 특별한 형이상학이 있었기 때문이다. 그는 인간 본성의 전형이 존재하고, 모든 개별 인간이 의식적으로 전력을 다하지는 않아도 적어도 대체적으로는 그 전형을 목표로 한다고 믿었다.[32]

　　인간 본성의 전형은 능력과 존재 지속을 위한 노력에서 가장 좋은 결과를 이뤄 낸 인간이다. 곧 최대치의 코나투스를 지닌 인간이다. 모든 개체가 본질적으로 그리고 본성에 의해 존재를 유지하고 능력을 강화하기 위해 노력한다고 할 때, 최대치의 능력을 지닌 이 상태는 모든 개체가 자연적으로 그리고 필연적으로(즉 객관적으로 그리고 본성적으로) 도달하려고 노력하는 이상적인 상태라 할 수 있다. 나무도 최대치의 능력을 지닌 나무가 되려고 노력하고, 기린도 최대치의 능력을 지닌 기린이 되려 한다. 마찬가지로 인간도 인간의 능력을 극대화하기 위해 애쓰는데, 인간 본성의 전형이 바로 이런 노력을 성공적으로 이행하는 인간을 보여 준다. 이처럼 인간 본성의 전형은 단순히 주관적인 이상향, 즉 상상으로 빚어낸 창조물이나 개인적인 취향을 반영한 산물이 아니라 사물의 참된 실재성에 확고한 기반을 두고 있다.[33]

인간 본성의 전형이 형이상학적 근거에 바탕을 둔, 인간이 반드시 해야 하는 일을 얼마나 잘하고 있는지 판단하는 객관적인 기준이라면, 그것은 선과 악에 대한 객관적인 판단의 기준으로도 쓰일 수 있다. 기쁨의 원인이 되고 상태 개선의 원인이 된다면 선이다. 물론 그것이 부분적이거나 일시적인 측면에서 선일 가능성도 있다. 예를 들어 존재의 일부와 관련된 능력만을 강화하거나 단기간에만 능력을 강화하는 경우처럼 말이다. 달콤한 디저트는 대개 즐거움을 주고 먹는 순간에는 기쁨의 원천이 되지만, 결국 먹는 이의 상태를 악화하는 결과를 초래한다. 반면 자신의 능력을 유지하고 강화하려는 전반적인 노력에 도움이 되거나 그런 노력을 용이하게 하여 인간 본성의 전형에 가까이 이르도록 한다면 그것은 진정한 선이다. 그러한 노력을 방해하거나 약화시키는 것은 진정한 악이다.

내가 이해하는 선이란 우리가 설정해 둔 인간 본성의 전형에 더욱 가까이 가도록 해 줌을 우리가 확실히 알고 있는 수단이다. 내가 이해하는 악이란 우리가 그러한 전형에 도달하는 것을 방해한다고 우리가 확실히 알고 있는 것이다. 다음으로, 우리는 인간이 이 전형에 더 가까이 도달했는지 그렇지 못한지를 보고 그가 더 완전하다 또는 불완전하다고 말해야 한다. (……) 내가 어떤 사람이 더 작은 완전성에서 보다 큰 완전성으로 이행하거나 보다 큰 완전성에서 보다 작은 완전성으로 이행한다고 말할 때, (……) 우리는 그의 활동 능력이, 그의 본성을 통해 이해되는 한, 증대하거나 감소한다고 생각한다.[34]

이는 선하다는 것이 개체와 그 개체의 능력에 미치는 영향에 따라 다르지만 분명 주관적인 문제는 아니라는 사실을 의미한다. 상대주의는 주관주의가 아니다. 어떤 것이 한 개체의 활동 능력(코나투스)을 촉진 또는 억제한다면, 또 긍정적인 수동적 정서(기쁨)의 원인이라면, 이것은 정신과 무관한 객관적인 사실이다. 그것은 그 사물에 대한 관계적인 (절대적이지도 본질적이지도 않은) 사실이지만 그럼에도 객관적인 사실이다. 소금을 예로 들어 보자. 물에 녹는 성질은 소금의 객관적, 비정신적 특징이다. 소금의 수용성은 소금 또는 물에 대한 신념이나 태도와는 아무 상관이 없다. 그러

나 그것은 소금의 본질적 특징도 절대적(비관계적)인 특징
도 아니다. 왜냐하면 소금의 수용성은 물의 화학적 구조는
물론 물과 소금의 상호 작용에 달려 있기 때문이다.

이것은 특정 개체에게 기쁨의 원인이 되는 경우, 즉 그
개체에게 유익하고 그 개체의 노력을 촉진하는 경우를 제외
하면 선한 것은 없기 때문에 본질적으로, 스스로, "그것의
본성 안에서 고찰되는 한" 선한 것은 아무것도 없다는 스피
노자의 반복적인 주장과 다르지 않다. 스피노자는 "여기서
나는 선을 모든 종류의 기쁨과 기쁨을 가져오는 모든 것이
라고 이해한다."[35]라고 말하기도 한다. 이는 모든 개체에게
(단순히 기쁨에 이르는 도구로서가 아니라) 본질적으로 선한 것
이 하나는 존재함을 의미한다. 기쁨 그 자체인 그것은 바로
능력 증대다.

스피노자는 기쁨을 "직접적으로 선한 것", 슬픔을 "직
접적으로 악한 것"이라고 부르면서 기쁨의 유형들은 "그 자
체로 선하다."라고 말한다.[36] 그러나 기쁨 그 자체인 코나투
스의 증대를 제외하면 다른 것은 모두 기쁨을 가져다주는
도구로서만 도구적으로 선하다. 그리고 기쁨 그 자체는 그
것을 경험하는 개체에게만 선하다. 다시 말해 선은 (기쁨 그 자
체를 포함해) 모든 경우에 사물이나 경험의 완전히 관계적인
성질이다. 그것은 사물이 다른 것과 갖는 인과적 관계에 따

인간 본성의 전형

라 변한다. 어떤 것이 개체의 코나투스를 촉진하지도 증대시키지도 않는다면, 그것은 선이 아니라 악이거나 "선도 악도 아닌 것"[37]이다. "음악이 (……) 귀가 들리지 않는 이에게 선도 악도 아닌 것"[38]처럼 말이다.

그러므로 인간 본성의 전형은 다른 많은 전형처럼 이색적이지도 가변적이지도 임의적이지도 않다. 개인적이고 독특한 선택의 산물도, 상상이 빚어낸 창조물도 아니다. 오히려 그것은 실재성에 독립적이고 형이상학적인 기반을 두고 있으며, 개념적으로는 모든 인간이 본질적으로 그리고 내적으로 도달하고자 노력하는 상태를 의미한다. 따라서 인간이 최대치의 능력을 지닌 이 상태에 더 가까이 도달하는 데에, 중요한 가치를 지니는 이 모범적 상태를 닮아 가는 데에 도움이 되는 것은 무엇이든 상대적이지만 객관적으로 선하다.

인간 본성의 전형은 스피노자가 20년간 자신의 철학을 발전시키며 지속적으로 다루어 온 주제였다. 그는 초기작인 『지성교정론』에서 "본래 타고난 것보다 더 강하고 더 오래 지속되는 인간 본성을 마음에 품고 있으며 동시에 어떤 것도 자신이 그러한 본성을 획득하는 것을 막지 못함을 아는

인간이 어떻게 자신을 그러한 완전함으로 이끌어 줄 수단을 찾으러 나서게 되는지"[39] 설명한다. 몇 년 후 자신의 이론을 정리하려던 첫 번째 시도를 포기하고 새로운 글을 쓰기 시작한 스피노자는 『신, 인간, 행복에 관한 소론』의 2부에서 '완전한 인간'이라 정의한 인간상을 설명한다. 이 완전한 인간 역시 이상적인 인간의 상태에 성공적으로 도달한 인간을 의미한다. 스피노자는 이를 "가장 완전한 존재인 신과 결합하여 신을 즐기는 인간"이라고 정의한다. 신과의 결합은 인식론적 또는 지성적 성취를 말한다. 이는 이성적 인식의 상태로, 이것이 완전한 인간에서 체현되는 것이 바로 인간 본성의 최고 상태다. 또 『에티카』에서도 말하고 있듯이 무엇이 선하고 악한지는 이 인간의 완전성이라는 개념과 관계가 있다. "그러한 완전함을 달성하는 데 유용한 것은 모두 선이라 부르며, 그것을 달성하는 데 방해가 되거나 유용하지 않은 것은 모두 악이라 부를 것이다."[40]

이 '완전한 인간'은 우리가 필연적으로 도달하려고 애쓰는 인간 본성의 전형, 즉 최선의 삶의 방식의 모범으로서 『에티카』에서도 계속 살아 숨 쉰다. 하지만 그 이름은 다르다. 이제 그의 이름은 "자유인"[41]이다.

3 　　　　　　자유인이란

스피노자가 말하는 "자유인(homo liber)"이 감정을 잘 다스
려서 다행이다. 자유인에 대한 그간의 일부 평가를 고려하
면 그가 평정심을 잃는다 해도 충분히 이해가 된다. 그동안
자유인은 비현실적, 부적절한, 불합리로의 회귀(reductio ad
absurdum), 뒤죽박죽, 일관성이 없는 등의 수식어로 표현되
어 왔으며, 아주 모욕적이게는 "부적합한 관념"이라고도 불
렸다.[1] 별 볼일 없는 사람(덜 '자유로운' 인간)이라면 지금쯤
이런 평가에 분개하여 악의를 품고 복수했을지 모른다. 하
지만 다행스럽게도 그렇게 비이성적인 정념에 따라 행동하
는 것은 자유인의 특성이 아니다.

　스피노자는 『에티카』 4부에서 자유인의 개념을 소개한
다. 이 개념은 어떤 이상적 전형, 특히 최대치의 코나투스
(존재 지속 능력)를 지닌 개체를 상징하는 전형과 비교할 때
에만 사물의 선과 악, 완전성과 불완전성을 판단할 수 있다
는 것을 설명하고 난 뒤에 등장한다. 하지만 스피노자가 처

음 "인간 본성의 전형"과 그 역할에 대해 이야기할 때는 자유인을 명시적으로 언급하지 않는다. 실제로 인간 본성의 전형으로서의 자유인은 『에티카』 4부의 정리 66에서야 비로소 등장한다.

이 때문에 자유인을 모든 인간이 (깨닫든 깨닫지 못하든) 필연적으로 애써 도달하려는 전형이자 어떤 사물이 진정 인간에게 선한가 악한가를 판단하는 기준이 되는 전형과 동일시해도 되는지 혼란이 있어 왔다.[2] 그러나 이들은 사실 하나이며 동일하다. 자유인은 완전한 인간을 의미한다. 자유인은 주관적으로 정념에 의해 생성된 이상적 인간이 아니라 인간 본성에 형이상학적 근거를 둔 이상향이다. 실제로 그런 이상향의 중요성을 인식하고 그것을 자신의 목표로 설정하는 인간은 자신이 진정 누구인가에 대한 깊은 이해를 바탕으로 그렇게 한다. 자유인, 즉 최대치의 존재 지속 노력 또는 능력을 지닌 인간이 되는 일은 앎에 근거한 이성적 욕망의 대상이다.

하지만 이것으로 자유인에 대한 오해나 부당한 비방을 막을 수는 없었다. 많은 이들은 스피노자의 자유인이 부적합하게 구상된, 비현실적인, 심지어 불가능한 전형이라면서 인간은 기껏해야 근접할 수 있을 뿐 절대 도달할 수 없다고 주장했다. 자유인을 실현 불가능한 이상향으로 보는 논리에는 그런 인간은 어떤 정념도 경험하지 않는다는, 즉 우리가 이 세상에 살면서, 특히 다른 인간들과 교류하면서 자주 경험하는 수동적 정서가 모두 결여되어 있다는 주장도 있다.

그러나 이것은 스피노자를 오독하는 것이다. 자유인은 분명 이상적인 인간상이지만 원칙적으로 보면 매우 구체적인 우리 인간 본성이 실현할 수 있는 상태다. 스피노자의 설명에 따르면 자유인은 "이성의 명령에 따라" 행동하는 사람과 같다. 이런 상태에 도달하는 일은 분명 어려운 과제이고 정념에 대한 상당한 치유적 노력이 요구된다. 내 말은, 스피노자가 자유인을 매력적이지만 인간의 가능성 밖에 존재하는 도달할 수 없는 이상향으로 본다는 생각은 잘못됐다는 것이다.

자유인의 삶을 생각해 보기에 앞서 짚고 넘어가야 할 눈에 띄는 문제가 있다. 스피노자가 『에티카』에서 쓰는 언어에는 성별이 존재한다. 이는 당시 언어적 이유로 불가피한 일이었다. 스피노자는 모든 저서를 라틴어로 저술했는데, 라틴어에는 인간 또는 사람을 의미하는 문법적 중성 명사가 없다. 라틴어에는 일반적으로 인류 또는 인간성을 의미하는 후마니타스(humanitas)라는 단어가 있지만, 개별 인간을 가리킬 때는 남성 명사인 호모(homo)와 위르(vir), 여성 명사인 페미나(femina)를 쓴다. 중성 명사인 후마눔

(humanum)은 '인간의 것'이라는 뜻으로 다소 어색하다. 그러나 성을 모르거나 굳이 구별하지 않아도 될 때는 호모라는 단어를 쓸 수 있다.(반면 위르는 남성 인간을 지칭할 때만 쓴다.) 따라서 나는 이 장의 도입에서 스피노자 저작들의 표준 영어 번역에 익숙한 독자들을 위해 자유인을 프리 맨(free man)이라고 썼지만, 앞으로는 인용문에 나타나는 경우에만 프리 맨을 쓰고, 내가 직접 펼치는 논의에서는 호모 리베르(homo liber)의 꼭 알맞은 번역인 프리 퍼슨(free person)을 사용하고자 한다.*

하지만 이런 차이는 더 크고 중요한 문제들과 관계가 있다. 스피노자의 도덕철학 자체가 성을 구분하는가? 스피노자가 실제로 남성에게만 자유인이 될 수 있는 역량과 기회가 있다고 믿었을까? 문법적 문제는 차치하더라도 스피노자 견해의 상당 부분을 보면 그가 실제로 그렇게 생각했음을 알 수 있다. 응용 정치 이론이자 말기작인『정치론』의 끝부분에는 여성과 여성의 지적 역량을 비하하는 말이 꽤 등장한다.『정치론』에서 무엇을 의도했든 간에, 스피노자는 정말 원칙적으로 그리고『에티카』의 형이상학적 윤리학을 통해 인류의 절반인 여성이 훌륭한 삶을 살 수 있는 가능성

*　　이 책에서는 '프리 맨'과 '프리 퍼슨' 모두 자유인으로 번역했다.

을 배제하려고 했을까? 이 문제는 이 장 말미에 다시 논의할 것이다.

―――――――

『에티카』의 3부 끝부분부터 4부 초반의 정리에 걸쳐 스피노자는 인간의 일상적 삶을 퍽 어둡게 묘사한다. 우리의 욕망을 지배하는 정념, 즉 외부에 의한 개인 상태 또는 코나투스의 변화에 대한 논의를 마친 후, 그는 (생뚱맞은 시적 표현으로) "지금까지 이야기된 것을 보면 우리가 외부적 원인에 의해 다양한 방법으로 휩쓸리고 맞바람에 요동치는 바다의 파도와 같이 우리의 앞일과 운명을 알지 못한 채 동요하는 것은 분명하다."[3]라고 말한다. 자신을 통제하지 못하는 인간은 시시각각 변하는 감정 때문에 외부의 사물에 휘둘린다. 따라서 행복은 인간의 통제를 훨씬 넘어서는 것처럼 보인다.

그러나 스피노자가 정념의 노예가 된 한심한 인간의 일상을 묘사한 부분을 지나 본보기가 되는 인간의 삶, 즉 완벽한 인간 본성과 존재 지속 능력이 극대화된 전형을 설명하기 시작하면서 분위기는 한결 밝아진다. 이때까지도 스피노자는 이 전형을 자유인이라고 칭하지 않는다. 다만 이성에 인도되는 삶이라고 설명한다. 그에 따르면 이런 삶은 개인이 적합한 관념, 즉 감각 경험과 표상에 의해 (수동적으로) 생겨난 부적합한 관념이 아닌 사물에 대한 명석판명한 참된 이해에 의거하여 능동적으로 (타인은 물론) 자신에게 진정으로 유익하고 유용한 것만 행하고 추구하는 삶이다.

스피노자는 능동성을 인과관계의 측면에서 정의한다. 개체는 본질적으로 스스로가 자신의 상태와 행위에 적합하거나 충분한 원인이 되는 한 능동적이다. 반대로 다른 사물의 자극을 받아 변화하는 방식에 의해 자신의 상태와 행위가 결정되는 한 수동적이다. 사물 또는 사람의 행위가 오직 그의 코나투스 또는 본성에서 비롯되었거나 코나투스 또는 본성을 표현하는 것일 때 능동적이라고 말한다. 반대로 사물 또는 사람의 행위가 그것에 작용하는 다른 존재의 코나투스나 본성을 부분적으로 나타낼 때 수동적이라고 말한다.

어떤 일이 우리 안 또는 밖에서 벌어지고 우리가 그것의 적합한 원인일 때, 즉 우리 안 또는 밖에 있는 어떤 것이 우리의 본성에 따른 것이고 그 자체만으로 명석하고 판명하게 이해될 때 나는 우리가 작용한다고 말한다. 반면 어떤 일이 우리 안에서 일어나거나 우리 본성에서 비롯되는데 우리가 그것의 부분적인 원인에 불과할 때 나는 우리가 작용을 받는다고 말한다.[4]

자유인이란

인간의 행동, 곧 어떤 사람의 욕망과 선택은 다른 사물들의 존재와 그것들이 그에게 미치게 된 영향(이를테면 그것들이 야기하는 쾌락 또는 고통, 매력적인 외관)에 의해 결정될 수도 있고 오직 그 사람이 지닌 인식, 즉 무엇이 참된 선인가에 대한 그의 이성적 신념만으로 결정될 수도 있다. 후자인 경우가 능동적인 사람인데, 이는 그의 행위가 오직 존재 지속을 위한 내적 노력을 오롯이 적절하게 표현하기 때문이다.

또 스피노자는 능동성을 자유와 동일한 것으로 본다. 그에 따르면 의지의 자유는 없다. 의지의 자유는 의지라 불리는 능력이 존재한다는 잘못된 믿음과 우리의 정신적 삶(결단력 등)을 지배하는 원인들에 대한 무지에서 나온 허상일 뿐이다.[5] 자유에도 어떤 자유재량이나 결정의 부재가 필요하지 않다. 인간은 다른 선택과 행동의 여지가 없었다 해도 자유로울 수 있다. 심지어 필연성도 자유와 양립할 수 있다. 1674년에 네덜란드 호린험의 변호사였던 휘호 복설에게 쓴 편지에서 스피노자는 "필연적인 것과 자유로운 것이 상반되는 개념이라고 하는 것은 터무니없는 생각이고 이성에 반한다."[6]라고 주장했다. 비록 스피노자의 우주에는 본질적으로든 원인에 의해서든 인과관계에 의해 결정되지 않는 것, 즉 필연적인 결과가 아닌 것이 없지만, 그렇다고 아무것도 자유롭지 않다는 의미는 아니다. 모든 것은 결정이 어디서 비롯되느냐에 달려 있다.

자유는 능동적 자율성과 외부 사물에 대해 인과적 독립성을 갖는 문제다. 자유롭다는 것은 기본적으로 스스로 결정하는 것이다. 자신의 본성, 즉 자신의 코나투스에 기초하여 사유하고 욕망하며 행동하는 것이다. 자유의 반대는 결정이나 필연성이 아니라 속박, 즉 외부의 힘에 의해 강요당하는 것이다. 스피노자가 『에티카』 초반부에서 자유를 정의하며 설명한 것처럼 "자신의 본성의 필연성에 의해서만 존재하고 자기 자신에 의해서만 행동하도록 결정되는 것을 자유롭다고 말한다."[7]

엄밀히 말해서 절대적으로 자유로운 것은 신 또는 자연뿐이다. 오직 자신의 본성의 필연성에 의해 존재하고 행동하는 것은 신 또는 자연밖에 없기 때문이다. 자연이 야기하는 것은 모두 자연의 본질적 힘에 의해 필연적으로 발생한다. 그뿐 아니라 신 또는 자연 외에 신 또는 자연에게 행동을 강제할 수 있는 것은 없다. 그러나 외부의 유한한 다른 사물로부터 다양한 방식으로 자극받아 변화하는 자연 속의 유한한 개체들은 자유로울 수도 자유롭지 않을 수도 있는데, 이는 유한한 개체들의 자기 결정력이 클 수도 작을 수도 있기 때문이다. 어떤 사람의 행위가 오직 자신의 본성을 표현하는 행동이라면, 그 사람은 능동적이고 자유롭다고 할 수 있다.[8] 하지만 그의 행위가 자신의 본성과 자신을 자극하여 변화시키는 외부 사물의 본성 모두를 나타내는 것이라면, 그는 수동적이며 자유롭지 못하다("예속 상태에 있다"). 자신의 본질이 원인이 되어 행동하는 사람은 달콤한 유혹의 대상에 마음이 끌려 행동하는 사람보다 자유로운 사람이다.

스피노자는 능동성과 자유를 정신의 적합한 관념에 의해 추동되거나 인도되는 것과 동일시한다. 지금까지 이야기한 것처럼 인간은 모두 자신에게 유익하다고 생각하는 것과 자신의 존재 지속을 위한 노력에 도움이 되는 것을 좇고자한다.[9] 이러한 노력은 다양한 방법으로 이루어질 수 있다. 능동적이고 자유롭다는 것은 욕망과 행동이 정신의 명석판명한 관념에 의해, 자신의 코나투스를 유지하고 증대하는데 무엇이 정말로 도움이 되는지에 대한 참된 인식에 의해 결정된다는 의미다. 반면 욕망이 부적합한 관념, 즉 감각이나 표상을 통해 얻은 불완전한 신념에 의해 추동될 때는 수동적이며 예속 상태에 있다고 할 수 있다. "정신의 능동은 오직 적합한 관념에서만 발생하는 반면 정신의 수동은 부적합한 관념에만 의존한다."[10]

다시 말해 자유는 전적으로 자신의 인식에 따라 행동하는지 아니면 외부 사물에 의해 생긴 감정이나 그런 우연적 경험으로 형성된 견해에 따라 행동하는지에 관한 문제다.

자유는 다양한 정도로 나타난다. 어떤 사람이 부적합한 관념을 가지고 있다면 그것으로부터 작용을 받는다. 그 부적합한 관념이 그의 선택을 좌우한다면, 그의 행동은 오직 자신의 본성에서만 비롯되지 않고 자신의 본성과 외부 원인들의 본성의 결합에서 비롯된다. 강렬한 신체적 쾌감을 주는 무언가를 좇는 일은 자신의 본성만큼 그 대상의 본성에 의해 결정된다. 그러나 어떤 사람의 행동이 외부 사물로부터 자극받아 변화된 방식이 아닌 자신의 적합한 관념에 의해 결정된다면, 그는 능동적이고 자유로운 사람이다. 그의 행동은 그의 본성(자신의 적합한 관념)에서 나오므로 틀림없이 존재의 지속을 위한 본성의 노력에 부합하고 유용하다.

여기에서 주목해야 하는 사실이 있다. 바로 정신 속에 적합한 관념이 존재한다고 해서, 심지어 부적합한 관념보다 훨씬 많다고 해서 꼭 자유롭고 능동적인 사람은 아니라는 사실이다. 스피노자에 따르면 무엇을 아는지뿐 아니라 그 인식이 얼마나 강력한지도 중요하다.

인간의 정신은 적합한 관념(인식)과 부적합한 관념(정념)이 지배력을 두고 다투는 경쟁의 장이다. 모든 관념, 모든 정신 상태는 일종의 정서적 요소를 지닌다. 모든 관념은 해당 정신의 코나투스의 증대거나 감소다. 정서적 힘이 더 큰 관념이 승리하여 실질적으로 욕망을 결정하는 것이다.

참된 관념이 존재한다고 해도 그것의 진리만으로는 잘못된 신념과 여기서 야기되는 잘못된 욕망을 저절로 다 억제할 수는 없다. 예를 들어 입에 쓴 약을 먹거나 백신을 맞는 일처럼 어떤 불쾌한 것이 불쾌감에도 불구하고 나에게 이롭다는 사실을 단순히 아는 것만으로는 정념의 저항을 물리치지 못한다.

감각과 표상에서 생겨난 부적합한 관념의 정서적 힘을 억누를 수 있는 것은 바로 참된 신념을 구성하는 감정의 세기뿐이다. 쉽게 말해 쓴 약을 먹지 않으려는 마음을 이겨 내려면 그 약을 먹고 낫기를 진심으로 바라야 한다. "선과 악에 대한 참된 인식은 그것이 참인 한에서는 어떤 정서도 억제할 수 없고, 오직 그것이 정서로 간주되는 한에서만 정서를 억제할 수 있다."[11] 적합한 인식이 정신의 활동 능력을 증대하는 한 그것은 "정신을 현혹한 다른 표상들"을 동반하는 정서와 상반되는 정서적 측면을 수반한다. 간단히 말하면 정서만이 정서에 효과적으로 맞설 수 있다. "정서는 억제되어야 할 정서에 반대되며 그보다 더 강력한 다른 정서가 아니고서는 억제될 수도 해소될 수도 없다."[12]

그러므로 사람은 적합한 관념이 정념, 즉 부적합한 관념보다 정서적으로 더 강력할 때 자유롭다. 그래야만 적합한 관념이 지배적 욕망과 행동의 결정 요인을 형성하고, 그

제야 비로소 그의 본성에서 행동이 나오게 된다.

본성을 통해서만 이해될 수 있는 방식으로 본성에서 비롯되는 욕망은 그것이 적합한 관념으로 구성되어 있다고 파악되는 한 정신과 관련된 것들이다. 다른 욕망들은 정신이 사물을 부적합하게 파악하는 한에서만 정신과 관계가 있으며, 그것들의 힘과 성장은 반드시 인간의 힘이 아니라 우리 밖에 있는 사물의 힘에 의해 규정되어야 한다.[13]

우리는 일반적으로 매우 불완전하게만 자유롭다. 심지어 스피노자에 따르면 자유로울 때가 거의 없다. 대개 정념에 휘둘리며 살기 때문이다. 우리는 기분을 좋게 할 만한 것들을 좇고 고통이나 불편함의 원인처럼 보이는 것들을 회피하므로 우리의 욕망은 너무나 자주 부적합한 관념, 즉 감각과 표상에서 비롯된 신념에 좌우된다. 인식을 추구하는 데 전념하여 적합한 관념을 상당히 획득한 사람들조차 언제나 적합한 관념에만 근거해 행동하지는 않는다.

이처럼 스피노자의 도덕철학은 일련의 등가성을 포함한다. 능동성은 자유와 동일하고, 자유는 스스로 결정하는 것과 동일하며, 스스로 결정하는 것은 오직 본성에서 비롯된 행동을 하는 상태와 동일하다. 그리고 이것은 부적합한

자유인이란

관념보다 정서적으로 더 강력한 힘을 지님으로써 자신의 행동을 결정하는 적합한(외부 사물의 본성이 아니라 자신의 지적 본성에서 비롯된) 관념을 갖는 문제다.

———————

자유인에 관한 상세한 그림을 완성하기 위해서는 퍼즐 두 조각이 더 필요하다.

스피노자는 합리주의자다. 단순히 그의 형이상학적 또는 인식론적 견해 때문이 아니라 그의 도덕 이론 때문에 그렇다.[14] 그는 능동적인 것, 자유로운 것, 적합한 관념에 근거하여 결정을 내리는 것을 "이성의 지도에 따라 사는 것"과 동일시한다. 사물에 대한 지적 이해를 나타내며 능동적이고 자유로운 사람을 인도하는 적합한 관념들은 이성의 산물이다. 그것들은 이성적 존재로서의 인간 본성에서 나온다.

스피노자의 이론에는 세 종류의 인식이 있다. 그는 편의상 1종 인식, 2종 인식, 3종 인식이라고 부른다.[15]

1종 인식은 부적합한 관념에만 존재한다. 이것들은 불완전하고 편파적이며 가변적인 관념으로 감각 경험과 표상에서 온다. 스피노자는 이런 관념들을 "지성인에게는 난잡하고 무질서하며 훼손된 관념"이라고 묘사한다. 이런 "무작위적 경험에서 나온 인식"(이렇게 부르는 이유는 우연에 의해, 우리의 통제를 벗어난 방식으로 생겨나는 관념이기 때문이다.)은 진짜 인식이 아니라 단순한 의견에 지나지 않는다. 스피노자에 따르면 이런 인식은 또 "거짓의 유일한 원인"이다. 이와 같은 매우 주관적인 관념은 이 세상이 어떠하고 우리가 어떻게 행동해야 하는지에 있어 신뢰할 수 없는 길잡이다. 그것이 우리에게 알려 주는 것이라고는 현재 또는 과거에 사물들이 우리를 어떻게 자극하여 변화시켰는가뿐이다. 만일 어떤 것에 대해 내가 아는 바가 그 순간에 또는 과거에 관찰하여 알게 된 그것의 생김새, 냄새, 느낌밖에 없다면, 분명 나는 그것을 아주 피상적으로 이해하고 있는 것이다. 이처럼 1종 인식은 순전히 주관적이다.

반면 2종과 3종 인식은 언제나 필연적으로 참되다. 스피노자는 2종 인식을 이성, 3종 인식을 직관이라고 부른다. 이성과 직관 모두 세상의 사물에 대한 심오하고 형이상학에 근거한 이해이자 사물의 진정한 본성을 드러내는 적합한 관념에 내재한다. "사물을 정확히 지각하는 것, 즉 있는 그대로 지각하는 것은 이성의 본성에 속한다."[16] 그러나 이성의 적합한 관념들이 사물의 본질을 보여 준다면, 그것은 올바른 인과적 정보를 제공하는 것은 물론 사물이 어째서 그런 본질을 갖게 되었고 다른 본질을 갖지 않게 되었는지도 보

여 주어야 한다.[17] 어떤 것에 대한 적합한 인식에는 그것의
원인에 대한 인식이 필요하다.[18]

이에 못지않게 중요한 점은 이성이 인과관계를 이해하
는 일을 수반하므로 사물의 필연성도 밝힌다는 사실이다.
"사물을 우연이 아니라 필연으로 바라보는 것은 이성의 본
성에 속한다."[19]

마지막으로 모든 사물은 신 또는 자연에 속해 있고 신
또는 자연으로부터 비롯된 것, 즉 신 또는 자연의 양태이므
로, 이성에 의해 밝혀진 사물에 대한 적합한 관념은 필연적
으로 "신의 영원하고 무한한 본질"에 대한 인식도 포함한다.
『에티카』에서 가장 대범한 진술 중 하나라 할 수 있는 정리
에서 스피노자가 말한 것처럼 "인간의 정신은 신의 영원하
고 무한한 본질에 대한 적합한 인식을 지닌다."[20]

이성은 자연에 속한 것들에 대한 심오한 이해를 주는데
그중 하나가 바로 인간에 대한 이해다. 이성은 인간이 무엇
인지, 곧 인간의 본성이 무엇인지, 우리가 자연에 속한 다른
것들과 어떤 관계가 있는지 말해 준다.(말하자면 『에티카』 1부
와 2부의 모든 형이상학적, 인식론적 정리들이 이성의 산물이다.)
따라서 이성은 인간에게 진정으로 선한 것(과 진정으로 악한
것)이 무엇인지도 파악해야 한다. 왜냐하면 선악은 존재의 지
속과 능력을 위한 인간의 노력에 가장 도움이 되는 것(또는

가장 방해가 되는 것)이 무엇인지에 의해 결정되기 때문이다.

그러므로 이성은 스피노자가 말하는 "올바른 삶의 방법"에 대해 신뢰할 만한 지침으로 기능한다. 이성은 인간이 기울이는 노력의 목표를 식별하여 그것을 달성하기 위한 최고의 수단을 알려 준다. 이성의 지도에 따라 사는 사람은 해야 할 일과 그 일을 해야 하는 이유를 안다. 이성적인 사람은 자신의 본성에 따라 행동하고, 정념에 이끌려 외부 사물의 본성에 따라 사는 사람과는 달리 진정으로 자신에게 유용하고 유익한 일을 한다. 이성은 자유로운 삶을 지휘한다.

———————

자유, 능동, 자기 결정, 이성에 따른 삶 사이에 존재하는 일련의 등가성에 넣어야 할 마지막 요소가 남았다. 이것은 아주 오랜 계보를 지닌 명백한 도덕적 개념이다.

고대 그리스와 로마 철학자 들은 모두 도덕적 사유의 중심에 '덕'을 두었다. 철학자마다 차이는 있으나 이들은 공통적으로 덕이 가장 훌륭한 삶의 방법에 이르는 핵심이라고 믿었다. 제아무리 부, 권력, 명예, 친구, 원하는 연인을 모두 가졌다 해도 덕을 갖추지 않은 사람은 훌륭한 삶을 살았다고 말할 수 없었다.

고대 철학에 커다란 영향력을 미친 아리스토텔레스의 관점에서 보면 인간을 포함하여 자연에 존재하는 모든 것은 핵심적 기능, 즉 타고난 역할이나 목적이 있다. 이를테면 도토리는 떡갈나무에서 자라야 하고, 불은 타올라야 하며, 눈은 보아야 한다. 덕이란 어떤 사물이 고유의 기능을 탁월하게 수행하도록 만드는 것이다. "모든 탁월성은 그 사물의 탁월성을 좋은 상태로 가져오는 것뿐 아니라 그것의 일이 성공적으로 완료되도록 한다."[21] (보통 '덕'으로 번역되는 고대 그리스어 아레테(areté)는 '탁월성'으로 번역되기도 한다.) 유덕한 눈은 잘 본다. 다시 말해 눈이 지닌 지각 기능을 탁월하게 수행한다. 인간의 고유 기능은 합리적 사고인데, 여기에는 순수한 사색과 행동과 관련된 사고가 포함된다. 그러므로 인간의 덕은 지적, 실천적 문제에서 탁월함을 발휘할 수 있도록 만들어 주는 것이다. 아리스토텔레스가 말하는 유덕한 사람은 언제나 무엇이 올바른 행동인지 알고 실천하면서 올바른 종류의 즐거움을 얻는 사람이다.

스피노자의 도덕철학은 고전적 의미의 '덕 이론'이 아니다. 그의 이론은 다양한 면에서 유별나다. 특히 자연에 관한 결정론적 형이상학과 인간에 대한 독특한 관점이 그렇다. 그러나 스피노자도 고대 철학자들과 의견을 같이하는 부분이 있는데, 도덕적 이상향의 삶, 즉 도덕적 전형이 되는 삶은 모두 덕이 구현된 형태라는 점이다.

스피노자의 덕은 아리스토텔레스의 덕과 다르다. 스피노자는 애초에 덕을 능력으로 정의한다. "나는 덕과 능력을 동일한 것으로 이해한다. 인간과 관계되는 한 덕은, 그 사람이 오직 자신의 본성의 법칙을 통해 이해될 수 있는 어떤 것들을 이룰 수 있는 능력이 있는 한, 인간의 본질 즉 본성 그 자체다."[22] 그러나 궁극적으로 모든 능력의 발휘가 덕의 표현은 아니라는 점에서 이 정의는 오해의 소지가 있다. 단순히 무언가를 한다는 것이 저절로 유덕한 행동이 되는 것은 아니다. 외부 상황에 의해 결정되어 행위자의 능력이 부분적으로만 반영된 행동이라면 더욱 그렇다. 덕의 정의가 말해 주듯이 오직 그 사람의 본성에서 비롯된 능력의 발휘만 덕이라 할 수 있다.

스피노자는 덕에 대한 자신의 정의를 명확하게 밝히면서 "덕은 (……) 자신의 본성의 법칙에서 비롯되는 행위일 뿐이다."[23]라고 설명한다. 덕을 "본성에 따른 행위"라고 본 고대 스토아학파를 떠올리게 하는 구절이다. 앞서 이야기한 것처럼 사물의 본성은 바로 그것의 코나투스, 즉 자신의 존재를 지속하기 위한 노력이다. 따라서 사물의 본성의 법칙은 자신의 존재를 유지하기 위해 노력하라고 지시한다. 그러므로 스피노자의 결론처럼 "덕의 근간은 자기 존재를 보존하려는 바로 그 노력이다." 유덕한 사람은 자신의 존재를 보존하기 위해 자신의 본성의 법칙에 따르고 그렇게 행동하는 사람이다. 다시 말해 덕은 존재를 보존하기 위한 성공적인 노력이다. "각자는 자신의 존재를 보존하기 위해 더 많이 노력하고 존재의 보존에 더 많이 성공할수록 더 유덕하다."[24]

반면 덕의 반대(아마도 '악덕'이 되겠지만 스피노자는 이 단어 대신 '능력 부족'이라는 표현을 썼다.)는 자신의 본성이 아니라 외부에 존재하는 사물의 본성에 따라 행동하는 것을 말한다. 덕, 즉 능력이 부족한 사람은 "외부 사물들에 휘둘리고, 그 자체로 고찰된 자기 본성이 요구하는 것이 아니라 외부 사물들의 일반적인 성질이 요구하는 대로 행동하도록 결정된다."[25] 많이 들어 본 이야기이지 않은가? 이는 바로 정념과 정념을 일으키는 외부 사물들에 좌지우지되는 사람을 가리킨다. 반대로 유덕한 사람은 능동적이고 스스로 결정하며 이성의 지도에 따라 사는 사람이다. 즉 유덕한 사람은 자유롭다.

스피노자의 견해처럼 이성적이고 자유로우며 덕이 있는 삶은 형이상학에 근거한 인간의 목표다. 왜냐하면 그것은 인간 본성에 대한 최상의 표현이자 인간 발전의 최고봉을 의미하기 때문이다. 우리 인간은 그 사실을 깨닫든 깨닫지 못하든(스피노자의 『에티카』를 읽으면 깨달을지도 모른다.)
이성적 덕인 자유의 상태에 도달하기 위해 본성적으로 그
리고 필연적으로 노력한다.[26] 모든 개체는 자신의 코나투
스, 자신의 본질 또는 본성에 의해 추동되어 자신의 능력(능
동성)을 보존하고 심지어 최대한 증대시키려고 한다. 이성
의 지도에 따르는 삶은 우리 인간의 코나투스가 더 유능한
상태에 이르고 더욱 완전하게 실현됨을 의미한다. 그러므로
그런 삶을 사는 사람은 인간 본성의 전형, 인간의 전형이자
더욱 완전한 인간이다. 이는 이 상태에 도달하는 데 얼마나
유용한가에 따라 사물의 선악이 판단된다는 사실에도 부합
한다.

———————

이렇게 우리는 마침내 자유인, 호모 리베르를 만나게 된다.
정체를 알 수 없는 이 이름은 『에티카』의 후반부에 와서야
처음 모습을 드러낸다. 그래서 특별한 의미를 지닌 것처럼
보이기도 한다. 지금까지 이야기했듯이 사람이 더 자유롭고
덜 자유로운 것은 그 사람이 얼마나 능동적인가, 자기 결정
능력이 얼마나 되는가, 얼마만큼 이성에 이끌려 사는가에
따라 다르다. 그러나 자유인의 개념을 소개하는 방식을 보

면 자유인이 그저 어쩌다 보니 대체로 이성의 지시에 따라 살게 된 사람은 아니라는 사실을 짐작할 수 있다.[27] 자유인의 행위와 행위 동기는 실제 이성의 명령에 따라 행동하는 개인의 완벽한 사례다. 자유인은 일종의 귀감이 되는 인간으로, 부단히 그리고 예외 없이 이성과 이성의 적합한 관념에 따르는 사람이다. 자유인은 이성이 지시하는 것을 반드시 행한다. 사실 자유인이 지닌 적합한 관념의 정서적 힘을 고려하면 이성이 명령하는 바를 행하지 못할 수가 없다. 이성적 덕이 확고하고 최대치의 능력과 능동성을 지닌 인간 상태의 전형적인 예를 보여 주는 스피노자의 자유인은 우리가 본성적으로 그리고 필연적으로 도달하기 위해 노력하는 진정한 "인간 본성의 전형"이다.[28]

문제는 지금부터다. 혹자는 본질적으로 불완전하고 평범한 인간의 삶의 이상향이 우리의 실제 삶과 어쩌면 이렇게 다른지 의아할 수 있다. 인간처럼 복잡하고 정념으로 가득 찬 생명체들이 자유인의 비범하고 언뜻 실현 불가능해 보이는 삶의 방식과 행동 방식을 도대체 어떻게 구현할 수 있단 말인가?

이는 모두 스피노자의 자유인 개념을 어떻게 해석하느냐에 달려 있다. 한 가지 해석으로는 자유인이 단순히 이성만 따르거나 적합한 관념에만 의거하여 행동하는 사람은 아

니라고 보는 관점이다. 자유인 역시 정념과 부적합한 관념
이 있지만 그것이 적합한 관념에 비해 정서적 힘과 욕망에
대한 지배력이 크지 않아서 행동을 추동하지는 못한다는 것
이다. 이보다 극단적인 해석도 가능하다. 만약 자유인에게
아무런 정념도, 부적합한 관념도 없다면 어떻게 될까? 그렇
다면 그는 그저 능동적이거나 항상 능동적이기만 한 것이
아니라, 절대적으로 완전하게 능동적이고 어떤 수동성도 경
험하지 않을 것이다.[29] 그런 자유인의 코나투스는 긍정적으
로든 부정적으로든 외부 사물에 의해 자극받아 변화하는 일
은 없을 것이다.[30] 스피노자가 직접 규정한 기준으로 보았
을 때 이런 자유인은 완전하게 자유로우므로 사실상 자연에
속하지 않는 존재다.

　그러나 현실 속의 인간은 외부 사물의 인과적 영향을
받을 수밖에 없으며 자연에 속하지 않는 것은 불가능하다.
자연에 존재하는 유한한 생명체인 인간은 언제나 그리고 필
연적으로 수동적 정서에 휘둘리고 외부 사물에 의해 (신체
와 정신 안에서) 좋은 쪽으로든 나쁜 쪽으로든 코나투스의 변
화를 겪는다. 스피노자는 이를 더할 나위 없이 명확하게 설
명한다.

　인간이 자연의 일부가 아니라는 것은 불가능하며 자신의 본

성만으로 이해되는 변화, 즉 자신이 적합한 원인이 되는 변화 외에 어떤 변화도 겪지 않는다는 것 역시 불가능하다.

이것으로 판단하건대 인간은 필연적으로 언제나 정념의 지배를 받으며, 자연의 공통적 질서에 따르고 순종하며, 사물의 본성이 요구하는 만큼 자신을 그 질서에 적응시킨다.[31]

실제 살아 있는 인간은 자유인이라는 이상향을 절대 실현할 수 없을 것이라는 결론처럼 보인다. 인간 본성의 전형을 정말 정념이 없는 완전히 능동적인 인간으로 이해한다면, 우리가 살아가야 하는 인과적으로 복잡하게 얽힌 이 세상에서는 실제로 구현할 수 없을 것이다.[32] 살아 있는 인간은 언제나 정념을 경험한다. 실제 삶에서 항상 이성의 지시에 따르는 사람도 수동적 정서를 피할 수는 없다. 그렇게 언제나 이성적인 사람들도 자유롭게 행동할 수 있지만, 자유인이 보여 주는 모범적 자유에 비하면 불완전하거나 이류인 자유일 수밖에 없다. 살아 숨 쉬는 인간이 모두 그렇듯 그들도 정념이 있고 있어야만 하는데, 그들의 자유는 아무런 정념도 없다는 데에 있는 것이 아니라 그들의 적합한 관념이 대개는 부적합한 관념보다 정서적 힘이 강해서 그들의 욕망을 한결같이 결정한다는 사실에 있기 때문이다.[33]

이러한 관점에서 보면 스피노자의 자유인(어떤 학자에

따르면 능력이 "불안정하게 계속 변화하지 않기에"[34] 능동적이든 수동적이든 어떤 감정도 경험하지 않는 인간)은 결국 매우 제한적인 사례, 영원히 근접만 가능한 도덕적 전형이 된다.[35] 『에티카』의 4부와 5부가 어떻게 하면 더 자유로워질 수 있는지, 어떻게 하면 인간이 그 이상향에 가능한 한 가장 가까이 도달할 수 있는지 이야기하는 것은 어찌 보면 당연하다. 그러나 정념의 결여라는 측면에서 (또 "오직 자기 본성의 필연성만으로 존재하는"[36] 것이라는 형이상학적 측면에서) 완전히 자유로울 수 있는 존재는 오직 어떤 외부 사물에 의해서도 자극받아 변화하지 않는 무한한 힘을 가진 영원한 존재인 신 또는 자연뿐이다.[37] 이렇게 따지면 자유인은, 앞뒤가 맞지 않는 개념이 아니라면, 한마디로 불가능한 존재다. 즉 우리가 목표로 삼고 행동 지침으로 사용할 수는 있지만 절대로 도달할 수 없는 상태다. 그렇다면 실제로 자유인이 되고자 노력하는 것은 신이 되고자 노력하는 것과 다를 바가 없다.[38]

그러나 스피노자의 자유인을 이렇게 해석하는 것은 잘못된 것이다. 이런 해석은 자유인을 적합한 관념만 있는 정신을 지닌다는 의미에서 완전히 자유롭고 능동적인 것과 혼동한다.

『에티카』에는 굉장히 난해한 정리들이 있는데 그중 하

나가 바로 이것이다. "인간이 자유로운 상태로 태어난다면, 그들이 계속해서 자유로운 상태로 사는 한 어떠한 선과 악의 개념도 형성하지 않을 것이다." 이 정리의 증명은 다음과 같다. "자유로운 상태로 태어나 자유로운 상태로 사는 인간은 적합한 관념만 갖는다."[39] 적합한 관념에 대한 스피노자의 개념과 선과 악에 대한 그의 정의를 고려하면, 이는 자유로운 상태로 태어나 계속해서 자유로운 상태로 사는 사람은 외부에 의한 능력의 증대나 감소를 절대 경험하지 않는다고, 즉 어떤 정념도 경험하지 않는다고 암시하는 것처럼 보인다.

그러나 자유인을 "자유로운 상태로 태어난" 사람과 동일시해서는 안 된다. 스피노자도 자유로운 상태로 태어난 사람은 실현 불가능한 반(反)사실적 상태라고 명확하게 이야기한 바 있다. 위에서 언급한 정리가 분명 인간이 자유로우면 외부 사물에 자극받아 변화하지 않는다는 것("자유로운 상태로 사는 인간은 적합한 관념만 갖는다.")을 암시하기는 하지만, 스피노자의 말은 삶의 과정에서 자유로워지고 자유로운 상태를 유지하는 사람이 아니라 자유로운 상태로 태어나 단 한 번도 자유롭지 않은 적이 없는 사람을 의미할 것이다. 비록 이 증명을 모든 자유인(자유롭게 태어나든 그렇지 않든)이 그가 지닌 자유로 인해 부적합한 관념을 가지지 않는다는 의미로 해석하기 쉽지만 말이다.

그렇기는 해도 자유인에 관한 스피노자의 설명 대부분은 자유인이 수동적 정서를 전혀 경험하지 않는다는 관념과 조화를 이루기 어렵다. 이 책의 뒷부분에서 확인하겠지만, 스피노자는 자유인의 특성과 행동을 설명한 여러 정리에서 자유인이 허기, 세속의 즐거움(아름다움을 감상하는 일 등), 특히 친교를 포함한 사회적 관계 같은 것에 어떻게 대응하는지에 주목한다. 그것은 자연 속에서 자연의 일부로 살면서 수동적으로 야기되는 부적합한 관념을 경험조차 하지 않은 사람의 모습과는 거리가 멀다.[40]

일단 "자유로운 상태로 태어나 자유로운 상태로 사는" 사람이라는 유별나고 난해한 정리를 빼면 『에티카』의 텍스트는 스피노자가 인간의 전형을 외부 사물로 야기된 정서의 영향을 받지 않고 정념과 부적합한 관념에서 자유로워서 사실상 '자연의 밖에' 존재하는 것과 다름없는, 매우 예외적이고 실제 인간이 절대 실현할 수 없는 이상향으로 그리지 않는다는 사실을 분명하게 보여 준다.[41] 자유인은 모든 인간이 그러하듯 자연의 일부여서 평생 동안 자연으로부터 자극받아 변화된다.

인간 본성의 본보기가 되는 자유인은 사실 한결같이 이성의 지시에 따라 사는 사람일 따름이다. 이는 『에티카』에서

자유인이 어떻게 처음 등장하는지를 보면 명확해진다. 4부
에서 이성의 지시에 따라 사는 삶에 대해 길게 논의한 뒤, 정
리 66의 주석에서 스피노자는 다음과 같이 이야기한다.

> 우리는 오로지 정서나 의견에 따라 사는 사람과 이성에 따
> 라 사는 사람의 차이를 쉽게 알 수 있다. 전자는 의도하든 의
> 도하지 않든 자신이 잘 모르는 일을 행하는 반면 후자는 다
> 른 사람이 아닌 자기 자신의 바람에 순응하고 자신이 생각하
> 기에 인생에서 가장 중요한 것, 그래서 아주 강하게 욕망하는
> 것만을 행한다. 그러므로 나는 전자를 노예, 후자를 자유인이
> 라 부른다.

그런 다음 스피노자는 "이제 자유인의 기질과 삶의 방
식에 대해 몇 가지를 더 언급하고자 한다."[42]라면서, 자유인
과 그의 행동에 관해 자세히 논의하는 일곱 개의 정리로 넘
어간다. 이제 명시적으로 '호모 리베르'라는 이름이 붙은 자
유인에 관한 방대한 논의는 앞서 나온 이성의 지시에 따른
삶에 대한 이야기가 연장된 것뿐이다.

자유인의 사례가 될 수 있을 만큼 이성의 지시에 따라
행동한다고 해서, 심지어 예외 없이 늘 그렇게 한다고 해서
오로지 적합한 관념만 있다는 의미는 아니다. 그보다는 자

유인의 본성이 그의 적합한 관념을 통해 그가 하는 모든 행동의 충분한 원인이 된다는 뜻이다. 자유인 역시 다른 사물들이 야기하는 변화를 경험하고 그래서 수동적 정서에 취약하더라도 말이다. 자유인은 정념을 경험해도 그런 정념이 자신의 행동을 결정짓게 두지 않는 사람이다. 그는 언제나 이성이 지시하는 대로 행동한다. 자유인은 스스로를 통제한다. 그는 행위에 있어 수동적이기보다 능동적이다. 그의 욕망과 행동은 정념이 아니라 이성의 명령을 따른다. 자유인의 자유는 정념의 부재에 있는 것이 아니라 정념이 행동을 추동하지 못하는 데 있다.

욕망에 관해 말하자면 선하거나 악한 감정에서 비롯되는 한 욕망 역시 선하거나 악하다. 그러나 모든 욕망은 우리 안의 수동적 정서로부터 생성되는 한 사실은 맹목적이고 (……) 인간이 쉬이 이성의 지시에 따라서만 살 수 있다면 쓸모도 없을 것이다.[43]

스피노자에 따르면 자유인은 "정신의 힘"[44]을 통해 정념들, 적어도 이해를 통해 적합한 관념으로 전환하여 제거하지 못하는 정념들을 억제하고 그것이 자신의 행동을 결정짓지 못하게 할 수 있다.[45]

스피노자는 데카르트나 스토아학파와 같이 준비가 잘 되어 있고 의지력만 있다면 누구나 "정념에 대한 절대적인 지배력"[46]을 지닐 수 있다고 주장한 철학자들을 비판했다. 일부 스토아학파의 주장처럼 이성이든 교리든 또는 다른 방법을 통해서든 어떤 종류의 훈련도 자연 상태의 인간의 삶에서 정념을 완전히 제거할 수는 없다. 하지만 정념을 의지(그런 게 존재한다면)에 복종하도록 만들어 "우리가 정념을 완전히 지배할 수 있게" 하는 것도 불가능하다. 인간이 원하든 원하지 않든, 그 사람이 얼마나 자유롭든, 정념은 존재한다. 스피노자의 견해에 따르면, 우리가 할 수 있는 일은 정념에 대한 일종의 인식론적 '해결책'을 이용하여 정념을 완화하고 억제하는 것이다.(이는 자유인이 특히 잘하는 일이기도 하다.)

자유인이 향유하는 "정서를 지배하는 정신의 힘"은 정념을 인간의 삶에서 완전히 없애거나 의지라고 부르는 상상의 능력에 복종시키는 것이 아니라 정념으로 작용하는 것들의 힘을 약화시키는 능력에 있다. 자유인은 자신에 대한 올바른 인식, 특히 연장된 사물인 자신의 신체에 대한 올바른 인식을 지녔기 때문에 부적합한 관념들을 저지할 수 있을 뿐 아니라 부적합한 관념들의 원인을 이해하여 명석판명한 인식을 획득함으로써 오히려 능동적인 정서로 변화시킬 수

있다. 다시 말해서 자유인은 슬픔을 기쁨으로 변화시킬 수 있다.[47]

　그러므로 자유인은 언제나 자신에게 진정으로 유용하다고 알고 있는 것에 근거하여 행동한다. 그는 이 세상의 선과 악을 알고 그것을 아주 잘 헤쳐 나간다. 스피노자가 처음 자유인에 대한 논의를 시작할 때 말했듯이 이성에 이끌려 사는 사람은 "다른 사람이 아닌 자기 자신의 바람에 순응하고 자신이 생각하기에 인생에서 가장 중요한 것만을 행한다."[48]

　그러니 자유인을 자유롭게 만드는 것은 그의 행동이 일관되게 적합한 관념에 의해 결정된다는 사실이다. 자유인에게도 정념이나 부적합한 관념이 있지만, 그는 절대 그에 따라 행동하지 않는다. 자유인은 언제나 적합한 관념의 정서적 힘이 부적합한 관념의 그것보다 강하므로 그의 욕망은 항상 인식을 따른다. 이처럼 예외 없이 일관되게 이성에 근거하여 행동하는 점이 바로 귀감이 되는 인간의 전형과, 대개는 이성의 지시를 따르지만 반드시 항상 그렇지만은 않은 평범한 사람 사이의 차이다. 스스로 결정한다는 것은 "완전히 능동적"(이 말이 수동성이 아예 없다는 의미라면)이라는 뜻이 아니다. '스스로 결정한다'의 진짜 의미는 그저 인간이 "외부 사물들의 일반적인 성질이 요구하는 대로 행동하도

　　　　자유인이란

록 결정되는" 것이 아니라 "그 자체로 고찰된 자기 본성이 요구하는 것"을 행하도록 결정된다는 의미다.[49]

궁극적으로 자유인의 자유는 신의 자유가 아니라(우리는 신이 되려고 노력하는 것이 아니다.) 신과 같은 자유다. 이것은 고유의 유한한 방식으로 신 또는 자연이 누리는 절대적이고 무한한 자기 결정 능력과 유사하거나 그에 근접한, 실제 인간을 위한 자기 결정 능력이다.

———————

이쯤 되면 인간 자유의 범위에 관한 의문이 자연스럽게 제기된다. 스피노자는 모든 인간이, 사실상은 아닐지라도 적어도 이론상으로는, 자유인이 될 수 있다고 보았을까? 물론 개인마다 선천적 차이가 있다. 모든 인간의 삶에 경제적, 정치적, 사회적, 환경적 상황의 차이가 있는 것처럼 말이다. 가난, 질병, 신체적 또는 정신적 장애, 편견, 폭압적 정권의 통치, 그 밖의 통제할 수 없는 많은 요인이 이상적 인간상에 도달하는 데 극복하기 어려운 심각한 장해물이 되기도 한다. 스피노자도 이 점을 인정한다. 사람들 중에는 태생적으로 분별력이 너무 부족해서 이성이 이끄는 삶을 계속 따르지 못하는 경우(스피노자는 이들을 "멍청이와 미치광이"라고 칭했다.)도 있고, 형편이 좋지 않아 진정으로 자유로워지는 데 필요한 지적 활동에 힘을 쏟을 엄두를 내지 못하는 경우도 있다.

그렇다면 선택이 아니라 선천적으로 나타나는, 인간의 가장 가시적이면서도 근본적인 차이점인 생물학적 성(性)은 어떠한가? 스피노자는 일반적으로 생물학적 남성과 여성이 자유인이 될 기회를 동등하게 갖는다고 보았을까?

비교적 짧은 삶을 살다간 스피노자가 말년에 남긴 일부 논의를 보면 이 질문에 긍정적인 답변을 기대하기는 어렵다. 앞서 언급했듯이 『정치론』의 마지막 장에서 스피노자는 여성의 지적 능력을 비하하는 진술을 한다. 민주주의에 관한 논의를 하던 중에 그는 여성이 남성과 동일한 정치적 권리를 가져서는 안 된다고 주장한다. 그 이유는 여성이 "남편의 영향력 아래서" 살기 때문인데, 이것이 단순히 관습이나 문화(이 경우 올바른 사회 정책으로 개선할 수 있다.)가 아니라 여성의 "타고난 결점"으로 인해서라는 것이다.[50] 그러면서 "정신의 힘과 타고난 지성(위대한 인간의 능력과 그에 따른 권리의 근원)의 측면에서"[51] 여성은 남성과 같지 않다고 주장한다. 지성이 있어야 자유도 있으므로 이러한 진술을 종합하면 스피노자는 여성이 자유에 도달할 수 없다고 결론짓는 듯하다.

안타깝게도 스피노자가 『정치론』을 완성하지 못하고 (심지어 그 장을 마치기도 전에) 죽으면서 이것은 그가 남긴 마지막 글이 되었다. 그렇다면 이 글이 정말 여성이 자유인이 될 능력을 지녔는지에 대해 그가 숙고 끝에 내린 결론일까? 『에티카』에서 말하는 인간의 자유는 원칙적으로 인간이라면, 적어도 심각한 장애를 앓는 사람이 아니라면 누구나 성취할 수 있는 것이다. "사유하는 실체와 연장된 실체는 하나의 동일한 실체이고, 때로는 이 속성 아래서, 때로는 저 속성 아래서 파악"되기 때문에, 그리고 "연장의 양태와 그 양태의 관념(즉 정신)은 하나의 동일한 것이나 다만 두 가지 방식으로 표현되는 것"이기 때문에, 결과적으로 인간 정신의 세부적인 역량들은 바로 인간 신체의 세부적인 역량들을 반영한다고 할 수 있다.[52]

어떤 신체가 다른 신체들보다 한 번에 많은 것을 하거나 한 번에 다양한 방식으로 작용을 잘 받을수록, 그 신체의 정신도 다른 정신들보다 한 번에 많은 것을 지각하는 데에 더 뛰어나다. 또 어떤 신체의 활동이 그 신체에만 더 많이 의존하고, 다른 신체들이 그 신체와 함께 공동으로 활동하는 일이 적을수록, 그 신체의 정신은 명확하게 인식하는 데에 더 뛰어나다. 이런 (사실들)로부터 우리는 어떤 정신이 다른 정신들에 비해

더 우수하다는 것을 알 수 있다.[53]

스피노자의 의도는 이것이 남성의 신체와 남성의 정신에만 한정된다는 것이 아니다. "명확하게 인식하는 데에 더 뛰어나고" 더 "우수한" 정신은 남성의 정신이 아니다. 그와는 반대로 스피노자는 "인간의 정신이 다른 것들(즉 자연에 존재하는 다른 존재들의 정신)과 무엇이 다른지, 어떻게 인간의 정신이 다른 것들보다 뛰어난지 정확히 알아내려면, 이미 말했듯이 우리는 정신의 대상, 즉 인간 신체의 본성을 알아야 한다."[54]라고 상당히 명시적으로 진술하고 있다. 이 논의의 주제는 인간의 신체와 인간의 정신이다.

물론 생물학적으로 남성과 여성의 신체에는 뚜렷한 차이가 있다. 그러나 지성과 자유에 대한 인식론적, 도덕적 관점에서 보면 그런 차이는 중요하지 않다. 인간 신체로서의 여성과 남성의 신체 사이에 나타나는 일반적인 큰 차이가 인간 이성의 측면에서 남성과 여성의 정신 사이에 나타나는 일반적인 차이를 뒷받침할 만큼 충분한 근거가 된다는 내용은 스피노자가 쓴 어느 저작에서도 찾아볼 수 없다.[55] 자유를 얻기 위해 필요한 지적 사고는 모든 인간에게 가능하다. 스피노자의 철학이 자유인의 삶을 성취할 수 있는 사람들에서 여성이라는 집단을 배제한다고 주장할 근거는 없다.[56]

"인간이 자연의 일부가 아니라는 것은 불가능하며 자신의 본성만으로 이해되는 변화, 즉 자신이 적합한 원인이 되는 변화 외에 어떤 변화도 겪지 않는다는 것 역시 불가능하다." 라는 스피노자의 주장은 모든 인간에게 해당하는 말이다. 자유인이자 인간 본성의 전형이라고 할 수 있는 아주 뛰어난 사리 분별력과 최대치의 능력을 가진 상태에 도달한 사람도 예외가 아니다.

앞서 언급한 것처럼 이러한 이상적인 인간의 개념은 그러한 상태에 도달하는 데 유용한지 유용하지 않은지에 따라 사물의 선악을 판단하는 것과 관련하여 스피노자의 초기작은 물론 저작 전반에 걸쳐 나타난다. 스피노자가 우리 자신을 완전하게 만드는 일, 또는 "자기 본성보다 더 강하고 더 오래 지속되는 인간 본성을 획득하는 일"을 도달할 수 없는 불가능한 이상향으로 생각한다고 추정할 만한 부분은 그의 저작 어디에서도 찾아볼 수 없다.[57] 오히려 그는 적어도 원칙적으로는 그것을 실제 인간이 달성할 수 있는 것으로 간주하는 듯하다. 『지성교정론』에서 더 강하고 더 오래 지속되는 인간 본성의 개념을 소개한 후 그는 이야기한다. "그렇기에 이것, 다시 말해 그러한 본성을 획득하는 것 그리고 많은 이들이 그것을 나와 함께 획득하도록 노력하는 것이 내가 이루고자 하는 목표다."[58]

그럼에도 자유인이 되는 일은 이론상으로는 가능할지 언정 목적 달성을 위해 필요한 인식과 오성, 극기를 고려할 때 매우 어려운 일이어서 대부분의 사람들은 현실적으로 도달할 수 없는 경지일지 모른다.[59] 우리가 느끼는 정념은 아주 강렬한 데다 일상의 많은 부분을 지배하는 경향이 있다. 이성의 적합한 관념이 최대한의 정서적 힘을 발휘하는, 그래서 코나투스가 능력의 정점에 있는 사람들도 결국에는 수동적 정서의 힘에 굴복하기 마련이다. 스피노자에 따르면 "자연에는 더 강력하고 힘센 다른 것이 존재하지 않는 개물은 없다."[60] 이것으로 미루어 보면 "인간이 존재를 지속하는 힘에는 한계가 있으며, 외부 원인의 힘은 그것을 무한히 능가한다."[61] 그렇기에 자유인조차도 영원히 살지는 못한다. 이성의 지시에 따라 가장 중요한 일만 하면서 보람차고 행복하게 장수한다 하더라도, 자유인 역시 결국에는 수동적 정서(적어도 자연의 힘에 의해 야기되는 질병, 노화, 쇠약 등과 관련된 정서)에 무릎을 꿇을 수밖에 없다. 이는 그가 언젠가 외부 사물의 힘에 의해 결정되는 행동을 하게 될 것이라는 뜻이 아니라 결국 어느 시점에는 죽는다는 의미다.

스피노자는 아주 인상적인 말로 『에티카』를 마친다.

"탁월한 모든 것은 어려운 만큼 드물다." 다른 무엇보다 자유인이 되는 일이 여기에 해당한다는 데는 의심의 여지가 없다. 대부분의 사람들이 현실적으로 품을 수 있는 최고의 바람은 더욱더 자유로워지는 것, 가능한 한 오랫동안 이성의 지배 아래서 존재를 지속하는 것, 그래서 자유인이라는 이상적이지만 완벽하게 인간적인 상태에 최대한 근접하는 것이다.

스피노자는 자신이 주창한 보편 결정론 때문에 규범적 주장을 하기가 어려웠다. 모든 것이 인과적으로 필연적이라면 이성적으로 유덕한 삶을 살아야 한다고 말할 수 있는 여지가 거의 없다. 그렇게 되면 한순간에 삶의 방식을 바꾸겠다고 자발적으로 결정하는 것이 되기 때문이다. 그럼에도 우리는 태생적으로 존재를 지속하고자 노력하기에 이 인간 본성의 이상적인 전형에 매력을 느끼지 않을 수 없다. 또 그러한 이상적 삶이 어떤 모습인지, 그것의 이점은 무엇인지 궁금하지 않을 수 없다. 진정한 자유인은 어떻게 생각하고 어떤 감정을 느끼며 어떻게 행동할까? 이런저런 상황이 닥쳤을 때 무엇을 할까? 어떻게 이상적인 상태를 유지하며 살아갈까? 이에 못지않게 중요한 문제로, 자신의 능력을 유지하거나 증대하는 일을 추구하면서 다른 인간들을 어떻게 대할까?

다행히도 스피노자는 인간이 선천적으로 이성적으로 유덕한 인간이 되기 위해 노력한다고 말하는 것에 만족하지 않는다. 그는 자유인이 되는 것이 왜 어렵고 드문지, 왜 많은 사람이 자유인이 되지 못하는지뿐 아니라 자유인이 되는 데 무엇이 필요한지도 설명한다. 자유인의 삶의 상세한 특징에 대한 통찰을 전하는 데에도 주목한다.『에티카』의 4부는 자유인이 어떤 행동을 하는지, 그 행동을 할 때 어떤 정신 상태를 경험하는지 등을 설명하면서 자유인이 되는 것이 정확히 무엇인지를 보여 주는 데 많은 부분을 할애한다. 바로 이러한 정리들을 통해 스피노자가 정립한 매우 독특하고 대체로 매력적이며 때로는 반직관적이지만 그럼에도 아주 세밀하게 묘사된, 인간에게 있어 최고의 삶의 전형이 드러난다.

덕과 행복

스피노자는 1677년 2월 21일에 죽었다. 같은 날, 그의 집주인 헨드릭 판데르 스페이크(네덜란드 헤이그에 사는 화가로 파빌요엔스흐라흐트에 위치한 스피노자 집의 소유주였다.)가 스피노자의 방에 남아 있던 물건들을 정리해 목록을 작성했다. 현재 헤이그의 지방자치기록실 공증 아카이브에 보관된 그 문서에는 스피노자의 유품들이 (일부만) 적혀 있다. 거기에는 가구, 리넨 용품, 옷가지(은색 버클이 달린 검은색과 회색 신발 두 켤레 포함)와 누구의 초상화인지 모르는 작은 그림 한 점이 있었다. 길지 않은 유품 목록에는 "다양한 종류의 책과 책꽂이"도 있었다.[1]

열흘 정도가 지나서 스피노자의 누이 레베카와 두 사람의 조카 다니엘 데카세리스의 요청으로 유품 목록을 다시 작성하라는 명령이 떨어졌다. 레베카와 이제는 그녀의 양아들이 된 다니엘이 스피노자의 유품을 빠짐없이 기록한 목록을 원했기 때문이다. 그들은 장례비를 마련하고 스피노자의 빚(여기에는 집주인 헨드릭에게 빌린 돈도 포함되어 있었는데, 헨드릭은 스피노자가 채권자들에게 갚을 돈을 후하게 빌려주곤 했다.)을 갚기 위해 팔아서 돈이 될 만한 것이 있는지, 자신들에게 돌아올 만한 것은 없는지 확인하고 싶어 했다.[2] 공증서류에는 다음과 같이 쓰여 있다.

레베카 에스피노자와 다니엘 데카세리스의 요청에 따라 고인이 된 바뤼흐 에스피노자가 남긴 재산과 물건들의 목록을 탄원인들에게 제공할 것을 승인한다. 현재 해당 물건들이 있는 집의 소유주인 스페이크에게 이를 허락하여 해당 물건들이 적절하게 처분될 수 있도록 협조할 것을 명령한다.[3]

새 유품 목록은 명령이 떨어진 날 오후에 작성되었고, 이전보다 훨씬 더 상세한 내용을 담고 있었다.[4] 개인 소지품(셔츠 7장, 속옷 2벌, 수건 2장 포함)이 더 많아졌으며 여러 리넨 용품이 그 뒤를 이었고 목공예품(큰 옷장, 협탁 몇 개, 체스판), 낡은 망원경 몇 점이 추가되었다. 그중에는 160권의 책도 있었다. 책 목록은 크기(2절판, 4절판, 8절판, 12절판)대로 정리되어 있었는데 기록 방식은 제각각이었다. 어떤 것은 제목만, 어떤 것은 저자 이름만, 어떤 것은 둘 다 적혀 있었고, 많지는 않지만 저자도 제목도 없이 책의 주제만 간략히 소개한 경우(이를테면 "프랑스 대담집")도 있었다. 다 그런 것은 아니지만 대부분 날짜도 기록되어 있었다.

스피노자의 장서들은 언어도 다양했다. 대다수는 라틴어로 된 책이었으나 스페인어, 네덜란드어, 히브리어, 이탈리아어, 프랑스어 책은 물론 여러 가지 언어로 쓰인 책도 많았으며 목록의 제목만 보고는 어떤 언어로 쓰였는지 구분이 되지 않는 것도 있었다.[5] 더 놀라운 점은 장서의 장르와 주제가 매우 광범위하다는 사실이었다. 성경, 성경 주해서(유대교와 기독교), 탈무드 등의 랍비 문학, 유대교와 기독교(개혁파와 반개혁파 모두) 신학, 사전, 문법책, 유의어 사전, 어휘사전, 정치서, 의학서, 역사서, 철학서, 수학서, 과학서, 시집, 심지어 페트로니우스의 『사티리콘』*도 있었다!

데카르트와 홉스 같은 근대 철학자들의 논문집도 있었으나 의외로 고대 그리스와 로마 철학서는 거의 없었다. 아리스토텔레스의 저서는 있었지만 플라톤은 없었다. 회의주의자, 견유학파, 에피쿠로스학파의 문헌은 한 권도 찾아볼 수 없었다. 심지어 로마의 시인이자 철학자인 루크레티우스의 유명한 철학 서사시 『사물의 본성에 관하여』도 없었다.

---

*   1세기 로마 작가 페트로니우스가 쓴 운문이 섞인 풍자 소설로 현존하는 세계에서 가장 오래된 소설.

그러나 고대 스토아학파의 저술이나 스토아학파와 관계된 문헌은 꽤 있었다. 그중에는 키케로의 『친구들에게 보내는 편지들』의 12절판 판본(『키케로 어휘집』도 나란히 있었다.)과 1596년에 발간된 에픽테토스의 『엥케이리디온』 대역판(그리스어와 라틴어)도 있었다. 세네카의 『서간』 최신본도 두 권 있었는데, 하나는 플랑드르 태생의 인문주의자이자 신스토아학파인 유스투스 립시우스가 라틴어 원어로 낸 것이었고, 다른 하나는 스피노자의 친구이자 데카르트 번역가인 얀 헨드릭스 홀라제마커르가 네덜란드어로 번역한 것이었다.

스피노자가 이 책들을 모두 언제 입수했는지는 알 수 없지만 17세기치고, 특히 렌즈를 갈아 생계를 꾸리던 사람이 소장한 것치고는 꽤 다채롭고 방대한 목록임은 분명하다. 그가 어떤 책을 언제 구입했는지 또는 빌렸는지 또는 선물로 받았는지에 관한 기록은 없다. 그중에는 말년에야 비로소 손에 넣은 책도 있을 것이다. 그나마 쉽게 추정할 수 있는 사실은, 스피노자가 소장한 스토아 철학에 관한 책들이 모두 그가 파문된 1656년 이전에 발간된 것으로 보아 그가 무역상의 삶을 그만두었을 무렵 이미 그 책들을 갖고 있었을 것이라는 점이다. 어쩌면 그 책들이 가업을 떠나는 데 영향을 미쳤을 수도 있다. 분명한 것은 스토아학파가 그의 철학 이론 형성에 중요한 역할을 했다는 사실이다.

3세기에 디오게네스 라에르티오스는 초기 스토아학파의 견해를 정리하면서 키티온의 제논과 그의 제자들이 "덕(virtue)과 악덕(vice) 사이에는 아무것도 존재하지 않는다."[6]라고 주장했다고 설명한다. 덕은 양자택일의 문제로, 덕이 있거나 없거나 둘 중 하나라는 것이다. 고대 그리스 스토아학파가 말하는 덕의 전형은 소포스(sophos), 즉 현명한 인간이다. 현명한 인간은 "모든 것을 잘하는" 유덕한 상태에 이르렀다는 특징이 있다. 그는 언제나 올바른 방법으로, 올바른 이유에서, 올바른 마음으로 행동한다. 현명한 인간은 "허영심이 없지만" 그 역시 "항상 자기 발전을 게을리하지 않고 악을 멀리 떨쳐 내고 사물 속에 있는 선을 드러내는 삶의 방식을 따른다."[7] 현명한 인간은 인식만을 지닌다. 단순한 의견에 매몰되지 않고 거짓에 절대 동의하지 않는다. 질투, 증오, 심지어 비통함도 느끼지 않으며 "비통함을 영혼의 비이성적 경련이라고 본다." 현명한 인간은 또 현실적 문제에서 지혜를 발휘한다. 남을 해하거나 남의 기분을 상하게 하는 일도 없지만, 절대 연민이나 관용도 보이지 않는다. 그는 부모와 신들에게 경의를 표한다. 사실 현명한 인간은 "신성한 무언가를 내재하고 있다"는 점에서 그 자체로 신과 유사하다. 무엇보다 "현명한 인간만이 자유롭고, 악한 인간은 노예이며, 자유는 독립적으로 행동할 수 있는 힘이다."[8]

훗날 로마 스토아학파 사이에서 사피엔스(sapiens)로 재등장하며 보통 '현인'이라고 번역되는 제논의 소포스가 스피노자의 자유인과 정확히 같은 개념은 아니다. 스토아학파의 현인은 정념으로부터 완전한 자유를 성취한 인간으로 설명되는 반면 스피노자의 자유인은 수동적인 정서를 경험하지만 항상 그것을 완벽하게 통제하는 상태를 유지하는 인간이다. 앞에서도 언급했듯이 스피노자는 바로 이 지점에 대해 스토아학파를 비판한다. 그러나 전반적인 스피노자의 도덕철학을 보면 고대(와 근대) 스토아학파의 이론에서 적지 않은 영향을 받았음을 알 수 있다. 무엇보다 스피노자가 이야기하는 자유인의 삶은 대략적으로나 세부적으로나 스토아 철학의 현인의 삶과 놀라울 정도로 유사하다.[9]

자유인은 유덕한 삶을 살면서 "이성의 명령"의 중요성을 인지하고 예외 없이 그에 따른다. 좋은 삶을 영위하기 위해 이성이 내리는 지시들, 곧 무엇을 해야 하는지, 어떻게 생각하고 느껴야 하는지는 개인의 코나투스에 근거하며 존재 지속과 능력을 위해 기울이는 선천적인 노력에 관한 일종의 현명한 명제적 표현을 의미한다.[10] 스피노자는 "더 장황하고 복잡한 질서에 따라 증명하기 전에 간단히" 이것들

을 먼저 제시하고자 한다면서, 가장 일반적인 형식의 이성
의 명령을 다음과 같이 설명한다.

> 모든 이가 자신을 사랑하고, 자신에게 이익이 되고 정말로 유
> 용한 것을 추구하며, 진정으로 인간을 더 큰 완전성으로 이끄
> 는 것을 바랄 것을, 그리고 절대적으로, 모든 이가 가능한 한
> 자신의 존재를 보존하기 위해 노력할 것을 요구한다.[11]

이런 광의의 명령과 그런 목표를 어떻게 추구할 것인가
에 대해 이성이 제공하는 실천적 지침은 객관적으로 그리고
보편적으로 모든 인간에게 유효하다. 이성은 이 사람의 특
징, 저 사람의 수동적 선호 따위를 고려하지 않는다. 이마누
엘 칸트의 정언(도덕)명령과 마찬가지로, 이성의 명령은 개
인의 차이를 뛰어넘어 인간 행위에 대한 보편적 규칙을 제
공한다.

가장 중요한 이성의 명령 중 하나는 "덕을 그 자체로
원해야 한다는 것, 그리고 덕보다 우리에게 더 바람직하고
유용한 것은 없다는 것"이다. 덕은 지금 또는 장차 얻게 될
보상 때문이 아니라 인간의 최적의 상태인 덕 자체가 보상
이기 때문에 추구하는 것이다. 즉 덕이 바로 우리가 궁극적
으로 얻고자 노력하는 것이다. 이성이 이를 명령하는 것은

당연하다. 이성에 따른 행동이 곧 덕이기 때문이다. "우리에게 절대적으로 유덕한 행동은 자기 이익 추구에 기초하여 이성의 지도에 따라 행동하고 살고 자신의 존재를 보존하는 것(이 세 가지는 같은 것을 의미한다.)일 뿐이다."[12]

물론 자유로운 상태로 태어나는 인간은 없다. 자유롭고 이성적으로 유덕한 인간의 모범적인 삶은 일종의 성취다.[13] 그리고 무엇이 선인지 악인지는 우리가 그 목표에 도달하는 데 얼마나 도움이 되느냐에 따라 결정된다. 만약 존재 지속의 성공적인 노력을 뜻하는 덕이 그 자체로 선하고 그 자체를 위해 추구되는 것이라면, 적합한 관념을 소유하는 것보다 덕에 도달하는 데 핵심적인 것은 없다. 그러므로 인식도 덕을 위한 수단이자 덕을 구성하는 요소인 한에서 진정한 선이다. 이것이 바로 이성에 따라 사는 사람이 오성(悟性)을 얻기 위해 애쓰고 오성에 이르게 하는 것만을 가치 있다고 여기는 이유다. "우리가 이성을 통해 노력하여 얻고자 하는 것은 오성뿐이다. 이성을 사용하는 한 정신은 오성에 이르게 하는 것 외에 다른 어떤 것도 자신에게 유용하다고 판단하지 않는다."[14] 자유인이 자기 자신을 위해 원하는 것은

(자신의) 지성 또는 이성을 최대한 완전하게 하는 것이다. 지성을 완전하게 하는 것은 신과 그의 속성들 그리고 신의 본성

의 필연성에서 나오는 활동들을 이해하는 것에 지나지 않는다. 그러므로 이성에 이끌려 사는 사람의 궁극적인 목적, 즉 그가 다른 욕망들을 누그러뜨리고자 노력하게 만드는 최고의 욕망은 자기 자신과 자신이 인식할 수 있는 모든 것을 적절하게 파악하도록 이끄는 욕망이다.[15]

유한하고 일시적인 물질적 재화와 달리 인식은 무한하게 재생할 수 있고 공유할 수 있는 자원이다. 인식은 누구나 제한 없이, 타인이 획득할 권리를 침해하는 일 없이 무한히 추구하고 획득할 수 있다.

그러나 인간은 인식만으로 살 수 없다. 우리가 언제나 필연적으로 자연의 일부이고 "우리 존재를 보존하는 데에 우리 외부에 있는 것은 아무것도 필요하지 않다거나 우리 밖에 있는 사물들과 관계를 맺을 필요가 없는 것"이 아닌 이상, 이성은 우리가 "우리 외부에 있는 우리에게 유용한 많은 것들"을 소유하기 위해 노력해야 한다고 명령한다.[16] 자유인은 고립된 비사회적 인간이나 타인과의 관계를 멀리하고 금욕적으로 세상과 교류를 피하는 이성적 은둔자가 아니다. 자유인의 삶에서 이성이 하는 중요한 기능 중 하나는 우리 외부의 사물과 관계 맺는 법을 규정하는 것이다. 외부 사물도 (그것이 개인의 코나투스, 즉 능력의 증대를 야기할 때) 기쁨의 원천이 될 수 있으므로, 이성은 우리에게 존재 보존과 능력 증대에 실제로 도움이 되는 좋은 것들을 찾아 나서라고 명령한다.[17] 여기에는 다른 인간들과의 사회적 교류는 물론 일반적으로 생명의 유지, 즐거움, 성취감의 근원이 되는 대상과 활동이 포함된다.

스피노자는 "이성의 지배를 받는 사람들, 즉 이성의 지도에 따라 자신의 이익을 추구하는 사람들은 자신이 타인에 대해 욕망하지 않는 것을 자신에게도 바라지 않는다. 그러므로 그들은 공정하고 정직하며 고결하다."[18]라고 주장한다. 자유인은 또 쾌활하고 친절하며 관대하다. 그는 기질적으로 대인 관계의 갈등을 야기하는 다양한 정신 상태, 즉 미움, 질투, 조롱, 경멸, 분노, 보복을 비롯한 여타의 악한 감정에 쉽게 빠지지 않는다. "이성의 지도에 따라 사는 사람은 가능한 한 자신을 향한 다른 사람의 미움, 분노, 경멸을 사랑과 관대함으로 대응하려고 노력한다."[19] 그는 희망과 두려움의 지배를 받아 행동하지 않으며 자만, 경멸, 비하, 낙담을 하는 일도 없다.

이성적으로 유덕한 사람에게 기쁨을 가져다주는 것 중 하나는 이성적으로 유덕한 삶을 사는 타인이다. 그래서 이성은 자유인에게 그와 같은 본성을 가진 타인과 결합할 것(그리고 다른 사람의 삶을 개선시켜 그와 같은 본성을 지니게 만들 것)을 명령한다. 자신과 마찬가지로 이성의 지시에 따라 사는 사람들과 어울려 사는 것은 무엇보다 자신의 이성적 행동을 강화하는 측면에서 자유인에게 유익한 일이다. 그러므로 자유인은 "친밀한 관계를 형성"하고, "다른 이들과 친교로 결합한다."[20] 스피노자에 따르면 자유인은 자신을 발견하고 자신이 다른 사람들과 함께 존재함을 인지하는 인간관계에서 "기쁨을 느낀다."[21]

자유인은 결혼도 할 수 있다. "육체적 결합에 대한 욕망이 단지 외양에 의해서만 생겨난 것이 아니라 자녀를 낳아 현명하게 길러 내고자 하는 사랑에 의한 것이기도 하다면 결혼은 이성에 명확히 부합"[22]하기 때문이다. 결혼이 욕정에 의해 유발되거나 과도한 사랑에 의해 결정되지는 않더라도 수동적 정서가 없는 결합이라고 할 수는 없을 것이다.

다른 인간들과 마찬가지로 자유인도 분명 신체적 영양분이 필요하다. "인간의 신체가 보존되기 위해서는 대단히 많은 다른 물체들을 필요로 한다."[23] 더욱이 스피노자가 자유인이 그저 겨우 생계를 유지하는 수준으로 사는 것을 의도했다고 생각할 근거는 어디에도 없다. 이러한 "대단히 많은 물체들"은 자유인의 신체(와 정신)의 보존과 힘 그리고 그의 존재 지속과 코나투스 증대에 도움이 되는 한 (수동적인) 기쁨의 원인이 된다. 그러므로 자유인의 삶은 신체적 즐거움을 스스로 부정하는 금욕에 의해 추동된, 감각적으로 결핍된 삶이 아니다. 자유인은 이 세상을 등지지 않는다.[24] 오히려 자신의 이익을 위해 세상을 적절히 이용하는 법을 알고 있다. 아리스토텔레스가 이야기한 유덕한 인간처럼, 스피노자의 자유인도 자신의 욕구와 역량에 있어 극단을 피하고 중용을 목표로 삼는다. 그는 코나투스에 도움이 되고 기쁨을 가져다주는 사물들을 적당히 이용하고 즐기며, 신체를 쇠약하게 하고 정신을 억누르는 과도한 쾌락을 피한다.

> 사물들을 이용하고 그 안에서 최대한 즐거움을 얻는 것은 (물론 물릴 정도까지는 아니다. 그러면 그 안에 즐거움이 없기 때문이다.) 현인의 자질이다. 말하건대 맛있는 음식과 음료, 향기, 아름다운 녹색식물, 장식, 음악, 스포츠, 연극 그리고 누구나 다른 사람을 해하지 않고 이용할 수 있는 이런 종류의 다른 것들을 적당히 즐김으로써 원기와 활력을 되찾는 것이 현인의 자질이다.[25]

세상이 주는 이러한 즐거움에 참여하다 보면 이성의 지시에 따라 사는 현인의 정신에도 부적합한 관념이 필연적으로 수반된다.[26] 그러나 중요한 것은 자유인 내부에서 이러한 수동적 정서와 부적합한 관념 들이 즐거움을 주고 유용하기는 하지만 적합한 관념에 비하면 실천적 요소로서 부차적인 수준에 머문다는 사실이다. 간단히 말해 그것들은 자유인의 행동을 추동하지 못한다. 자유인의 일상생활에서 발생하는, 아름다운 신체의 시각적 유혹이나 값비싼 와인의 향기 같은 정념들은 욕망을 결정할 만큼 정서적으로 강하지 않다. 오히려 자유인이 하는 만큼, 다시 말해 자유인이 선하다고 인식하는 딱 그 정도까지 세속의 기쁨을 좇고 그것에 참여하라고 이끄는 것이 바로 이성이다. 따라서 그렇게 이성의 지배를 받는 욕망은 중용으로 이어질 수밖에 없다.

그렇기 때문에 자유인은 폭식, 만취, 욕정, 탐욕, 야망을 모른다. 스피노자는 이러한 악덕을 "음식, 음주, 성적 결합, 부와 평판에 대한 지나친 사랑 또는 욕망"[27]이라고 정의한다. 일종의 사랑의 형식인 이것들은 기쁨과 쾌락을 가져다주지만, 궁극적으로는 슬픔으로 귀결된다. 그 사람의 전반적인 코나투스, 즉 신체와 정신의 능력을 결과적으로 약화시키고, 특히 그 사람이 진정한 선, 곧 인식과 오성을 추구하는 것을 방해하거나 심지어 그런 노력을 아예 할 수 없게 만들기 때문이다. 그러므로 "이러한 감정들을 누그러뜨리는 정신의 힘"을 통해 자유인은 절제되어 있고 냉철하며 정숙하다. 그가 음식이나 술, 삶을 풍요롭게 만들어 주는 놀이들을 즐기는 것은 이성의 지배 아래서 이루어지는 한 능동적인 즐거움이다. 자유인이 그의 방식대로 먹고 마시는 이유는 그것이 가져다주는 즉각적이고 일시적인 감각적 쾌락 때문이 아니라 자신의 신체적, 정신적 건강에 필수적이라는 사실을 알기 때문이다.

━━━━━

자유인은 장점이 많다. 자유인은 자신의 삶에서 기쁨을 느끼되 아무것도 욕망하지 않는다. 지혜를 비롯한 진정한 선을 좇는 데 전념할 뿐 아니라 다른 사람들과 조화롭게 잘 지내고 삶에서 아주 좋은 것들을 적절하게 즐길 줄 안다. 그는 유덕하고 능동적이며 자제력이 강하다.

그렇다면 과연 자유인은 행복할까?

물론 이는 행복을 어떻게 정의하느냐에 달려 있다. 일시적인 기분이든 삶에 대한 일관되고 장기적인 만족감이든 행복은 그저 일종의 마음 상태, 즉 완전히 주관적인 문제일까? 아니면 아리스토텔레스와 다른 철학자들이 주장한 것처럼, 분명 즐거운 의식 상태를 동반하긴 하지만 자신과 자신의 삶에 대한 감정이나 판단을 넘어서는 일종의 조건이자 존재 방식, 즉 객관적인 사실일까?

여기서 다시 스피노자는 고대 스토아학파의 견해를 따

른다. 그는 이성의 지시에 따라 사는 자유인의 삶이 "우리에게 가장 큰 행복, 즉 지복이 어디에 존재하는지 가르쳐 준다."라고 말한다. 덕은 "가장 커다란 자유"일 뿐 아니라 "행복 그 자체"다. 이는 어느 정도 본질적으로 참이다. 앞서 이야기한 것처럼 덕은 존재 지속을 위한 인간 노력의 우수한 이행이자 성공이며, 이 성공은 행복과 같다. "덕의 근간은 바로 자신의 존재를 보존하려는 그 노력이며, (……) 행복은 인간이 자신의 존재를 보존할 수 있음에 있다."[28]

이렇게 정의된 행복은 유덕한 사람에게 있어 궁극적으로 코나투스가 각각 자신만의 방식대로 성장하는 정신과 신체의 지속적인 상태를 가리키지만, 그런 상태와 세상에 대한 특정한 태도는 물론 그 태도에 동반되는 만족감이라는 주관적인 요소도 지닌다. 자유인은 자연과 자연 안에서의 자신의 위치에 관한 적합한 이해를 통해, 특히 모든 사물을 지배하는 필연성에 대한 인지를 통해 얻은 인식 덕분에 삶에서 거듭되는 우여곡절을 잘 헤쳐 나가고 그 속에서도 성장하고 성공할 수 있는 자질을 갖춘다.

스피노자는 행복이 적어도 대부분의 사람들이 생각하는 것처럼 욕망이 마음대로 충족되지 않는 세상에서 예측할 수 없는 순간적인 성취가 될 수 있다는 점을 상기시켜 준다. 그러면서 자신의 이론에 대해 다음과 같이 주장한다.

운명과 관련된 문제들, 우리의 능력 안에 있지 않은 것들, 즉 우리의 본성에서 비롯되지 않은 것들에 대해 우리가 어떻게 처신해야 하는지 가르쳐 준다. 즉 우리는 길운과 불운을 모두 차분하게 기다리고 견뎌 내야 한다. 왜냐하면 삼각형의 본질에서 세 각의 합이 두 직각의 합과 같다는 결론이 도출되는 것과 똑같은 필연성으로 모든 것은 신의 영원한 섭리에서 나오기 때문이다.[29]

스피노자는 정념들이 대개 끊임없이 외부를 향해 있다는 것, 즉 우리를 다양한 방식으로 자극하여 변화시키는 사물들과 그것들의 경향을 향해 있다는 것을 보여 주었다. 우리는 욕망의 자극을 받으면 기쁨의 원인이라고 믿는 것을 찾고 슬픔의 원인이라고 믿는 것에서 달아난다. 그런 삶은 노예의 삶과 다름없다. 그런 삶은 매우 고달픈 삶이다. 실제로 스피노자는 가변적이고 잠시 소유할 때조차 완전히 우리의 능력으로 통제할 수 없는 사물에 대한 지나친 사랑은 병의 일종이라고 말한다.

정신의 병과 불행은 특히 변화가 잦고 절대 우리가 온전히 소유할 수 없는 사물에 대한 과도한 사랑에서 이유를 찾을 수 있다. 사랑하지 않는 사물 때문에 불안해하고 걱정하는 사람

은 아무도 없을뿐더러 악행, 의심, 적의는 누구도 온전히 소
유할 수 없는 사물에 대한 사랑에서만 생기기 때문이다.[30]

그러나 사물의 필연성을 알고 자신이 중요하게 여기는
대상들이 찾아오고 떠나가는 것을 스스로 통제하지 못한다
는 사실을 인지하는 사람은 그 대상을 잃거나 손에 넣었을
때 감정에 압도될 가능성이 적다. 사물이 자신의 뜻에 따라
움직이는 것이 아니라 무한한 인과적 요소들을 필요로 한다
는 것을 알면 욕망, 불안, 희망, 공포가 줄어든다. 이성적인
인간은 자기 신체의 상태를 포함해 모든 신체와 그 상태 및
관계들이 필연적으로 물질의 본질과 물리학의 보편 법칙으
로부터 발생하고 거기에 다른 신체들의 인과적 요소가 더해
지는 것이라는 사실을 안다. 또 자신의 모든 정신 상태를 포
함해 모든 관념이 필연적으로 사유의 본질과 그 보편적 법
칙 그리고 다른 유한한 정신적 원인으로부터 생겨난다는 사
실도 이해한다. 이성적인 인간은 자연이 가져다주는 것이나
빼앗아 가는 것을 자신이 통제할 수 없다는 사실을 잘 알고
있다. 그 결과, 이것은 그가 지닌 인식의 당연한 결과인데,
그는 더 이상 어떤 일이 생길지 불안해하지 않을 뿐 아니라
상실한 것에 집착하지도 낙담하지도 않는다.

사물들이 필연적이라는 인식이 우리가 더욱 명확하고 생생하게 표상하는 개물들과 관계되어 있을수록, 정서를 지배하는 정신의 힘은 더 커지며 이는 경험에 의해서도 입증된다. 왜냐하면 사라진 선에 대한 슬픔은 그것을 잃어버린 사람이 어쨌거나 그 선은 오래가지 못했을 것이라는 사실을 깨닫는 순간 약해진다는 사실을 우리는 알기 때문이다. 마찬가지로 (유아기는 자연스럽고 필연적인 것으로 여겨지기 때문에) 어린아이들이 말을 못하고 걷지 못하고 사유하지 못한다고 해서, 즉 자기 자신을 인식하지 못한 채 몇 년을 산다고 해서 어린아이들을 불쌍하게 여기는 사람은 없다는 사실을 우리는 알고 있다.[31]

사물의 필연성을 이해하는 사람은 사물의 이행을 침착하게 평정심을 갖고 바라본다. 그는 과거, 현재, 미래의 일들에 의해 이런저런 방식으로 과도하게 분별없이 자극받아 변화되지 않는다. 그것들을 모두 영원의 관점에서 보기 때문이다. 그는 강한 자제력과 차분한 마음으로 운명의 부침에 맞선다. 그 결과 그의 삶은 더욱 평온해지고 갑작스러운 정념의 훼방에도 굴하지 않는다.

우리는 타인의 행동을 통제할 수 없고, 우리가 중요하게 여기고 바라고 꿈꾸는 외부 대상이 예상치 않게 연달아

찾아오는 것도 마음대로 할 수 없다. 따라서 우리는 우리의 판단과 대응을 통제하여 타인과 외부 대상들 그리고 그들이 일으키는 정념이 우리에게 미치는 영향력을 최소화하기 위해 노력해야 한다.

인간의 능력은 매우 제한적이고, 외부 원인의 힘은 무한히 그것을 능가한다. 그러므로 우리는 우리 외부에 있는 사물들을 우리에게 유용하게 만들 수 있는 절대적 능력이 없다. 그러나 우리 이익의 원칙이 요구하는 것과 반대되는 일이 우리에게 일어나도, 우리의 의무를 다했다는 사실과 우리가 가진 능력이 그런 것들을 피할 수 있을 만큼 연장되지 못했을 것이라는 사실, 그리고 우리는 자연 질서에 따르는 전체 자연의 일부라는 사실을 인지한다면, 우리는 그런 일들에 침착하게 대처할 것이다. 만약 우리가 이것을 명석판명하게 이해한다면, 오성에 의해 정의되는 우리의 그 부분, 즉 우리의 더 나은 부분은 이에 전적으로 만족할 것이며 그런 만족감 안에서 존재를 지속하기 위해 노력할 것이다.[32]

스피노자의 저작에서 이보다 더 명확하게 세네카와 에픽테토스의 이론과 유사한 부분을 발견하기는 어렵다.[33]
자연에서 자기 자리가 어디인지 분명하고 명확하게 알

고 모든 자연물을 관장하는 결정론을 이해하는 자유인은 모든 것을 운명이라 체념하고 세상을 등지는 것이 아니라 오히려 모든 일을 침착하게 견디고 세상을 잘 헤쳐 나간다. 그는 자유와 사물의 우연성에 관한 잘못된 신념을 근거로 한 외부로 향한 욕망 때문에 발생하는 불안으로부터 자유롭다. 다시 말해 인식과 오성은 평온함과 자제력을 가져다준다. 이성적으로 유덕한 사람은 "진정한 마음의 평화"를 안다.[34]

그러므로 자유인은 가장 참된 의미의 인간 행복이라는 측면에서 진정 행복하다.

―――――――

이제 우리는 자유인, 즉 스피노자 도덕철학의 핵심인 인간 본성의 전형이 된다는 것이 무엇인지 알았다. 이 유덕한 인간이 이성의 지시에 따라 어떻게 생각하고 행동하고 느끼는지에 관한 대략적인 내용은 꽤 명확하고 이해하기 쉽다. 이제 스피노자가 말하는 "올바른 삶의 방법"의 중요하고 상세한 특징을 더 자세히 들여다볼 차례다. 우리가 앞으로 논의할 문제들은 다음과 같다. 내면의 삶이나 외적 행위의 측면에서 자유인이 된다는 것은 어떤 것인가? 자유인이라면 할 행동과 하지 않을 행동은 정확히 무엇인가? 특정 환경에서 자유인은 어떻게 대응하고, 또 다양한 문제에는 어떻게 대처하는가? 과연 자유인은 다른 사람들을 어떻게 대하는가? 마지막으로, 자유인은 자신이 언젠가 죽는다는 사실을 어떻게 받아들이는가?

5   오만에서 자긍심으로

3~4세기 무렵, 상당수의 독실한 기독교인들은 도시의 타락한 유혹에서 벗어나 이집트 사막에 은거하면서 금욕적 은둔 생활을 영위했다. 일명 사막의 교부(와 교모)라고 불리는 이들은 인간의 죄의 본질이나 신의 구원에 이르는 길과 같은 종교적 문제들을 묵상하면서 기도와 학문에 일신을 바쳤다. 이러한 수도사, 수녀, 은수자 가운데 가장 유명한 사람은 대 안토니우스(Anthony the Great)다. 성 안토니우스라고도 불리는 그는 잘 알려져 있듯이 서양 예술 걸작에서 과거 예수가 그랬던 것처럼 사막에서 악마의 유혹에 맞서고 저항하며 괴로워하는 모습으로 자주 묘사된다.

대 안토니우스의 초기 계승자 중에 흔히 은수자 에바그리오스라고 불리는 폰토스의 에바그리오스라는 사람이 있다. 에바그리오스는 가장 근본적인 유혹의 목록을 최초로 작성한 사람으로 유명하다. 유혹은 사악한 생각이자 인간의 태생적 능력이 타락한 형태이며 죄악이 되는 대부분의 행위를 야기하는 내적 원인이다. 에바그리오스가 만든 유혹의 목록은 300년 후 교황 그레고리우스 1세가 법제화했고, 훗날 철학 신학자인 토마스 아퀴나스가 칠죄종, 칠죄악, 악덕이라고 명명했다.[1] 오늘날 흔히 7대 죄악이라고 불리는 이것은 폭식, 정욕, 탐욕, 나태, 오만, 분노, 질투다. 각각의 죄에는 그에 상응하는 덕이 있다. 폭식의 반대는 절제, 정욕의 반대는 순결, 탐욕의 반대는 자선, 나태의 반대는 근면, 분노의 반대는 참을성, 질투의 반대는 호의, 오만의 반대는 겸손이다.

앞서 보았듯이 정신의 힘을 지닌 자유인은 외부 사물에 대한 충동과 관련된 앞의 세 가지 죄악인 폭식, 정욕, 탐욕에 빠지지 않는다. 이성적으로 유덕한 사람은 신체가 좋아하는 것들을 적당히 즐긴다. 음식과 술, 성교, 부의 축적 등이 가져다주는 쾌락에서 과도함과 부족함이라는 극단의 상태를 피한다. 그는 정념이 아닌 이성의 지도에 따라 욕망을 충족한다. 따라서 타인에 대한 사랑이 "단지 외양에 의해서만이 아니라 정신의 자유에 의해서도" 생겨나야 하는 것처럼, 그래야 음탕한 욕정으로 타락하지 않는 것처럼, "필요한 만큼 신체를 키우기 위해서는 다양한 음식을 섭취할 필요가 있다."[2]

물질적 재화의 소비나 그것에서 얻는 기쁨이 아니라 타

인에 대한 생각이나 태도와 관련된 다른 죄악들은 어떤가? 모두가 예상할 수 있는 것처럼 자유인은 여기에서도 이성적 자제력을 보여 주는 전형으로서 대개 사악한 행위의 원인이 되는 내적 정념에 흔들리지 않는다. 그는 "아무도 미워하지 않고, 아무에게도 분노하지 않으며, 아무도 질투하지 않고, 아무에게도 분개하지 않으며, 아무도 경멸하지 않고, 전혀 오만하지 않다. (……) 그는 무엇보다 사물을 있는 그대로 파악하려고 노력하며 미움, 분노, 질투, 조롱, 오만과 같이 참된 인식의 걸림돌이 되는 것들을 제거하기 위해 애쓴다."[3]

그러나 먼저 언급한 (육욕적) 죄악 세 가지와 뒤에 언급한 죄악 세 가지 사이에는 흥미로운 차이가 하나 있다. 가장 정확한 용어는 아니지만 '심리적' 차이라 할 수 있다. 앞의 세 가지 죄악의 경우, 자유인의 덕은 양극단 사이에서 딱 적당한 정도의 중용을 찾는 데 있다. 예를 들면 음식을 너무 많지도 너무 적지도 않게, 건강한 삶을 유지할 수 있도록 적당한 종류와 적당한 양으로 먹는 것이다. 반면 뒤에 언급한 세 가지 죄악의 경우, 이성적으로 유덕한 자유인은 극단을 선택한다. 증오, 질투, 분노, 경멸, 오만을 적당한 정도로 경험하는 것이 아니라 그러한 생각에서 완전히 자유롭다. 적어도 다른 사람들에 대한 평가에서는 그렇다. 슬픔을 포함한 정념의 영향을 피할 수 없지만(모든 인간이 그렇듯이 그 역시 자연의 일부이고 외부 원인으로 야기된 감정들에 휘둘린다.) 자유인은 수동적이 아닌 능동적 기쁨과 오직 그의 이성적 본성에서 비롯되는 다양한 정서를 경험하는 삶을 산다. 자유인도 분명 친구에 대한 사랑, 음식으로부터 얻는 원기 회복과 같이 특정한 수동적 정서의 가치를 인식하고 인정하지만, 이는 어디까지나 순전히 이성적인 관점에서 이루어진다.

스피노자에게 모든 도덕적 결점(그는 신학적 색채가 진한 죄(sin)라는 용어를 쓰지 않으려고 했다.)은 기쁨이든 슬픔이든 정념에 근거한다.[4] 실제로 도덕적 결점 중 일부는 각기 다른 형태의 미움, 즉 외부적 원인에 대한 관념이 동반되는 슬픔에 불과하다. 인간은 자신의 능력을 직접적으로 또는 간접적으로 약화시키는 사람이나 사물을 미워한다. 상황이나 관련 인물, 관련 대상에 따라 다르지만, 미움은 순수한 형태일 수도 있고 어떤 인물 또는 사물을 향한 분노, 질투, 보복과 같이 보다 특정한 방식으로 표현될 수도 있다.

미움

스피노자는 『에티카』 3부에서 상당수의 정리를 통해 미움이라는 정념을 설명한다. 미움이 수많은 유해한 정신적 태도의 기반이 된다는 이유에서다. 그의 설명에 따르면 우리는 우리에게 슬픔을 야기하는 사물뿐 아니라 그와 유사한 사물들도 미워한다. 우리가 사랑하는 것을 슬픔으로 자극하여 변화시키는 것, 우리가 미워하는 것을 기쁨으로 자극하여 변화시키는 것들을 미워한다. 또 우리는 다른 사람들(우리가 그들을 미워하지 않는다면)이 미워하는 것을 미워할 뿐 아니라 우리를 미워하는 사람들을 미워하는 경향도 있다(특히 그들이 미워할 이유를 우리가 제공하지 않았다고 생각한다면). 게다가 이미 우리가 미워하고 있는 것이면 더 미워하게 된다. 스피노자가 설명하듯이 조금 더 복잡하게 이야기하면, "자신과 유사한 사람이 자신이 사랑하고 자신과 유사한 것에 대한 미움으로 자극받아 변화되는 것을 표상하면, 그 (사람)을 미워하게 된다."[5] 다시 말해 A는 자신과 유사한 B가 역시 자신(A)과 유사하며 자신이 실제 사랑하는 C를 미워한다고 믿으면, B를 미워하게 된다.

한편 우리가 미워하는 것이 슬픔으로 자극받아 변화되는 것을 볼 때 우리는 기뻐한다. 또 우리가 미워하는 것을 타인이 미워하도록(또 우리가 사랑하는 것을 타인이 사랑하도록) 애쓴다. 속이 좁고 쩨쩨한 사람처럼 들리는가? 그렇다면 맞다. 스피노자가 지금 정념에 휘둘려 사는 사람들의 태도를 설명하고 있다는 사실을 잊어서는 안 된다. 그런 사람들의 사랑과 미움은 적어도 이성의 기준에서는 훌륭하다고 할 수 없다.

미움의 산물은 악행이다. 악행이란 자신은 물론 다른 사람의 존재 지속과 능력에도 반하는 행동이다. 미움에는 미워하는 대상에게 나쁜 일을 하려는 욕망이 뒤따른다. "누군가를 미워하는 사람은 그 사람을 제거하거나 파괴하려고 노력한다."[6] 미워하는 사람이 악행을 저지르는 이유는 다른 사람들 또는 사물들에게 슬픔을 야기하거나 그(것)들을 제거하기 위해서다. 따라서 신체적 가해든 다른 방식이든 남에게 해를 입히는 것은 미움에서 비롯되며, 미워하는 사람은 악행을 저지르기 쉽다.

스피노자가 자신에게도 타인에게도 "미움은 절대 선할수 없다."라고 말한 것도 이 때문이다. 그러나 그는 재빨리 여기에 단서를 달면서 이것은 오직 다른 사람들을 향한 미움에만 적용된다고 설명한다.[7] 8장에서 확인하겠지만, 그가 이런 단서를 단 이유는 같은 본성을 지닌 사람들, 특히 이성적으로 유덕한 삶을 사는 사람들 속에 존재하는 것이 인간에게 항상 이롭기 때문이다. 우리는 다른 사람들을 미워하기보다 그들을 더 나은 사람으로 만들기 위해 노력해야 한다. 한편 인생을 살다 보면 인간에게 미움이 유익한 순간도 분명 있다. 페스트균이나 지구를 향해 돌진하는 소행성처럼 인간의 존재 지속에 유해한 (인간이 아닌) 사물들은 찾아서 파괴해야 하기 때문이다. 이런 경우에는 미움과 미움이 일으키는 파괴적 행위가 정말로 선한 것일 수 있다.

그러나 페스트균이나 지구에 치명적 피해를 입힐 수 있는 소행성 같은 것을 제외하면 미움은 본질적으로 악하다. 다른 인간 존재에 관해서라면 자유인은 "어느 누구도 미워하지 않는다." 이성적으로 유덕한 인간은 의도적으로 타인의 삶을 악화시키는 행동을 절대 하지 않는다. 오히려 언제나 타인의 삶을 개선시키고자 애쓴다. 이는 이타적 정서에서 비롯된 것이 아니라 이성적으로 자신의 이익을 고려한 행동이다.(8장 참고) 다른 사람이 순수한 미움에서든 더 구체적인 형태의 미움에서든 나쁜 행동을 하는 경우에도 자유인은 미움으로 대응하지 않는다. "이성의 지도에 따라 사는 사람은 가능한 한 자신을 향한 다른 사람의 미움, 분노, 경멸을 사랑과 관대함으로 대응하려고 노력한다."[8](스피노자는 관대함(generositas)을 "각자가 오직 이성의 지시에 의해서만 다른 사람들을 돕고 그들과 친교를 맺으려고 노력하는 욕망"[9]이라고 정의한다.)

자유인은 미움에 빠지지 않는다. 미움은 슬픔에 근거하고 자신의 코나투스를 약하게 하기 때문이다. 이성의 지도에 따라 사는 사람, 곧 "자신의 본성의 법칙에 따라" 행동하는 사람은 절대 자신의 능력을 약화시키기 위해 애쓰는 일이 없다. 자유인은 슬픔이 아니라 기쁨을 경험하기 위해 할 수 있는 건 무엇이든 하기에 "그는 미움이라는 정서 때문에 괴로워하는 일이 일어나지 않도록 노력한다."[10] 또 자유인은 다른 사람들의 삶을 개선하려고 하기 때문에 다른 사람들이 미움과 같은 슬픔에 과도하게 자극받아 변화되는 일이 없도록 하려고 애쓴다. 그뿐 아니라 다른 사람들의 미움을 사랑으로 돌려줌으로써 그들의 미움을 사랑으로 바꾸려 한다. 미움이 사랑으로 바뀌는 일은 미워하는 이가 미워하는 대상으로부터 미움에 대한 대가로 사랑받고 있음을 깨닫고 그 결과로 기쁨을 경험할 때 일어난다. 이런 기쁨은 그를 사랑하는 사람이 야기한 것으로, 미워하는 이의 마음을 움직여 전에는 자신이 미워하던 사람을 기쁘게 하기 위해, 즉 슬픔이 아닌 기쁨으로 자극하여 변화되도록 노력하게 만든다. 또한 자신을 미워하는 이를 사랑하여 그가 자신을 사랑하도록 만들면 자신의 기쁨도 커지고 그에 따라 사랑도 커진다. 스피노자의 견해에 따르면 미움은 일반적으로 더 많은 미움

을 낳는 반면 사랑은 사랑을 촉진한다.[11]

그렇다고 자유인이 미움을 전혀 경험하지 않는다는 의미는 아니다. 스피노자의 자유인에 대한 나의 해석이 옳고 자유인이 다른 인간과 마찬가지로 자연의 일부라면, 그 역시 반드시 외부 사물들에 의해 야기되는 코나투스의 끊임없는 변화를 경험할 수밖에 없다. 그리고 이것이 모두 좋은 쪽으로의 변화일 수도 없다. 자유인도 신체 또는 정신의 일정 부분이 약화되는 수동적인 정서를 경험한다. 자유인이라고 슬픔에 영향을 받지 않는 것도 아니고 자신에게 고통이나 슬픔을 야기한 대상을 모르는 것도 아니다. 미움의 특징이 슬픔의 원인이 되는 사물에 대한 관념이라면, 자유인 역시 이따금 누군가 또는 무언가를 미워하는 순간이 있을 수 있다.

그러나 여기서 꼭 기억해야 할 것이 있다. 자유인의 자유는 절대 수동적 정서를 겪지 않는다는 데에 있는 것이 아니라, 적어도 정신-신체 복합체의 일정 부분에서는, 그러한 정념들이 그의 행위를 절대 지배하지 않는다는 데에 있다는 사실이다. 자유인도 때로 허기와 갈증과 고통을 느낀다. 제아무리 자유로운 사람이라도 평생 탁자에 발부리를 부딪치는 일 없이 살 수는 없다. 하지만 이런 일에서 느끼는 슬픔은 사소하고 일시적이며, 자유인의 전반적인 코나투스를 감소시키지는 않는다. 자유인이 지닌 적합한 관념의 정서적 (그리고 실천적) 힘은 언제나 부적합한 관념의 정서적 힘보다 세며, 그렇기 때문에 자유인은 늘 이성적이고 능동적으로 행동한다. 그러므로 통증을 일으킨 탁자에게 품었을 법한 미움은 더 강력한 긍정적 정서에 압도된다. 고통이 인과적으로 필연적인 일이었고, 그런 상황에서 그것을 피하기 위해 자신이 할 수 있는 일은 아무것도 없었을 것(물론 같은 일이 반복되지 않도록 조치를 취하겠지만)이라는 이성적인 통찰에 압도되는 것일 수도 있다. 스피노자가 주장하는 바는 자유인이 미움을 절대 경험하지 않는다는 것이 아니라 "무엇보다 (······) 참된 인식에 이르는 데 방해가 되는 미움과 같은 장해물을 제거하기 위해 노력한다."라는 것이다.

자유인도 삶이 본질적으로 가져다주는 모든 슬픔을 피할 수는 없다. 그리고 그런 슬픔은 때로 적어도 인간이 아닌 사물에 대한 미움을 동반한다. 그러나 자유인이 슬픔에 굴복하여 세상에 대한 그의 대응을 미움이 지배하게 두는 일은 절대 없다.

분노와 질투

자유인의 내면에는 타인에 대한 미움이 없어서 심리적 여유가 많다. 스피노자의 설명에 따르면 7대 죄악 중 일부는 미움의 다른 형태에 불과하다. 따라서 미움이 없으면 분노도 있을 수 없다. 보복도, 분개도, 질투도 마찬가지다. 실제로 다양한 형태의 부정적 정서는 미움을 기초로 하며, 이런 미움에서 파생된 부정적인 정서들은 그 원인과 상황에 따라 더욱 다양한 형태로 나타난다. 스피노자가 지적했듯이 "기쁨, 슬픔, 욕망 그리고 이것들로 이루어진 정서들 (……) 또는 그로부터 파생된 정서들(사랑, 증오, 희망, 두려움 등)의 종류는 우리를 자극하여 변화시키는 대상의 종류만큼이나 그 수가 많다."[12]

스피노자는 분노를 우리가 미워하는 누군가를 해하거나 그들에게 슬픔을 야기하고자 하는 노력이라고 정의한다. 만약 우리가 미워하고 해하려는 사람이 이전에 이미 우리를 해한 적이 있다고 믿을 때(사실이든 아니든) 분노는 보복이 된다.[13] 분노는 미움이 미움을 낳는 또 다른 사례다.

분개는 대개 분노의 형태를 띤다. 분개는 누군가 가혹하고 부당한 대우를 받고 있는 것을 목격할 때 느끼는 분노다. 가혹한 대우를 받는 사람을 대신하여 화내는 것이다. 스피노자는 어떤 까닭에선지 분개에 대한 자신의 정의가 일반적인 용례와 다르다고 이야기하면서도 분개를 "타인에게 악행을 저지른 사람에 대한 미움"[14]이라고 설명한다. 그러

므로 분개는 "필연적으로 악"이며 자유인의 심리적 특징이
될 수 없다.

자유인이 미움을 처리하는 방법은 필연적으로 분노, 보
복, 분개를 처리하는 방법에도 적용된다. 이런 정념들은 슬
픔과 그 사람의 능력의 약화를 의미하기 때문에 악하다.[15]
그래서 자유인은 누구에게도 분노하지 않는다. 그에 따라 보
복을 하는 일도 없고 분개하지도 않는다. 사랑은 미움을 억
제하듯이 다른 형태를 취한 미움도 물리칠 수 있다. 이성적
으로 유덕한 사람은 불의를 목격할 때 미움이나 보복, 분개
로 대응하지 않는다. 자유인은 악이 아니라 선을 행하려는
노력으로 대응한다. 그는 유해한 수단이 아니라 당사자 모두
의 삶을 개선시키고 그들을 자신이 (그리고 그들 역시) 기뻐할
만한 상태로 만듦으로써 문제가 되는 행동을 바꾸고자 한다.
자유인은 불의의 행동을 바로잡으려 하지 벌하려 하지 않는
다. 그는 미움 대신 사랑을, 보복 대신 자비를 행한다.

스피노자는 7대 죄악 중에 질투에 특별히 주목하는데,
이는 질투가 보복처럼 미움의 한 형태이지만 보복 행위보다
더 일반적인 사회악이기 때문이다. 질투는 자신이 선이라고
여기지만 타인이 독점적으로 소유한 것들을 부질없이 욕망
하는 것이기에 사람들이 서로 반감을 품게 하여 분열을 조
장하는 더 큰 원인으로 작용한다는 문제가 있다.

스피노자는 처음에 질투를 "인간이 다른 사람의 불행에 기뻐하고 다른 사람의 행운에 슬퍼하는 성향이 있다고 고찰되는 한에서의 미움"[16]이라고 정의했다. 우리는 우리가 미워하는 누군가 또는 무언가가 슬픔으로 자극받아 변화되는 것을 표상할 때 기쁨을 느낀다. 그러나 이러한 샤덴프로이데(Schadenfreude, 타인의 불행에 기쁨을 느끼는 마음)는 질투 그 자체의 본질이라기보다 질투의 결과물로 볼 수 있다. 스피노자는 다음의 정리에서 질투라는 정념에 대해 더 직관적이고 이해하기 쉬운 설명을 내놓는다.

> 만약 누군가가 자신이 사랑하는 것이 자신이 그것을 독점했을 때 맺었던 관계만큼 친밀하거나 그보다 더 친밀한 친교로 타인과 결합하는 것을 표상하면, 그는 자신이 사랑하는 것에 대해서는 미움으로 자극받아 변화될 것이고 그 타인에 대해서는 질투할 것이다.[17]

스피노자는 우리가 사랑하는 것에 대한 이러한 미움이 "질투와 결합된" 것을 시기라고 말한다. 시기는 우리가 타인이 소유한 것에 대해 사랑과 미움을 동시에 느끼는 한 마음의 동요를 수반한다. 우리는 어떤 것을 시기하는 한편, 그것과 결합을 이룬 타인을 질투한다. 그러므로 질투는 우리가 사랑하는 무언가를 획득하거나 그것과 직접 결합한 타인에 대한 미움이라고 정의하는 것이 가장 정확하다. 어느 쪽이든 "질투는 미움 그 자체 또는 슬픔이며, 이는 곧 인간의 활동 능력 또는 노력을 억제하는 변용이다."[18]

미움에 마음이 흔들리지 않는 자유인은 시기와 질투에서도 자유롭다. 자유인은 타인의 행운에 기뻐한다. 설사 그로 인해 자신이 처음에 해를 입더라도 개선된 타인의 삶이 궁극적으로는 자신에게도 유익할 것이라는 사실을 알기 때문이다.

자유인은 이성적 본성 때문에 자유롭지 못한 사람들처럼 정념에 마음이 동하지 않는다. 다시 한번 말하지만 자유인은 자연과 자연 속에서의 자신의 위치를 잘 이해하기 때문에, 특히 자기 능력의 한계와 모든 사물을 관장하는 필연성을 잘 알기 때문에 사랑하는 사람이나 사물을 다른 사람에게 빼앗겨도 이를 침착하게 편안한 마음으로 받아들인다. "우리는 우리 이익의 원칙이 요구하는 것과 반대되는 일이 일어나도, 우리의 의무를 다했다는 사실과 우리가 가진 능력이 그런 것들을 피할 수 있을 만큼 연장되지 못했을 것이라는 사실, 그리고 우리는 전체 자연의 일부이며 자연의 질서에 따른다는 사실을 인지한다면 그런 일들에 침착하게 대처할 것이다."[19]

비겁함

비겁함은 7대 죄악에 포함되지 않는다. 그러나 고대 도덕철학자들과 기독교 신학자들이 흔히 네 가지 주요 덕목 중 하나로 용기를 꼽기에, 그 반대 개념인 비겁함을 가장 기본적인 악덕까지는 아니더라도 다른 악덕만큼 중요한 인격적 결함으로 볼 수 있다.

용기의 실질적인 정의를 제시하는 일은 그리 어렵지 않다. 용기는 기본적으로 인간이 위험에 직면했을 때 무엇이 적절한지 알고 행동하게 하는 덕이다. 아리스토텔레스는 용기를 두려움과 자신감이라는 양극단 사이의 중용을 나타내는 도덕적 탁월성이라고 정의한다. 자신감이 과도한 상태의 극단에는 무모함이 있다. 무모한 사람은 자신이 해결할 준비가 되어 있지 않은 위험한 상황에 성급하게 뛰어든다. 자신감이 결여된 상태의 극단에 있는 것이 바로 비겁함이다. 비겁한 사람은 자신감이 부족하여 지나치게 두려워한다. 용감한 사람은 자신의 역량에 비추어 언제 위험에 맞서고 언제 위험을 피할지 안다.[20] 용감한 사람은 상황과 관계없이 무조건 달려들지도 않고 언제나 위험을 피해 달아나지도 않는다.

스피노자는 비겁함이나 용기 자체에 대해 많은 이야기

를 하지는 않는다. 하지만 『에티카』에는 용기에 관한 아리
스토텔레스의 견해와 유사한 정리가 하나 나온다. "자유인
의 덕은 위험을 극복하는 일만큼이나 위험을 피하는 일에서
도 훌륭한 것으로 보인다."[21] 스피노자는 양극단에 있는 것
을 맹목적인 대담함과 공포심이라고 말한다. 자유인은 비겁
하지도 무모하지도 않다. 그는 공포심에 저항할 수 있을 만
큼 무모함을 제어하는 능력이 있고, "위험을 극복하기 위해
노력하는 바로 그 정신의 덕으로 위험을 피한다."

　　그러나 여기에는 모호한 지점이 있다. 스피노자의 말은
자유인이 언제 위험한 상황에 맞서지 말아야 하는지, 언제
지혜롭게 위험을 피해야 하는지 잘 안다는 의미로 들린다.
"자유인은 적절한 시점에 달아나는 것을 싸우는 것만큼 강
인함을 보여 주는 것으로 간주한다. 즉 자유인은 싸우는 것
을 선택할 때와 같은 강인함이나 침착함으로 달아나는 것을
선택한다."[22] 다른 한편으로는 그가 지닌 지혜 덕분에 애초
에 위험할 수 있는 상황, 싸울지 달아날지 결정해야 하는 상
황에 처하지 않는다는 의미일 수도 있다. 다시 말해 자유인
은 특정한 행동을 취하면 자신을 위험이 도사리고 있는 상
황에 빠뜨릴지 모른다는 사실을 잘 알기에 두려워서가 아니
라 이성에 의한 판단으로 그 길을 피해 간다는 뜻일 수 있다.

오만

7대 죄악의 하나인 오만은 질투와 함께 스피노자의 큰 관심
사였다. 가장 기초적인 자긍심은 물론 오만과 그것의 반대
개념인 자기 비하를 살펴보면 스피노자가 예속된 인간과 자
유인의 상태를 어떻게 설명하는지 알 수 있다. "오만이 모든
죄의 시작"이라고 주장한 토마스 아퀴나스처럼 스피노자도
오만에 다른 악덕의 근간이 되는 요소가 있다고 믿었다.[23]

부모가 아이들을 자랑스러워하듯이 타인의 특징, 행위,
성취를 자랑스럽게 여길 수는 있지만, 그 역시 본질적으로
는 자기 본위의 마음이다. 무언가를 자랑스럽게 여기는 것
은 그것이 어떤 면에서 자기 자신을 나타내거나 자기 자신
에게 속해 있다고 여긴다는 뜻이다. 자녀의 성취에 감동을
받은 부모는 그 성취의 공을 오롯이 아이에게 돌린다. 그러
나 자녀의 성취를 자랑스러워하는 부모는 아이가 이룬 것에
자신도 일정 부분 공로가 있다고 여긴다. 어떤 면에서 아이
의 재능이 부모를 빛나게 한다고 믿는 것이다.

스피노자에게 오만은 단순히 자신을 높이 평가하는 것
이 아니다. 자신을 정당한 수준보다 훨씬 더 대단하다고 여
기는 것이다. 스피노자는 오만을 "인간이 자신과 자신이 사
랑하는 것을 온당한 수준보다 더 높이 평가"[24]할 때 생겨나

는 기쁨이라고 정의한다. 그러므로 오만은 자신의 진정한 능력이나 가치를 기본적으로 잘 알지 못함을 의미한다는 점에서 자기 자신에 대한 무지에 근거한 기쁨이라 할 수 있다. 스피노자는 이와 같은 자기 과대평가를 다음과 같이 설명한다.

> 일종의 광기다. 왜냐하면 그 사람은 자신의 상상에서만 성취하는 것을 모두 성취할 수 있다는 듯이 눈을 뜬 채 꿈을 꾸며, 따라서 그것이 실재한다고 생각할 뿐 아니라 (이러한 성취의) 존재를 배제하는 것들과 자신의 활동 능력을 한정하는 것들을 표상할 수 없는 한에서 그것에 대해 의기양양해하기 때문이다.[25]

이런 자기 과대평가의 원인은 대개 타인이 자신을 이렇게 생각한다고 믿는 데 있다. 타인의 평가라고 생각한 것이 종종 적정 수준 이상으로 자아에 대한 인식 형성에 일조하는 경우다. 따라서 오만은 그것이 맞든 틀리든 자신이 생각하기에 자기를 높게 평가해 주는 사람들과 어울리게 만든다. 이러한 이유로 "오만한 사람은 남에게 빌붙어 사는 사람들 또는 아첨하는 사람들이 곁에 있는 것을 좋아한다."[26]

오만의 반대는 자기 자신을 적정 수준보다 하찮게 여기는 것이라 할 수 있다. 그러나 스피노자는 그런 것은 실제로 존재하지 않는다고 말한다. "자신이 이런저런 것을 할 수 없다고 표상하는 한에서도 자기 자신을 적정 수준보다 하찮게 여기는 사람은 없다."[27] 그 이유는 자신이 무엇을 못한다고 표상하면, 이 표상의 정신 상태는 자신의 능력 약화를 의미하는 슬픔으로서 대개 표상한 것을 실제로 할 수 없게 만들 만큼 강력하기 때문이다. 그런 사유는 인간의 능력을 약화시킨다. 그럼에도 스피노자는 인간이 스스로 타인에게 경멸을 당한다고 믿거나 미래에 무엇을 할 수 있을지 불확실할 때, 또는 수치심에 대한 두려움에 압도되어 실제로 할 수 있는 일을 수행하지 못할 때 자신을 온당한 수준보다 하찮게 여길 수 있다는 사실을 인정한다. 스피노자는 이렇게 적정 수준보다 자신을 하찮게 여기는 상태를 자기 비하라고 부른다.

　오만과 자기 비하(그리고 이와 연관된 개념으로 타인 평가에 해당하는 과대평가와 멸시)는 무지에 근거하기 때문에 "이성에 반하는 것"이며 "언제나 악한 것"이다. 그러나 보복이 분노에서 기인하고 분노가 미움에서 기인하듯이, 오만과 자기 비하 역시 더 근원적인 상태에 기초한다. 이 둘의 진짜 원인은 스피노자가 말한 "acquiescentia in se ipso"와 그 반대에서 찾을 수 있다.[28] 여러 스피노자 저작에 등장하는 이 말은 자신에게 만족을 느끼는 것을 의미하며 표준 영어로 번역하면 자긍심(self-esteem)이다.[29] 자긍심의 반대는 겸손, 경우에 따라서는 후회가 된다.

오만과 자기 비하처럼 자긍심과 겸손도 자신의 능력에 대한 고찰에서 나오는 정서다. 스피노자는 자긍심을 인간이 자신의 코나투스 또는 능력의 힘, 즉 자신의 덕을 고찰할 때 경험하는 기쁨이라고 정의한다. "자긍심은 인간이 자기 자신과 자신의 활동 능력을 고찰하는 데서 비롯되는 기쁨이다." 반면 겸손은 "자신의 무능, 즉 무력함을 고찰하는 데서 비롯되는 슬픔"이다.[30]

사실 자긍심은 자기애의 한 형태다. 인간은 자신의 활동 능력에 주목하여 그 가치를 인식할 때 기쁨을 경험한다. 그리고 자신(자신의 능력)을 이러한 기쁨의 원천으로 여기므로 자신을 사랑한다.

자긍심이 꼭 나쁜 것은 아니다. 항상 오만, 즉 자신에 대한 지나친 과대평가로 귀결되는 것도 아니다. 물론 간혹 그런 경우도 있지만, 자신에 대한 평가가 정확하고 진실한 때도 있다. 이는 모두 자긍심의 원천과 근거가 무엇이냐에 따라 달라진다. 그것은 표상(1종 인식)에 근거한 것일 수도 있고 타인의 평가에 대한 믿음에 근거한 것일 수도 있으며 이성에 근거한 것일 수도 있다.

자긍심의 가장 흔한 형태는 단순히 일상적이고 우연한

경험에서 자신의 능력을 경험할 때 생겨나며, 여기에는 다른 사람 또는 사물 들에 의해 능력이 증대되는 경우도 포함된다. 이러한 능력의 증대가 적어도 일정 부분 외부 원인에서 비롯되었다 하더라도, 능력 자체는 개인의 것이기 때문에 스스로를 자신이 느끼는 기쁨의 내적 원인으로 인식한다. "정신은 자신과 자신의 활동 능력을 고찰할 때 기쁨을 느끼는데, 정신이 자신과 자신의 활동 능력을 더 명확하게 표상할수록 더 큰 기쁨을 느낀다."[31] 이렇게 보면 자긍심은 유명 자기 계발 전문가들이 자주 하는 '자신을 긍정적으로 생각하라'는 격려와 크게 다르지 않다.

이처럼 비교적 손쉬운 종류의 자긍심은 타인의 의견에 의해 촉진되고 강화될 수 있다. 스피노자는 자신의 행동을 통해 다른 사람에게 기쁨의 원인이 되었다고 표상하는 사람에 대해 고찰한다. 그는 다른 사람에게 기쁨의 원인이 된 데 따른 기쁨을 필연적으로 경험하면서 자신을 자기 내면에 발생한 기쁨의 원천이라고 여긴다.[32] 이런 식으로 그는 자신을 사랑하게 된다. 이에 더해 그 상대방이 그를 기쁨의 원천으로 인식하고 인정하고 있다고 믿으면, 그의 자기애는 상대방이 그에 대해 품고 있다고 믿는 좋은 평판에 의해 강화된다.

이 기쁨은 자신이 다른 사람들에게 칭송받는다고 표상할수록 더욱 촉진된다. 왜냐하면 자신이 다른 사람에게 칭송받는다고 표상할수록, 다른 사람들이 자신에 의해 더 큰 기쁨으로, 특히 자신에 대한 관념이 수반되는 기쁨으로 자극받아 변화된다고 표상하기 때문이다. 따라서 그는 자신에 대한 관념이 수반되는 큰 기쁨으로 자극받아 변화된다.[33]

다른 사람이 정말 자신을 어떻게 생각하는지는 알 길이 없으므로 자신이 다른 사람에게 높은 평가를 받는다는 믿음은 언제나 추측에 불과하다. 다른 사람이 나의 행동에서 기쁨을 얻는다고 생각하는 것은 단지 상상이자 견해일 뿐이다. 그러므로 누군가가 자신이 다른 사람들을 기쁘게 한다고 생각하는 데에는 어떠한 정당한 근거도 없다. 실제로 다른 사람들로부터 높은 평가를 받을 수도 있지만, 반대로 그렇지 않을 수도 있다. 따라서 다른 사람들에게 높은 평가를 받아서 오는 기쁨은 매우 불확실한 근거에 기반한다. 실제 타인의 칭송이 있다 하더라도, 그 칭송은 일시적이고 예측할 수 없다. 따라서 타인의 칭송으로 생겨난 자긍심은 불안정하고 심지어 문제를 일으킬 수도 있는 현상이다.

공허하다고 불리는 명성은 오직 대중의 견해로만 만들어진 자긍심이다. 이런 자긍심은 대중의 견해가 사라지면 사라진다. (······) 대중에게 칭송을 받아 환희에 들뜬 사람이 자신의 평판을 지키기 위해 매일 불안해하고 아등바등하며 무언가를 포기하고 계략을 꾸미게 되는 것도 그런 이유다. 왜냐하면 대중은 변덕스럽고 일관성이 없기 때문이다. 명성은 지켜지지 않으면 순식간에 사라진다.

다른 사람들의 좋은 평판에 기초한 자긍심은 명예와 명성을 얻기 위한 비열한 경쟁을 초래하는데, 이런 경쟁은 개인에게도 해로울 뿐 아니라 공동체의 사회 조직력에도 좋지 않다.

모든 사람은 대중의 갈채를 받기 바라므로 누구나 기꺼이 타인의 명성을 깎아내리려 한다. 그리고 이는 최고라고 여겨지는 선을 두고 다투는 것이어서 가능한 모든 방법으로 다른 사람을 짓밟으려는 끔찍한 욕망을 초래한다. 최후의 승리자가 된 자는 자신을 이롭게 했다는 것보다 다른 사람에게 해를 입혔다는 것에 더 크게 기뻐한다.

스피노자는 표상이나 타인의 견해로부터 야기된 자긍심은 "아무것도 아니기 때문에 사실은 공허한 것"[34]이라고 결론짓는다.

자긍심의 정반대인 겸손은 자기 비하와 마찬가지로 매우 드물다.[35] 인간은 자신의 무능이나 무력함에 대해 숙고하거나 자신을 슬프게 바라보는 일에 익숙하지 않다. 스피노자의 주장에 따르면 오히려 "인간의 본성은 그 자체로 고찰하면 (이것에) 격렬히 저항한다." 우리는 우리의 무능이 아니라 능력에 마음이 움직이기 때문에 슬픔이 아니라 기쁨에 관심을 둔다.

자긍심의 또 다른 반대 개념은 후회다. 겸손과 마찬가지로 후회도 자신의 무능 또는 무력함에 대한 숙고가 수반된다. 차이점이라면 후회는 그 무능을 우리가 자유의사로 행했다고 믿는 행동과 연관 짓는다는 점이다. 스피노자는 후회를 "우리가 정신의 자유로운 결정으로 행했다고 스스로 믿는 어떤 행위에 대한 관념에 동반되는 슬픔"[36]이라고 정의한다. 우리는 우리에게 슬픔을 가져다준, 하지만 우리가 하지 않을 수도 있었다고 생각하는 행동을 후회한다.(다른 유사 개념을 사용하면 '죄책감을 느낀다'고 표현할 수도 있다.) 자유 의지라는 것은 착각이고 미정의 결정이란 없기 때문에 후회는 오만이나 자기 비하와 마찬가지로 무지에 기초한다. 스피노자의 주장에 따르면 "후회는 덕이 아니다. 즉 이성에서 비롯되지 않는다. 오히려 자신이 한 행동을 후회하는 사람은 두 배로 불행하거나 무력하다."[37]

스피노자는 겸손과 후회가 덕이 아님에도 사회적으로
나 정치적으로 유용할 수 있다고 인정한다. "인간이 이성의
지시에 따라 사는 일이 흔치 않기 때문에 이 두 감정, 겸손
과 후회는 희망과 두려움과 더불어 손해보다는 이익을 더
많이 가져온다."[38] 사람들이 이성보다는 정념에 이끌려 사
는 경우가 더 많은 세상에서 오만과 교만에 반대되는 겸손
과 후회는 "똑같이 오만하고 아무것도 부끄러워하지 않으
며 두려워하지 않는" "어리석은 사람들"이 오만하게 도를
넘어 일을 그르치거나 죄악 또는 범죄가 되는 행위를 하지
못하게 하는 데 중요한 역할을 한다. 비록 슬픔의 한 형태이
기는 하지만 겸손은 적어도 일종의 정념에 기반한 사회적
조화와 공동체를 이루는 데 도움이 되어 참된 선, 인식, 오
성을 추구할 수 있게 한다. 스스로를 과대평가하는 개인보
다는 과소평가하는 개인으로 이루어진 사회가 더 나은 법이
다.[39]

———————

자유인은 오만하지 않다. 그렇다고 겸손하지도 않다. 적어
도 스피노자의 이야기처럼 근거 없이 자신을 과소평가하지

않는다는 의미에서 말이다. "겸손은 덕이 아니다. 즉 이성에서 비롯되지 않는다."[40] 자유인은 자기 비하나 후회를 하지 않는데, 이는 그가 그런 불행을 낳는 무지나 착각에 빠지지 않기 때문이다. 자유인은 자긍심이 있지만 그 자긍심은 표상이나 타인의 견해에 근거하지 않는다. 자유인의 자긍심은 오로지 내면에서 비롯된 것이며 자신의 능력, 특히 오성의 힘과 그것이 가져다주는 기쁨을 숙고하고 그 가치를 인식함으로써 얻은 것이기 때문에 이성적이다. 스피노자는 자긍심을 "우리가 바랄 수 있는 최고의 것"[41]이라 부른다.

정념으로 생겨나는 많은 정서가 능동적인 방식으로 자신의 본성과 내적 자원(이를테면 기쁨)으로부터도 생성될 수 있는 것처럼, 자긍심 역시 일상적인 경험이나 자신에 대한 타인의 평가에서도 그 근원을 찾을 수 있지만 자신에 대한 참되고 적합한 관념에서도 얻을 수 있다. "자긍심은 이성에서 비롯될 수 있으며, 오직 이성에서 비롯된 자긍심만이 존재할 수 있는 가장 훌륭한 자긍심이다."[42] 이러한 자긍심의 최고의 형태는 자신의 활동 능력과 오성의 힘을 명석판명하게 숙고할 때 경험하는 기쁨에 있다. 그런 자긍심을 지닌 사람은 이성을 통해 자신의 덕의 가치를 있는 그대로 인식한다. "자긍심은 인간이 자신과 자신의 활동 능력을 고찰하는 데서 비롯되는 기쁨이다. 그런데 인간의 진정한 활동 능력,

즉 덕은 인간이 명석판명하게 고찰하는 이성 그 자체다. 그러므로 자긍심은 이성에서 나온다."[43]

이성적으로 유덕한 인간은 자신이 어떤 인간이고 무엇을 할 수 있는지 잘 알 수밖에 없다. 자유인은 자신의 능력을 언제나 바르고 정확하게 판단한다. 그는 자기 능력의 가치를 인정하지만 적정 수준을 벗어나지 않는다. 자신에 대해 성찰함으로써 자신의 본성과 이성의 힘을 통해 자신이 정확히 얼마나 유능한지 알 수 있기에 이것은 즐거운 인식이다. 그렇게 자유인은 이런 기쁨의 원천인 자신을 사랑하게 된다. 그러나 이것은 완전히 이성적인 자기애다. 이러한 자기애는 외부 의견에 그 근원이 있거나 외부 의견에 의해 강화되지 않는다.

이런 이유로 이성적인 자긍심이 주는 기쁨은 자신에 대한 타인의 평가라고 추정되는 데에서 얻는 자긍심과 달리 걱정이나 불안에서 자유롭다. 그것은 자신에 대한 대중의 변덕스러운 평판에 따라 요동치지 않는다. 실제로 자유인은 대개 다른 사람들이 자신을 어떻게 생각하는지 그다지 신경 쓰지 않는다. "무지한 자들 사이에 사는 자유인은 가능한 한 그들의 호의를 피하기 위해 애쓴다."[44] 자유인의 자긍심은 안정적이고 예측 가능한 것, 즉 자신의 덕과 능력에 관한 인식에 근거한다.

따라서 자유인의 자긍심은 절대 동요, 갈등, 경쟁을 야기하지 않으며, 흔들리지 않고 편안하며 고요한 정신적 상태라 할 수 있다.[45] 이 때문인지 스피노자는 『에티카』 5부 후반부에 자유인의 지복을 논의하면서 'acquiescentia(쉼, 평정)'의 다양한 의미를 이용하여 용어를 미묘하게 바꾼다. 자긍심을 "acquiescentia in se ipso"라고 하는 대신 "acquiescentia animi"라고 쓰는데, 이것은 '정신의 만족' 또는 '마음의 평화'로 해석할 수 있다.[46] 자유인은 평정심 안에서 자신으로부터 평온한 즐거움을 얻기 때문에 이성적인 자긍심은 그의 행복의 핵심적인 요소다.

그러나 이게 끝이 아니다. 단순히 이성의 지시에 따라 사는 것을 넘어 실제로 직관적 확신을 통해 사물의 본질이 신의 본질에서 비롯됨을 이해하는 3종 인식을 획득한 자유인은 자신의 능력이 사실은 더 높은 곳, 즉 신 또는 자연 그 자체에서 생겨난 것임을 이해한다. 자유인이 자신과 자신의 능력에 대해 안다는 것에는 자신이 하나의 참된 실체의 양태에 지나지 않으며 자신의 능력 역시 자연의 무한한 능력의 유한한 일부에 불과하다는 사실을 이해하고 있다는 의미가 필연적으로 포함된다. "인간의 정신은 자기 자신과 신체를 영원의 관점 아래서 이해하는 한 필연적으로 신에 대한 인식을 지니며 자신이 신 안에 있고 신을 통해 파악된다는 것을 안다."[47] 3종 인식을 통해 자신을 이해하여 자신을 좋게 평가하는 자유인은 자신의 능력과 기쁨의 영원한 원인인 신도 사랑하게 된다.

스피노자가 명시적으로 설명하지는 않지만, 이것은 자신이 신에 의존하는 존재라는 사실을 인식하는 한 자유인의 이성적 자긍심에는 정신의 최대한의 만족뿐 아니라 다소 모순적이지만 일종의 겸손이 수반됨을 간접적으로 의미한다. 이때의 겸손은 자기를 낮추어 보는 의미의 겸손이 아니라, 비록 종속적이지만 무한한 전체에서 자신의 적절한 위치를 기쁘게 인정하는 데에서 오는 겸손이다.[48]

———————

스피노자에게 엄청난 영향을 준 12세기 유대 철학의 기념비적 작품인 『방황하는 자들을 위한 안내서』에서 마이모니데스는 완벽한 지성을 갖추어 덕의 최고 상태에 도달한 사람이 운명의 부침에서 보호받는 것을 두고 이렇게 묘사한다. "그의 신이 그의 안에 존재하므로, 어떤 불행도 그에게 닥치지 않는다." 마이모니데스에 따르면 이 현인은 "광활하게 펼쳐진 전쟁터"에서도 살아 나올 수 있으며, "그의 왼쪽에서 천 명이, 그의 오른쪽에서 수천 명이 죽는다 해도 그에게는 어떤 불행도 닥치지 않는다."[49]

이 말을 문자 그대로 받아들여서는 안 된다. 이것은 우주와 자연에 대한 뛰어난 인식(마이모니데스는 덕이 여기에 있다고 보았고 스피노자도 마찬가지다.)을 고려하면 유덕한 사람은 다른 사람들보다 세상의 어려움을 더 잘 헤쳐 나갈 수 있고 겪어야 하는 고난과 슬픔도 최소화할 수 있다는 의미다. 유덕한 사람은 다른 사람들을 옭아매는 행복의 장해물들을 피해 갈 수 있다. 마이모니데스의 이야기가 이런 모범적 인간이 절대 다치지 않는다거나 큰 상실을 겪지 않는다는 뜻일 리 없다. 그가 말하고자 하는 바는 이러한 사람은 인생을 살면서 만날 수밖에 없는 고통과 비애를 잘 이겨 낸다는 뜻이다. 그는 자신이 누리는 참되고 영원한 선, 즉 신에 대한 인식에 비하면 그런 고통과 비애는 대수롭지 않은 것이라 여긴다.

스피노자가 말하는 자유인의 삶도 정념으로부터 완전하게 자유롭지는 않으며 자유로울 수도 없다. 자유인도 기쁨과 슬픔은 물론 인간의 존재를 일상적으로 특징짓는 수많은 감정을 경험한다. 그러나 자유인은 절대 슬픔이 자신을 압도하게 두지 않는다는 데에 차이가 있다. 자유롭지 않은 인간이 때때로 고통이나 슬픔에 증오, 분노, 질투, 보복으로 대응하고 오만에 취해 있거나 (흔치 않지만) 자기 비하에 빠져 있을 때, 이성적으로 유덕한 인간은 평정심과 마음의 평화를 유지한다. 그의 행복은 감정이 결여된 삶에 있는 것이 아니라 감정과 행동을 다름 아닌 자기 스스로 통제하는 삶에 있다. 자유인은 자신의 삶을 기쁘게 숙고하고 자신에게 만족감을 느낀다. 이는 다른 사람이 자신을 칭송하고 높이 평가해서가 아니라 델포이의 신탁의 명령처럼 자신을 잘 알기 때문이다.

6   정신의 힘에 관하여

로마 시인 오비디우스의 『변신 이야기』에는 이아손과 메데이아의 비극적 이야기가 실려 있다. 젊은 여인 메데이아는 아버지인 아이에테스왕이 황금 양모를 요구하는 아르고호 원정대에게 무시무시한 조건을 제시했다는 이야기를 듣고 자신이 한눈에 반한 이아손에게 위험이 닥치지 않을까 두려워한다. 어떻게 해서든 이아손을 돕고 싶은 메데이아는 이아손을 향한 마음과 아버지에 대한 충성심 사이에서 갈등한다. 그녀의 이성이 정념을 억제하기에는 너무나 무력했기에 메데이아는 결국 자식의 도리를 포기하고 사랑을 선택한다.

나는 낯설고 새로운 힘에 천천히 끌려간다. 욕망과 이성이 서로 반대 방향으로 끌어당긴다. 나는 더 좋은 길을 알고 그것이 옳다는 사실을 인정하지만, 나는 더 나쁜 길을 선택한다.[1]

도덕적 딜레마의 상징처럼 여겨져 온 메데이아의 이 내

적 갈등을 그리스 철학자들은 아크라시아(akrasia, 문자 그 대로 해석하면 '무능')라고 부르고 현대 사상가들은 의지박약 또는 자제력 부족이라고 부른다. 아크라시아는 행위자가 고의로 그리고 자발적으로 더 나은 판단의 반대로 행동하는 상태를 말한다. 인간 본성의 더 나은 면과 더 나쁜 면이 충돌할 때 인간은 자신이 해야 할 일을 정확히 알고 무엇이 최선의 행동인지 알면서도 어찌된 영문인지 그 인식에 따르지 않고 반대로 행동하기도 한다.

의지박약의 문제는 이와 유사하면서도 엄연히 다른 문제, 즉 해야 할 일이 무엇인지 아는데도 그것을 할 의욕은 생기지 않는다는 것이 가능한지의 문제와 구분되어야 한다. 그런 경우는 무엇이 올바른 행동인지는 알지만 왜 자신이 해야 하는지 이해하지 못하는 경우다. 도덕적 의무에 따라 행동하지 않는 것은 단지 그렇게 행동할 의욕이 부족해서일 수 있다. 반면 의지박약의 경우는 그 사람이 진심으로 올바른 행동을 할 의욕이 있다고 가정한다. 메데이아는 아버지에 대한 도리를 다하고 그의 권위에 복종하고자 했다. 그러나 이와 같은 의지가 정반대로 향하는 충동에 굴복하고 만 것이다.

적어도 오비디우스가 묘사하는 바에 따르면 메데이아의 아크라시아는 이성이 정념에 압도된 경우다. 이는 아크라시아에 대한 철학자들의 일반적인 설명과 일치한다. 예를 들어 플라톤은 인간의 영혼을 여러 부분으로 구분하면서 가장 열등한 부분인 충동이 가장 뛰어난 부분인 이성의 명령의 반대 방향으로 영혼을 이끄는 것을 자제력 부족이라고 설명했다. 플라톤은 대화편 『파이드로스』에서 영혼을 두 마리 말이 이끄는 마차에 비유한 우화를 소개한다. 이성을 상징하는 하얀 말은 마차를 위쪽으로 몰려고 하는 반면 충동을 상징하는 제멋대로인 검은 말은 반대로 아래쪽으로 마차를 끌고 간다. 이때 마부는 아래쪽으로 끌려가는 마차를 있는 힘을 다해 반드시 반대 방향으로 몰아야 한다. 대화에서 소크라테스는 이것을 두고 "쾌락을 향한 본능적 욕망"과 "최선을 추구하는 습득된 판단" 사이의 분투라고 설명한다.

> 이런 내적 지표들은 때로는 일치하고 때로는 일치하지 않는다. 어떤 때는 한쪽이 지배력을 갖고 어떤 때는 다른 쪽이 지배력을 갖는다. 판단이 우리를 이성에 따라 최선으로 안내하고 지배력을 가질 때, 그것을 자제, 절제라고 부른다. 그러나 욕망이 우리를 비이성적으로 쾌락으로 이끌고 우리 내부를 지배할 때, 그것을 방종이라고 부른다.[2]

플라톤은 아크라시아가 실제 현상이며 사람들은 옳은

행동이 무엇인지 알고 그렇게 행동할 의지가 있음에도 자진해서 그 인식의 반대로 행동하기도 한다고 믿었다. 전해지는 바에 따르면 그의 스승인 소크라테스는 잘못된 행동을 일부러 하는 사람은 없다고 주장하면서 플라톤의 의견에 동의하지 않았다고 한다. 소크라테스는 인간이 선한 행동을 하지 못하는 이유를 선이 무엇인지에 관한 일반 원칙 또는 어떤 것이 실제 선한 것인지에 대한 이해와 같은 어떤 중요한 정보가 부족하기 때문이라고 보았다. "사람들이 즐거움과 고통, 즉 선과 악에 대해 잘못된 선택을 내리는 이유는 인식이 부족하기 때문이다. 즐거움에 굴복당하는 것은 무지를 의미한다."[3] 소크라테스에게 선을 아는 것은 곧 선을 행하는 것이었다.

———————

스피노자는 1634년에 암스테르담에서 발간된 세 권짜리 『변신 이야기』를 가지고 있었고, 『에티카』의 후반부를 집필하는 동안 언제든 꺼내 볼 수 있도록 가까이 두었다고 한다. 아크라시아는 『에티카』 4부 전체에 걸쳐 나타나는 중요한 주제로, "인간이 왜 참된 이성보다 의견에 마음이 더 동하는지, 선과 악에 관한 참된 인식이 왜 정신을 어지럽히며 온갖 종류의 욕구에 굴복하는 일이 많은지"에 관한 논의에서 특히 두드러진다. 스피노자는 메데이아의 딜레마에 대한 오비디우스의 진단에 동의하는 것처럼 보인다. 심지어 라틴어 원전에서 메데이아가 탄식하는 부분을 인용하기도 한다. "나는 더 좋은 길을 알고 그것이 옳다는 사실을 인정하지만, 나는 더 나쁜 길을 선택한다(video meliora, proboque, deteriora sequor)."[4] 스피노자도 자제력 부족을 이성과 정념의 갈등에서 비롯된 것으로 보았을 수 있다. 그러나 실상은 적어도 플라톤이 설명하는 것만큼 단순하지 않다.

스피노자는 인간의 정신을 기능으로 구분하면서 하나의 기능이 다른 기능과 상충할 수 있다는 주장을 거부한다. 다시 말해 이성을 담당하는 부분, 충동을 담당하는 부분, 결단력을 담당하는 부분이 따로 있지 않다는 것이다. 따라서 아크라시아를 정신의 한 가지 기능이 다른 기능에 압도된 것으로 설명할 수 없다. 인간의 정신은 인간의 신체인 연장의 양태에 상응하는 사유의 양태로서 그 자체가 다른 관념들로 이루어진 하나의 관념일 뿐이다. 정신에 존재하는 관념이라는 측면에서만 보면 이성의 적합한 관념은 감각이나 표상의 부적합한 관념과 다를 바가 없다. 모든 관념에는 어떤 실연적(實然的) 힘을 수반하는 객관적 또는 묘사적 내용이 있다. 예를 들어 유니콘에 대한 나의 관념은 이마에 뿔이 하나 솟아 있는 하얀 말을 마음에 떠올리고 단언한다. 관념은 사물에 관한 것이고 그것이 사실이라고 주장한다. 이성의 관념은 사실인 반면 감각이나 표상의 관념들은 거짓된 경우가 많고 언제나 불완전하며 훼손되어 있다.

그러나 실제 관념들 사이의 갈등은 그 관념이 참이냐 거짓이냐의 수준에서 발생하는 것이 아니라 그 관념들이 지니는 행위를 촉발하는 힘 때문에 발생한다. 앞서 확인한 것처럼 모든 관념은 정신의 코나투스의 변이들로서 정서적 요소를 지니고 있으며, "정서는 억제되어야 할 정서에 반대되며 그보다 더 강력한 다른 정서가 아니고서는 억제될 수도 해소될 수도 없다."[5] 자연 그 자체처럼 인간의 정신도 서로 우위를 차지하기 위해 노력하는 것들이 경쟁하는 장이다. 정신에서는 이것들이 바로 관념이며, 정서적으로 더 강력한 힘을 갖는 관념이 참이든 거짓이든 관계없이 승리한다. 스피노자는 참된 관념이 거짓된 관념을 억제하는 것은 그것이 참이라서가 아니라고 주장한다. "선과 악에 대한 참된 인식은 그것이 참인 한에서는 어떤 정서도 억제할 수 없고, 오직 그것이 정서로 간주되는 한에서만 정서를 억제할 수 있다."[6]

인간의 존재 지속을 위한 노력은 적합한 관념에 의해서도, 부적합한 관념에 의해서도 인도될 수 있다. "정신은 명석판명한 관념을 갖고 있는 한에서든 혼란한 관념을 갖고 있는 한에서든 무한한 시간 동안 자신의 존재를 지속하기 위해 노력하고 그러한 자신의 노력을 의식한다."[7] 그러므로 아크라시아는 행위자에게 참된 선과 자신에게 이익이 되는 것을 행하도록 지시하는 이성의 적합한 관념이, 부적합성 때문에 행위자를 선하고 올바른 것에 관한 잘못된 믿음으로 이끄는 정념, 즉 감각 또는 표상이라는 외부 원인으로 발생한 관념과 충돌함으로써 발생한다. 이러한 정신적 충돌이 발생할 때는 정서적 힘이 더 강한 관념이 선택과 행동을 결정한다. 정념이 이성적 관념보다 힘이 더 강하면, 행위자는 결국 기쁨의 원인처럼 보이지만(진짜 기쁨의 원인일 가능성도 있지만) 사실상 현명한 판단과는 완전히 상반되는 행동을 알면서도 자발적으로 하게 된다. 실제로 아크라시아는 인식과 정념의 충돌이지만 그 결과는 인식론적 측면이 아니라 정서적 측면에서 결정된다.

스피노자는 일련의 정리를 통해 각각의 정서들이 강해지는 다양한 방법을 설명하면서 왜 비이성적인 정념이 이성적인 인식을 압도하는 경우가 많은지 자세히 보여 준다.[8] 그는 우리가 실제로 존재한다고 표상하는 것에 대한 정서가 존재하지 않는다고 표상하는 것에 대한 정서보다 더욱 강렬하고 크다고 설명한다. 그것이 미래에 존재할 것인지, 과거에 존재했던 것인지, 아니면 절대 존재하지 않을 것인지는 아무런 상관이 없다. 아크라시아를 이해하는 데 가장 중요한 것은 실제 존재하는 사물에 비교하여 지닌 미래의 사물에 대한 정서다. "다른 조건이 모두 동일할 때 미래의 사물에 대한 심상은 (……) 현재의 사물에 대한 심상보다 약하다. 그 결과 다른 조건이 모두 동일하다면 미래의 사물에 대한 정서가 (……) 현재의 사물에 대한 정서보다 약하다."[9] 그뿐 아니라 머지않아 존재할 것이라고 표상하는 미래의 사물에 대한 정서가 훨씬 더 먼 미래에 존재하거나 그 존재가 불확실하다고 표상하는 사물에 대한 정서보다 강하다.

이런 주장들 중 어떤 것도 자제력 부족을 단독으로 설명하지는 못한다. 어쨌거나 모든 조건이 동일하다면 알려진 현재의 선에 대한 이성적인 정서가 표상된 미래의 선에 대한 비이성적인 정서보다 강하므로 인간은 이성이 지시하는 대로 행동한다. 아크라시아는 이성적인 관념이 기대하는 선이 먼 미래에 발생하는 반면 표상의 관념이나 정념과 관련된 즐거움이 즉각적으로 존재하거나 적어도 이성의 선보다는 가까운 시간 내에 일어날 때 발생한다. 이를테면 이성은 학생에게 나가지 않고 집에서 공부를 하는 것이 장기적으로 유익하며 최선의 행동이라고 말하지만, 표상은 친구들과 술을 마시며 보내는 즐거운 밤을 상상하게 만든다. 친구들과 어울려 노는 즐거움이 훨씬 가까운 미래에 발생한다는 사실로 인해 이 표상의 관념은 이성적 관념을 압도하는 더 큰 정서적 힘을 갖고, 그 결과 학생은 친구들과 나가서 노는 것을 선택하게 된다. "선과 악에 대한 참된 인식에서 비롯된 욕망은, 이 인식이 미래에 관계되는 한, 현재의 즐거움을 향한 욕망에 의해 꽤 쉽게 억제되거나 소멸될 수 있다."[10]

그러나 언뜻 선으로 보이는 것에서 얻는 즉각적인 기쁨이나 쾌락의 존재 가능성과 먼 미래의 참된 선의 대결 외에도 중요한 것이 있다. 정념 또는 부적합한 관념의 힘은 행위자 자신의 능력뿐 아니라 정념의 외부 원인의 힘에 따라서도 변한다.[11] 만약 외부 원인들의 힘이 충분히 강력하다면 정념, 이를테면 친구들과 놀아서 얻게 될 즐거움의 표상적 관념의 힘은 오직 행위자의 이성적 본성에 의해 생성되는 적합한 인식의 힘보다 클 것이다.[12] 학생이 나가서 친구들과 노는 것을 선택하는 이유는 그의 적합한 관념의 힘이 외부 원인에서 비롯된 관념의 힘을 당해 내지 못하기 때문이다. "선과 악에 대한 참된 인식에서 비롯되는 욕망은 우리를 괴롭히는 정서들에서 생겨난 다른 많은 욕망들에 의해 소멸되거나 억제될 수 있다."[13]

따라서 정념에 따라 사는 사람은 이성의 지시를 무시하고 두 선 중에 덜 선한 쪽 또는 두 악 중에 더 악한 쪽을 선택한다. 그런 사람은 질병이 미래에 가져올 고통이 더 극심함에도 백신이 주는 현재의 고통을 피하는 쪽을 택한다. 그는 무엇을 해야 하는지 아주 잘 알면서도 그렇게 하지 않는다. 그런 나약함은 차분하고 신중하지만 그릇된 정신이 내린 이성적인 선택이 아니라 관념들 사이에 벌어진 정서적 충돌의 산물이다. 모든 관념은 욕망의 변형된 형태로서 행동을 유발한다. 어떤 것을 기쁨의 원천, 즉 선이라고 나타내는 관념은 그것이 이성적 관념이든 표상적 관념이든 필연적으로 우리의 마음을 움직여 그 인식된 선을 추구하도록 만든다. 그리고 그 관념이 행동을 유발하는 힘, 즉 그 욕망의 힘은 우리가 실제로 그것을 좇아 수행하는지 여부를 결정한다.

그러므로 어떤 의미에서 스피노자는 플라톤의 의견에 동의한다고 할 수 있다. 의지박약 또는 자제력 부족은 정념이 이성을 방해할 때 발생한다.[14] 그러나 이것은 어떤 비이성적 쾌락이 우리를 압도하거나 정념에 지배받지 않은 이성적 본성의 지시를 수행하지 못하게 하는 문제가 아니다. 이것은 신체와 정신의 대결도, 통제 불가능한 충동과 냉철한 지성의 대결도 아니다. 양측에는 모두 정서적 힘이 존재한다. 아크라시아는 무엇이 최선인가에 관해 정확하게 형성된 이성적 판단의 정서적 힘이 너무 약해서 외부 원인이 생성한 다른 행동에 대한 욕망의 정서를 극복할 수 없을 때 나타

난다. 즉 우리의 부적합한 관념이 적합한 관념보다 훨씬 힘
이 강력할 때 결국 우리는 모든 점에서 미루어 보건대 가장
현명한 판단에 반하는 행동을 하게 되는 것이다.

『제1철학에 관한 성찰』(이하『성찰』)이 출판되고 몇 년 후,
다른 저작을 집필하던 데카르트는 자신이 생각하는 인간의
인식 구조를 나무에 빗대어 설명했다.

> 철학의 전체를 나무에 비유하면, 뿌리는 형이상학이고 줄기
> 는 물리학이며 줄기에서 뻗어 나가는 가지들은 나머지 모든
> 학문이다. 이러한 기타 학문들은 크게 세 가지로 구분할 수
> 있는데, 바로 의학, 역학(力學), 윤리학이다.[15]

　　『성찰』에서 데카르트는 이 인식의 나무의 뿌리를 중점
적으로 다루면서 "인식의 원리를 담고 있는 이 뿌리에는 신
의 핵심 속성에 대한 설명, 인간 영혼의 비물질적 본성과 우
리 안에 있는 명석판명한 모든 개념이 포함되어 있다."[16]라
고 설명한다. 대학의 낡은 아리스토텔레스와 스콜라 철학
교과 과정을 대체할 교과서를 목적으로 집필한『철학의 원

리』에서 데카르트는 인식론과 형이상학에서 한발 더 나아가 물리학의 가장 보편적인 법칙을 제시하고 특정 자연 현상을 새로운 역학 원칙에 따라 설명했다.

그로부터 얼마 후, 1649년에 스웨덴 바사 왕조의 크리스티나 국왕의 교사로 초빙되어 스웨덴으로 떠나려던 무렵 데카르트는 마침내 인식의 나무의 가지에 해당하는 학문들, 특히 윤리학에 진지한 관심을 갖기 시작했다. 생애 마지막으로 출간한 저작인 『정념론』에서 그는 다양한 인간의 감정과 욕망, "영혼을 자극하는 것들"뿐 아니라 행복과 번영에 이르는 길에 대해서도 논의한다. 그는 전통적인 의미의 덕과 악덕에 해당하는 용기, 관대함, 겸손(도덕적인 종류와 부도덕한 종류 모두)과 같은 여러 품성의 상태를 폭넓게 다룬다. 여기에는 자기만족도 포함되는데, 자기만족에 대한 데카르트의 정의는 스피노자의 정의와 다르지 않다.

한결같이 덕을 따르는 사람들이 항상 지니고 있는 만족감은 평온함, 양심의 평화라 불리는 일종의 영혼의 기질이다. 그러나 인간이 자신이 선이라고 여기는 어떤 행위를 막 했을 때 새롭게 얻는 것은 정념, 즉 일종의 기쁨이며, 나는 이것이 무엇보다 달콤하다고 믿는데 그 이유는 원인이 오직 자기 자신에게 있기 때문이다.[17]

데카르트는 덕 그 자체를 일종의 극기라고 정의한다. 1645년에 보헤미아의 엘리자베스 공주(훗날 데카르트가 『정념론』을 헌사한 인물로 당시 네덜란드에서 망명 생활을 하고 있었다.)에게 보낸 서한에서 그는 덕이 "우리가 최선이라고 판단한 모든 것을 실현케 하려는" 즉 "정념이나 충동에 흔들리지 않고 이성이 권고하는 대로 행하려는 굳건하고 한결같은 의지"에 있다고 말한다.[18] 『정념론』 후반부에서 데카르트는 이 주제를 다시 한번 언급하면서 유덕한 사람은 "자기 의지에 대한 자유로운 통제"를 잘 활용해야 하는 책무를 이해하고 "자신이 최선이라고 판단한 모든 것을 맡아 수행하는 의지가 절대 부족한 법이 없다."라고 주장한다. 데카르트의 사상 체계에서 덕은 이성이 지시하는 대로 행동하려는 확고한 실천적 결단력에 있다.

물론 스피노자에게는 의지의 "자유로운 통제"란 존재하지 않는다. 그는 인간의 결단으로 이루어진 행동도 자연에 존재하는 다른 모든 것과 마찬가지로 인과관계에 의해 결정된다고 보았기 때문이다. 그러나 데카르트가 설명한 것처럼 이성의 지도에 따라 살고 정념과 그것에 불가피하게 수반되는 아크라시아에 속박되는 삶을 피하는 덕에 이르는 비결은 내면의 역학 관계에 있다고 믿었다.(스피노자는 데카르트가 엘리자베스 공주에게 보낸 서한은 물론 『정념론』에도 통달해 있었다. 그가 소장한 『정념론』은 라틴어 역본이었다.) 그러나 덕은 이성의 판단을 실행하는 정신의 자유로운 결정이 아니라 이성적 관념이 언제나 정념보다 정서적 힘이 더 강할 수 있도록 이성적 관념의 힘을 함양하는 일을 필요로 한다.

나약함의 반대는 강함이다. 유덕한 사람, 곧 자유인을 의지가 약한 사람과 구분하는 특징은 정념에 저항하고 오로지 이성의 명령에 따라 행동하는 내면의 힘이다. 스피노자는 이것을 포르티투도(fortitudo), 즉 정신의 힘이라고 부른다. "그것이 인식하는 한에서 정신과 관계된 정서에서 생기는 모든 활동을 나는 정신의 힘으로 간주한다."[19]

정신의 힘은 다시 강인함과 관대함으로 나뉜다. 이 둘은 이성의 지도에 따라 이루어지는 행위가 전적으로 자신의 능력을 유지하고 증대하는 일인지 아니면 타인의 삶까지도 개선하는 일인지에 따라 달라진다.

나는 강인함(animositas)을 각자가 오직 이성의 지시에 의해서만 자신의 존재를 보존하려고 노력하는 욕망으로 이해한다. 나는 관대함(generositas)을 각자가 오직 이성의 지시에 의해서만 다른 사람들을 돕고 그들과 친교를 맺으려고 노력하는 욕망으로 이해한다. 그러므로 나는 오직 행위자의 이익만을 목적으로 하는 행위를 강인함으로, 타인의 이익도 목적으로 하는 행위를 관대함으로 간주한다. 따라서 절제, 금주, 위험에 처했을 때의 침착성 등은 강인함의 일종이며, 예의, 자비 등은 관대함의 일종이다.

타인을 향해 이성적으로 추동된 선의인 관대함은 8장에서 다시 다룰 것이다. 자신의 이익만을 의도한 노력이든 타인의 이익도 의도한 노력이든, 아크라시아의 문제와 관련하여 중요한 것은 언제나 이성의 적합한 관념의 지도에 따라 행동하여 자유인의 자유를 향유할 수 있게 해 주는 일반적인 정신의 힘이다. 오직 이성의 명령에 따라 자신의 존재를 보존하려는 효과적 욕망이라고 정의되는 정신의 힘은 바로 이성적으로 행동하고 정념에 굴복하지 않겠다는 결심을 계속 지켜 나가는 능력이다.

덕이 이성의 명령에 따라 살고 행동하는 것, 언제나 진정으로 선한 것을 행함으로써 존재 지속을 위한 노력에서 성공하는 것이라면, 정신의 힘은 일종의 초월적 덕이라 할 수 있다. 유덕하게 살고 정념에 대한 통제력을 유지할 수 있는 것은 정신의 덕인 한편, 정욕, 탐욕, 폭식, 비겁함, 야망과 같은 비이성적 충동에 저항할 수 있게 하는 것은 정신의 힘이다. 스피노자는 여기에 더해 "정신의 힘이 강한 인간은 아무도 미워하지 않고, 아무에게도 분노하지 않으며, 아무

도 질투하지 않고, 아무에게도 분개하지 않으며, 아무도 경
멸하지 않고, 전혀 오만하지 않다."[20]라고 말한다. 한마디로
정신의 힘은 아크라시아의 해독제다.

　분명 많이 들어 본 이야기다. 우리는 자신이 지켜야 할
원칙을 잘 따르는 사람을 정신력이 강한 사람이라고 여긴
다. 그런 사람은 자신의 확고한 신념에 반하는 행동을 야기
하는 외부 원인에 의한 욕망에 굴복하는 대신 자신의 신념
과 그것에 해당하는 규범들을 지킨다. 반면 정신력이 약한
사람은 다른 사람의 설득(이를테면 동류 집단의 압력)에 의해
서든 수익에 대한 기대 때문이든 아니면 다른 유인 때문이
든 쉽게 마음이 흔들려 자신의 가치를 거스른다.

　그렇다고 아무 원칙이나 잘 따른다고 되는 것도 아니
다. 우리는 보통 비열하고 부도덕하거나 하찮기 짝이 없는
가치를 포기하지 않겠다는 사람을 정신력이 강하다고 칭찬
하지 않는다. 정신의 힘은 덕이고 훌륭한 것이지만 과도한
복종이나 지독한 고집은 그렇지 않다. 이는 적절한 가치와
부적절한 가치를 구별할 객관적 기준이 없다는 점에서 의
문을 제기하기도 하지만, 윤리적 행위자를 구별하는 직관적
기준은 꽤 명확해 보인다. 우리는 정직과 공정한 대우를 신
념으로 삼는 사람, 그래서 엄청난 보상이 따른다 해도 다른
사람의 신뢰를 저버리지 않는 사람을 존경하는 반면 도덕적

으로 용납될 수 없는 행위를 원칙으로 삼는 사람, 이를테면 충성스러운 나치 당원은 비난한다.

스피노자의 이론에 따르면 자유롭고 유덕한 사람을 한결같이 인도하는 원칙들은 이성에서 나오는 것이므로 인간 본성에 진정으로 선하며 따라서 그 자신에게도 선하다. 자유인이 지닌 정신의 힘은 그를 언제나 올바른 일, 자신과 타인에게 유익한 일을 행하도록 이끈다. 그러나 스피노자 이론의 특이점은 그러한 정신의 힘이 순수한 의지력이라든지 저급한 쾌락의 충동에 대한 일종의 금욕적 저항이 아니라 더 강력한 정서적 힘을 지닌 2종과 3종 인식 때문이라고 설명하는 데 있다. 정신의 힘은 이성적 관념이 언제나 정념의 비이성적이고 부적합한 관념보다 행위를 촉발하는 힘이 더 강력한 사람에게서 나타난다.

그러므로 자유인은 아크라시아를 경험하지 않는다. 그는 절대 차선을 위해 최선을 희생하지 않는다. 특히 어떤 쾌락을 즉각적으로 누리기 위해 또는 어떤 고통을 당장 피하기 위해 더 큰 선을 희생하는 법이 없다. 자유인에게 가장 중요한 일은 오로지 이성으로 결정된다. 그것이 이성의 관념에 기초한 욕망의 정서적 힘을 통해서라 할지라도 말이다. 스피노자는 "오직 이성의 지도에 따라 우리는 두 가지 선 중에 더 큰 선을, 두 가지 악 중에 보다 덜 악한 것을 따를 것”이며, “이성의 지도에 따라 우리는 더 작은 현재의 선보다 더 큰 미래의 선을, 더 큰 미래의 악보다 더 작은 현재의 악을 원할 것이다.”[21]라고 설명한다. 또한 이성은 자유인에게 장기적으로 심각한 악영향을 초래하는 더 큰 현재의 선을 무시하고 해로운 영향이 없는 더 작은 현재의 선을 택할 것을 지시한다. 다시 말해 자유인은 장기적으로 나쁜 영향을 미치는 현재의 선보다 장기적으로 좋은 영향을 가져오는 현재의 악을 선택한다.

이는 자유인이 정념에 사로잡혀 쉽게 자제력이 부족해지는 평범한 사람들과 달리 당장의 만족에 유혹되어 더 나은 판단에 반하는 행위를 하도록 만드는 일시적인 요소에 흔들리지 않는다는 사실을 보여 준다. 자유인에게는 달성해야 할 선이나 피해야 할 악이 현재의 것인지 가까운 미래의 것인지 아니면 먼 미래의 것인지는 중요하지 않다. 자유인은 이성을 통해 사물을 바라보고, 이성은 진정한 자연적 필연성 안에서 그리고 스피노자가 말한 “영원의 관점 아래서(sub specie aeternitatis)” 모든 사물을 보기 때문이다. 자유인은 기본적으로 신이 사물을 보듯이 사물을 보고, 사물이 시간적 순서에서 차지하는 위치를 고려하지 않는다.

사물을 우연이 아닌 필연으로 간주하는 것은 이성의 본성이다. 이성은 사물의 이러한 필연성을 사실대로, 즉 있는 그대로 지각한다. 그러나 사물의 이런 필연성은 바로 신의 영원한 본성의 필연성이기도 하다. 따라서 시간과 관계없이 (……) 이러한 영원의 관점 아래서 사물을 보는 것은 이성의 본성이다.[22]

그러므로 이성의 적합한 관념을 통해 사물을 보는 사람은 먼 미래에 있을 것이라고 예상되는 기쁨보다 현재의 기쁨이 지닌 시간의 근접성에 더 마음이 동하지 않는다. 이는 『에티카』 4부의 정리 62와 그 증명에 잘 설명되어 있다.

정리: 정신은, 이성의 명령에 따라 사물을 파악하는 한, 그 관념이 미래 또는 과거의 사물에 관한 것이든 또는 현재의 사물에 관한 것이든 상관없이 동일하게 자극받아 변화된다.

증명: 정신은 이성의 지시에 따라 파악하는 것은 무엇이든 영원 또는 필연성의 동일한 관점 아래서 파악하며 동일한 확실성으로 자극받아 변화된다. 그러므로 미래 또는 과거의 사물에 관한 관념이든 아니면 현재 사물에 관한 관념이든 정신은 동일한 필연성으로 그 사물을 파악하고 동일한 확실성으로 자극받아 변화된다. (……) 그러므로 정신은, 이성의 명령에

따라 사물을 파악하는 한, 미래 또는 과거의 사물에 관한 관념이든 아니면 현재 사물에 관한 관념이든 상관없이 동일한 방식으로 자극받아 변화된다.[23]

시간이나 지속과 아무런 관계성을 갖지 않는 영원의 관점에서 보면 모든 사물은 똑같이 근접하거나 똑같이 멀다. 오히려 시간적 근접성이나 시간상 거리라는 개념이 전혀 적용되지 않는다고 할 수 있다. 사물은 어떤 순간에 어떻게 인간을 자극하여 변화시키는지와 관련하여, 감각 경험에서 전개되는 무작위적 순서나 우연한 관계가 아니라 그들의 형상적 본질을 통해 적절한 지성적 순서에 따라 참되고 영원한 관계성 안에서 지각된다.

그러므로 모든 조건이 동일하면 자유인은 미래에 발생하는 사물을 현재에 발생하는 사물을 볼 때와 동일한 정서로 바라보며, 현재의 선을 단순히 그것의 현재성을 이유로 미래의 선보다 더 욕망하지 않는다. 따라서 스피노자가 간결하게 정리했듯이 자유인의 정신은 "더 큰 미래의 선을 위해 더 작은 현재의 선을 필연적으로 무시하며, 현재에는 선일 수 있으나 미래에는 악의 원인이 되는 것을 절대 바라지 않는다."[24] 중요한 것은 무엇이 선한가 또는 더 선한가이지, 그것이 언제 발생하느냐는 관계없다.

그러나 자유인도 정념을 경험한다는 사실을 고려할 때 그가 부적합한 관념의 정서적 힘을 어떻게 물리칠 수 있는지에 관한 의문은 여전히 남는다. 이성의 적합한 관념들이 영원의 관점을 통해 인식론적으로 우위를 차지할 수는 있다. 그리고 이런 관념들은 언제나 참이다. 그러나 앞서 본 것처럼 "선과 악에 대한 참된 인식은 그것이 참인 한에서는 어떤 정서도 억제할 수 없고, 오직 그것이 정서로 간주되는 한에서만 정서를 억제할 수 있다." 그렇다면 이성의 적합한 관념은 어떻게 자유인 안에서 언제나 욕망을 불러일으켜 행동을 촉발하는 데에 지배력을 갖고 그가 아크라시아에 굴복하지 않도록 해 주는 것일까? 어쨌거나 정신의 정념으로부터 생성된 욕망들은 그 힘을 대부분 외부 원인의 힘에서 얻는데, 이 외부 원인의 힘은 행위자의 힘보다 훨씬 클 수 있다. 그렇다면 자유인의 정신의 힘은 어떻게 설명할 수 있을까?

답은 간단하다. 자유인에게는 정념을 무력화하고 정념의 힘에 저항하는 데 바로 쓸 수 있는 전략적 무기가 있다.

우선, 모든 인간의 정신에는 다양한 적합한 관념이 존재하는데 이것들은 본질적으로 힘이 강하고 파생 관념을 풍부하게 만들어 낸다. 이런 관념들은 정신이 본질적으로 갖는 것이다. 앞서 보았던 것처럼 정신은 연장 속성의 특정 양태(곧 신체)에 해당하는 사유 속성 안에서의 관념 또는 상관물이다. 정신의 형상적 본질, 말하자면 본질적 핵심은 연장의 양태인 신체의 형상적 본질에 대한 인식 또는 적합한 관념이다. 신체에 대한 이런 적합한 관념은 필연적으로 연장 또는 신체 그 자체에 대한 인식은 물론 이 인식에서 도출되는 모든 것을 수반한다. 여기에는 신체가 일반적으로 지니는 특성은 무엇인가, 운동과 정지는 무엇인가, 신체들은 어떻게 인과적으로 상호 작용하는가 등이 포함된다. 이런 관념들은 모두 본질적으로 적합하다. 왜냐하면 정신의 적합한 관념에서 비롯된 관념들 역시 모두 적합할 수밖에 없기 때문이다.[25] 마찬가지로 정신은 반드시 사유의 양태로서의 자신에 대해 본질적이고 적합한 인식을 가지며, 이는 무엇이 사유인지에 대한 인식과 사유하는 사물과 관계된 모든 변용에 대한 인식을 필연적으로 수반한다.

스피노자는 이런 본질적 관념을 공통 개념이라고 부른다. 정신에 항상 존재하는 이 공통 개념은 정신의 인지적 내용이 지닌 영속적인 특징이다. 공통 개념이 언제나 정신에서 가장 중요한 위치를 차지하는 것은 아니지만 경험 속 어디에나 나타나는 특성 때문에 특히 의식적인 관념이 되기 쉽다. 이런 이유 때문에 공통 개념은 다른 관념에 비해 특별한 힘을 갖는다. 유덕하고 오성을 추구하는 인간은 이런 본질적으로 적합한 관념들과 그것들이 자신이 누구이며 자연

속에서 어떤 위치를 차지하는지에 관해 전달하는 정보를 더 많이 의식한다. 게다가 모든 신체에 공통적으로 나타나는 특징을 제시하는 신체에 관한 정신의 적합한 관념은 언제나 신체의 감각적 경험에 의해 확증되기 때문에 그 힘은 지속적으로 강화된다.[26]

이런 적합한 관념들은 수동적으로 획득한 부적합한 관념을 적합한 관념으로 바꾸거나 적어도 그 힘을 약화시키는 기능도 한다. 스피노자는 수동적 정서를 "억제하고 완화"하려면 그것을 이해해야 한다고 주장한다. "수동적 정서는 우리가 그것에 대한 명석판명한 관념을 형성할 때 더 이상 정념이 되지 않는다." 더욱이 "우리가 명석판명한 개념을 형성할 수 없는 신체의 변용은 없다."[27] 신체의 어떤 정서가 무엇인지 정확하게 이해하려면 어떤 현존하는 외부 원인의 감각 또는 표상 관념에서 그것의 관념을 분리시켜 신체 자체가 무엇인지에 대한 관념과 결합시키는 일이 필요하다. 그렇게 함으로써 인간은 그 정서를 바로 그 순간 자신의 신체와 상호 작용하는 다른 신체 때문에 경험하고 있는 것이 아니라 신체에 관한 자신의 공통 개념을 통해 알 수 있는 것으로 지각한다. 마찬가지로 그 신체적 정서에 대한 정신의 관념(그에 상응하는 감정)은 사유의 본성과 정신의 변용 및 활동을 지배하는 원칙에서 비롯되는 것으로 이해된다.

그러므로 우리는 각각의 정서를 (가능한 한) 명석판명하게 인식하도록 각별히 주의해야 한다. 그래야만 정신이 정서를 떠나 자신이 명석판명하게 지각하며 온전히 만족하는 것들을 사유하도록 결정할 수 있기 때문이다. 또 그래야만 정서 자체가 외부 원인의 사상에서 분리되어 참된 사상과 결합할 수 있기 때문이다.[28]

인간은 자신이 느끼는 슬픔을 사랑하는 사람의 상실이 아니라 자신의 기질과 심신의 존재 지속을 위한 노력으로 파악할 때 더 잘 이해할 수 있다. 유덕한 인간은 이런 방식을 통해 실제로 정념을 제거하고 이성의 능동적 관념으로 변화시키는데, 이런 이성의 능동적 관념은 이제 그것과 연결된 정신에 이미 존재하는 적합한 관념들에서 빌려 온 특별한 힘을 지닌다.

또 다른 전략은 정념의 절대적 필연성을 이해하는 것이다. 이 전략은 정념을 변화시키는 것이 아니라 약화시키는 것이며, 수동적 정서의 감각된 또는 표상된 외부 원인을 그것을 결정한 자연적 원인의 무한한 사슬 위에 위치시킴으로써 관점을 확장하는 것이다. 모든 것을 필연적으로 바라보는 정신은 "정서에 대해 더 큰 힘을 가지며 정서로부터 작용을 덜 받는다."[29] 모든 것을 필연적으로 바라보는 인간은 자신의 슬픔이나 기쁨을 단순히 표상된 자유 의지 행위나 내재된 인과적 힘을 통해 작용하는 사람 또는 사물에 의해 야기된 것으로 생각하기보다 그 사람 또는 그 사물을 단지 셀 수 없이 무수히 많은 다른 원인과 자신이 경험하는 정서 사이의 매개물로 여긴다. 이러한 관점은 정서에 대한 인과적 책임을 넓게 분산시켜 그것의 힘을 현저하게 약화시키거나 완전히 제거하는 효과를 가져온다. 특정한 개인에게 주목하는 대신 길게 이어지는 필연적 원인들에 집중할수록 정서의 강도는 약해진다. 스피노자는 결국 경험 그 자체가 "사라진 선에 대한 슬픔은 그것을 잃어버린 사람이 어쨌거나 그 선은 오래가지 못했을 것이라는 사실을 깨닫는 순간 약해진다."라는 것을 증명해 준다고 주장한다.

무엇보다 자유인에게는 신이라는 우군이 있다. 더 정확히 말하면 신 또는 자연에 대한 관념이라는 우군이다. 모든 사물은 신 안에 있고 신에 의해 초래되므로 어떤 사물의 적합한 관념은 그것이 신과 맺고 있는 진정한 관계, 신의 속성에서 비롯된 자연의 최고 원칙과의 관계를 드러낸다. 이에 따라 현재 어떤 정서를 야기하는 외부 사물의 관념은 인과적으로 그리고 인식론적으로 무한하고 영원한 실체 그 자체의 관념에 기반을 둔다. 그러므로 자신의 신체와 정신의 정서에 대한 명석판명한 이해를 통해, 곧 정신과 신체의 양태로서의 이러한 정서가 신의 양태의 양태들이라는 사실을 이해하는 것을 통해 이런 종류의 통찰에 도달하는 것이 특히 중요하다.

이러한 인식은 정신의 능력의 엄청난 향상을 의미하므로 즐거운 경험이라 할 수 있다. 인간은 신에 대한 관념을 최고 영역의 인식이자 기쁨으로 보므로 자신의 정신과 신체에 대한 깊은 이해와 각각의 정서들에는 필연적으로 신에 대한 사랑이 수반된다. "자신과 자신의 정서를 명석판명하게 이해하는 사람은 신을 사랑하며, 자신과 자신의 정서를 더 잘 이해할수록 신을 더욱 사랑한다."[30]

그러나 신에 대한 어느 정도 지속적인 사랑, 곧 인간이 반드시 능동적으로 추구해야 하며 시간이 지남에 따라 점진적으로 달성할 수 있는 "일상적인" 사랑 외에도 필연적으로 그리고 본질적으로 정신에 속하는 신에 대한 더 높은 영역의 "영원한" 사랑이 존재한다.

사유 속성의 양태로서 자신이 본질적으로 무엇인가에 대한 정신의 고유하고 적합한 인식은 정신과 신 또는 자연의 참되고 영원한 인과적 관계를 드러낸다. 정신은 자신의 능력을 그저 그 무한한 실체(신)가 지닌 능력의 유한한 표현으로 본다. "인간의 정신은 자기 자신과 신체를 영원의 관점 아래서 인식하는 한 필연적으로 신에 대한 인식을 지니며 자신이 신 안에 있고 신을 통해 파악된다는 것을 안다."[31] 다시 말해 정신은 3종 인식을 통해 스스로를 파악하는데, 앞서 논의한 것처럼 이 3종 인식은 "신의 특정 속성의 형상적 본질에 대한 적합한 관념에서 사물의 (형상적) 본질에 대한 적합한 관념으로 나아가는 것"이다.

정신은 존재를 지속하고 있는 신체와 정신에서, 즉 이 세계의 다른 사물들과의 상호 작용에서 어떤 일이 벌어지고 벌어지지 않을지와 관계없이 신 안에 존재하고 신에서 비롯되는 존재로서의 자신에 대한 직관적 인식을 지닌다. 사실상 이 인식이 바로 정신의 본질이다. 정신의 "최고의 덕"이자 "최고의 완전성"인 이 인식은 최고의 기쁨이기도 하다. 이처럼 기쁨이 오성에 존재하고 신이 이러한 오성의 원인이자 정신의 능력과 완전함의 원인으로 인식되기 때문에 결과적으로 인간은 기쁨의 참된 원인이 신이라는 사실을 안다고할 수 있다. 그러므로 인간은 신을 사랑한다.

> 3종 인식으로부터 필연적으로 신에 대한 지적 사랑(Amor Dei intellectualis)이 생겨난다. 왜냐하면 이런 종류의 인식에서 원인으로서의 신에 대한 관념을 수반하는 기쁨, 즉 신에 대한 사랑이 생기는데, 이 사랑은 우리가 신을 현존한다고 표상하기 때문이 아니라 신이 영원하다고 인식하는 한에서 생겨나

기 때문이다. 이것이 바로 내가 신에 대한 지적 사랑이라고 부르는 것이다.[32]

신에 대한 지적 사랑은 "정신이 신의 본성을 통해 영원한 진리로 고찰되는 한에서 정신의 본성에서 필연적으로 생겨나는"[33] 사랑이다. 정신 자신과 신체의 영원한 본질에 대한 정신의 직관적 인식, 곧 정신과 신체가 각각 신의 본질과 맺는 관계를 지각하는 일을 수반하는 인식은 정신의 영원한 본질이다. 그 결과, 신에 대한 일상적인 사랑과 달리 신에 대한 지적 사랑은 영원하다. 이것은 산발적인 정념이나 부적합한 관념이 적합한 관념으로 바뀌는, 존재 지속 중에 일어나는 어떤 과정에서 오는 기쁨의 문제가 아니다. 신에 대한 지적 사랑에는 나쁜 상태에서 훌륭한 상태로의 이행이 없다.(비록 스피노자가 "우리가 보여 주고자 하는 것을 더 쉽게 설명하고 더 잘 이해하기 위해" "정신이 마치 지금 존재하기 시작하고, 지금 영원의 상 아래에서 사물을 인식하기 시작한 것처럼"[34] 여길 것이라고 말하긴 했지만.)

신에 대한 지적 사랑에 수반되는 신체와 정신의 관념은 영원하므로, 그 인식과 그것이 가져오는 기쁨과 사랑 역시 영원하다. "3종 인식에서 생겨나는 신에 대한 지적 사랑은 영원하다. (……) 정신은 우리의 가정에서 생겨난 동일한 완전성을 영원히 갖고 있었으며, (그 완전성은) 영원한 원인으로서의 신에 대한 관념을 동반한다."[35] 대부분의 사람들에게 이러한 인식과 그 인식으로부터 생성되는 영원한 기쁨과 사랑이 평생 인간의 정신을 가득 메우고 있는 부적합한 관념의 맹공에 약화됨에도 스피노자는 "정신이 신체의 본질을 영원의 상 아래에 포함하는 한에서 우리는 모두 우리의 정신이 영원하다는 것을 느껴야"[36] 한다고 주장한다.

참된 인식이 가져오는 기쁨은 존재하는 기쁨 중 가장 커다란 기쁨이고, 그것에 수반되는 신에 대한 사랑은 인간 정신이 경험할 수 있는 가장 강렬한 감정이다. 일단 성취된 신에 대한 일상적인 사랑과 신에 대한 지적 사랑은 "모든 정서 중에 가장 항구적인" 것이며, 신에 대한 지적 사랑은 "존재할 수 있는 최고의 정신의 만족(acquiescentia mentis)"[37]으로 간주된다. 신에 대한 지적 사랑은 사실상 무력화되거나 소멸될 수 없다. 신에 대한 지적 사랑은 자신의 정신의 능력과 완전성이 신으로부터 나온다는 사실을 이해하는 자유인의 정신 안에서 끊임없이, 심지어 영구히 존재하는 능동적 정서로서 자유인이 정념을 물리치는 데 쓰는 가장 강력한 무기다.

이러한 모든 인지적 활동, 곧 "신체의 변용들(의 관념들)을 올바른 순서로 정리하고 연결"하며 더 중요하게는 3종 인식을 통해 정신 그 자체를 이해함으로써 인간은 정념을 매우 효과적으로 떨쳐 내고 그의 이성의 관념들은 실제 어떤 것에도 흔들리지 않는 힘을 지니게 된다. "지성의 질서에 따라 정리되고 연결된 정서들을 억제하는 데는 불확실하고 정리되지 않은 정서들을 억제하는 데보다 더 큰 힘이 필요하다."[38] 적합한 관념으로 지니게 된 그의 오성, 곧 "(자신의) 정서에 대한 완전한 인식"[39] 및 자신의 정신의 본질에 대한 완전한 인식을 지닌 오성 덕분에 자유인은 정념이 지닌 힘에 저항할 수 있는 정서적 방화벽을 향유한다. 그리고 어떤 인간이든 이러한 이상적 상태에 가까이 도달할수록 더 능동적이고 강인하며 이성적이고 유덕하며 자유로워지고, 그 결과 아크라시아라는 나약함에 쉽게 빠지지 않는다.[40]

7 정직에 관하여

스피노자의 『에티카』는 철학사에서 어떤 작품보다 불가해하고 복잡한 주장이 많은 것으로 유명하다. 수많은 정의와 공리, 259개의 정리 그리고 다수의 주석과 계(系), 서론과 부록 중에 가장 해석하기 까다로운 명제는 아마도 4부의 정리 72일 것이다. 자유인의 무조건적인 정직을 다룬 이 정리에는 학술적 비평이 꾸준히 이루어졌다.

문제의 정리는 다음과 같다. "자유인은 언제나 정직하게 행동하며, 절대 기만적으로 행동하지 않는다." 언뜻 보면 꽤 단순하고 명쾌한 명제다. 우리는 유덕한 인간이 일반적으로 거짓말을 하거나 타인을 기만적으로 대하는 것을 몹시 싫어할 것이라고 생각한다. 특유의 기질로 인해 그는 진실만을 말하고 사람들을 현혹시키지 않을 것 같기 때문이다.

그러나 한층 깊이 들어가 "언제나 정직하게 행동한다"는 스피노자의 말이 정확히 무슨 의미일까 생각하기 시작하면 문제는 복잡해진다. 자유인이 정직하지 않은 행동을 하는 것이 옳거나 선한 경우는 전혀 없을까? 어떤 기만행위에 가담하는 것이 합리적이거나 허용되는 상황, 심지어 도덕적으로 강제되어야 하는 상황은 정말 없을까? 또 정직하게 행동한다는 말은 정확하게 무슨 의미일까? 단순히 신의를 갖고 행동하는 것과 같은 것일까? 세상에 도덕적이고 악의 없는 거짓말이 있을까?

이 정리 72의 내용을 스피노자가 그리는 자유인, 즉 존재 지속과 자기 이익을 추구하는 데 흔들림이 없는 인간의 모습과 일치시키기는 더 어려워 보인다. 혹자는 분명 거짓행위나 속임수가 합리적으로 자신에게 이롭고 존재 보존을 위해 더 도움이 되는 때가 있다고 생각할 것이다.[1] 그렇다면 정말로 정리 72는 스피노자 도덕심리학의 핵심 요소와 모순되는 것일까?

―――――――

앞서 논의한 스피노자 철학의 다른 특징들과 마찬가지로, 이성의 지도에 따라 사는 유덕한 사람은 절대 다른 사람을 속이지 않고 거짓말을 하지 않는다는 관념(이것이 진짜 스피노자의 입장이라면)의 유래는 스토아 철학으로 거슬러 올라간다. 일례로 마르쿠스 아우렐리우스는 현인이 부정직한 행동을 절대 하지 않는다고 믿었다. 『명상록』에서 그는 위선과 기만을 저지르지 말라고 충고한다. 아우렐리우스는 어떤 이익이 따르든 거짓말은 정당화될 수 없다고 주장한다. "옳지 않다면 행하지 말고, 진실이 아니면 말하지 말라."[2] (반면 세네카는 속는 사람의 이익과 행복을 위한 일이고 실제 그것들에 도움이 되는 한에서 기만을 허용한다. 그는 누군가의 고통이나 공포, 분노를 완화하기 위해 진실을 숨기거나 심지어 거짓된 믿음을 주어도 된다고 주장한다.[3])

정직을 무조건적인 의무라고 옹호한 가장 유명한(또는 악명 높은) 사례는 칸트의 저작에서 발견된다. 적어도 가장 보편적인 해석에 따르면 거짓말을 하거나 기만적으로 행동하는 것, 예를 들어 지킬 의향이 없는 약속을 하는 것은 칸트에게 도덕적으로 절대 허용되지 않는다. 그 행동이 어떤 결과를 가져오든 진실을 말하고 사람들을 거짓 없이 대하는 것은 언제나 지켜야 할 윤리적 의무다. 어떤 이성적, 도덕적 행위자도 거짓말이나 거짓 약속을 하는 것이 모든 이가 따라야 하는 보편 법칙이 될 것이라고 예상하지는 않기 때문이다. 칸트에 따르면 그런 법칙은 거짓말이 성공하기 위해 필요한 상호 신뢰를 훼손하기에 명백하게 비합리적이고 자멸적이다.[4] 그렇다면 죄 없는 사람의 목숨을 살리기 위해 거짓말을 하는 일도 도덕적으로 용납할 수 없는 일처럼 보인다. 1797년에 발표한「선한 동기의 거짓말을 할 권리에 대하여」라는 글에서 칸트는 살인을 하려는 자로부터 누군가를 숨겨 주고 있는 사람을 예로 들어 설명한다. 칸트는 도망친 사람이 집에 있냐고 살인자가 물으면 정직하게 대답해야 할 도덕적 의무가 있다고 주장한다.[5]

그렇다면 스피노자의 자유롭고 유덕한 사람에게도 거짓말이나 다른 종류의 속임수와 기만행위가 절대적으로 금지된 행위일까? 이는 전적으로 무엇을 기만적 행동으로 보는지에 달려 있다. 또 자연 속의 모든 개체를 특징짓는 코나투스, 즉 존재의 지속을 위한 노력이 정말로 무엇인가라는 문제에도 달려 있다. 코나투스는 단순히 지속적으로 존재를 유지하거나 생명의 기간을 연장하려는 노력이 아니라 특정한 본성을 끈질기게 지속하려는 노력, 즉 일정 정도의 완전성과 삶의 질, 인격을 지니고 존재하려는 노력이다. 그렇다면 결국 스피노자의 주장은 진실과 정직에 대한 신념이 자신의 죽음을 재촉하더라도 자유인은 이성의 지시에 따라 이성적 덕과 최고치의 능력을 가진 상태를 유지하기 위해 언제나 반드시 정직하게 행동한다는 의미인지도 모른다.[6]

_____

덕을 합리적으로 이해한다면 유덕한 사람은 남을 속이는 행동을 절대 하지 않을 것이라고 주장하기는 상당히 힘들어 보인다. 칸트의 견해는 단순히 반직관적일 뿐 아니라 틀렸다고 할 수 있다. 예를 들어 나치가 우리 집 문을 두드리며 내가 다락방에 숨겨 준 유대인 가족을 찾는다면, 그들의 요구에 내가 할 수 있는 유일한 도덕적 행동은 거짓말을 하는 것뿐이다. 그러나 『에티카』 4부의 정리 72는 표면적으로만 해석하면 덕에 관한 스피노자의 특별한 설명이나 자기 이익을 위해 행동하는 이론과 모순되는 것처럼 보인다. 자기 보존이 기만적 행위를 통해 최적화되는 사례는 어렵지 않게 떠올릴 수 있다. 거짓말을 하거나 다른 방법을 통해 누군가를 속임으로써 심각한 피해를 피할 수 있거나 내 목숨을 구하고 생명을 연장시킬 수 있다면, 코나투스의 인식론적 표현으로서의 이성은 분명 적절한 기만행위를 해야 한다고 명령할 것이다. 이 경우 정직은 실제로 이성에 반하는 것처럼 보인다. 그럼에도 스피노자는 분명하게 이성은 절대 기만행위를 용인하지 않는다고 말한다. 심지어 자신의 목숨을 구하기 위해서라도 말이다. 정리 72에 대한 증명은 다음과 같다.

자유인이, 그가 자유로운 한에 있어, 기만적으로 행동한다면, 그는 이성의 지시에 따라 그렇게 하는 것일 테다.(왜냐하면 바로 그것이 우리가 그를 자유롭다고 하는 이유이기 때문이다.) 그리고 기만적으로 행동하는 것이 덕이 될 것이므로 모든 인간은 자신의 존재를 보존하기 위해 기만적으로 행동하는 편이 더 나을 것이다. 다시 말해 (그 자체로 명백한 것처럼) 인간은 그저 말로만 일치하고 실제로는 서로 반대되는 편이 더 나을 것이다. 그러나 이것은 부조리하다. 그러므로 자유인은…….
Q.E.D.

이어지는 주석에서 스피노자는 이 정리에 대한 가장 명백한 반대 의견을 다루는데, 그 내용이 특히 이해하기 쉽다.

누군가 이렇게 질문한다고 해 보자. 어떤 사람이 배신행위를 통해 현재 당면한 죽음의 위험에서 스스로를 구할 수 있다면 어찌 되겠는가? 자기 보존의 원칙이 그에게 무조건 배신해야 한다고 권하지 않겠는가?

이에 대한 답도 같다. 만약 이성이 그것을 권한다면, 이성은 모든 인간에게 그것을 권할 것이다. 고로 이성은 사람들에게 무조건적으로 오로지 기만행위를 통해서만 계약을 맺고 힘을 합치고 공통된 권리를 가질 것을, 다시 말해 실제로는 공통의 권리를 갖지 않을 것을 권할 것이다. 이것은 부조리하다.[7]

여기서 우리는 흔히 스피노자를 칸트처럼 해석한다. 그래서 거짓말을 용인하는 실천적 원리가 일반적으로 거짓말을 허용하는 도덕 원칙으로 절대 고양될 수 없음을 보여 준 칸트의 이론처럼 스피노자가 이성적으로 추동된 기만행위를 부조리한 것으로 본다고 이해한다.[8] 이성의 명령은 보편적이다. 이성의 명령은 개인적 특징이나 정념에 빠지는 경향과 상관없이 모든 이성적 행위자에게 명령을 내리고 그들 모두에게 유효하다. 그러므로 이성이 어떤 사람에게 (이를테면 자신의 생명을 구하기 위해) 기만적으로 행동할 것을 권한다면, 이성은 모든 이성적 행위자에게 보편적으로 그것을 권할 것이다. 그러나 칸트의 해석에 따르면 이것은 부조리하고 자멸적이다. 왜냐하면 그런 상태에서는 신뢰가 완전히 사라져 배신조차 할 수 없기 때문이다.

그러나 스피노자가 이 증명에서 말하고자 하는 바는 그런 의미가 아니다. 자유인의 관점에서 거짓말이나 다른 기만행위의 문제는 논리적 이치가 아니다. 진짜 문제는 거짓말이나 기만행위들이 인간 사이에 차이와 분열을 가져오는 것이다. 내가 누군가에게 거짓말을 하는 것은 신념과 태도, 가치와 관련하여 나와 그 사람 사이에 불화를 야기하는 것이다. 그렇게 되면 스피노자의 말처럼 우리 두 사람은 "말로만 일치하고 실제로는 서로 반대"되게 된다. 내가 그 사람

안에 나의 정신 상태와 반대되는 정신 상태를 만들어 내기 때문이다. 이는 존재 지속을 위한 노력에서 나 자신과 다른 사람들 사이의 차이를 최소화하기 위해 노력할 것을 요구하는 이성에 반하는 것이다.

나는 다른 사람들이 나와 같기를 바란다. 어떤 것이 어떤 사람에게 선한 것은 그것이 그 사람과 본성이 같은 한에서만 선하기 때문이다. "사물은 우리의 본성과 일치할수록 우리에게 더 유용하거나 선하며, 반대로 사물이 우리에게 유용할수록 우리의 본성과 더욱 일치한다."[9]

실제로 거짓말은 사람들 사이에서 인식의 차이를 야기할 뿐 아니라 사람들이 적극적으로 서로에게 등을 돌리게 만든다. 다른 사람에게 거짓말을 하는 목적은 보통 그 사람 안에 거짓된 관념을 생성하려는 것이다. 1종 인식의 부적합하고 왜곡된 관념만 거짓이기 때문에 거짓말을 하는 사람은 상대방에 축적된 부적합한 관념을 증대시키려고 한다. 부적합한 관념은 정념에 지나지 않으므로 이는 상대방의 특정한 정념의 힘을 증가시키는 것과 다름없다. 스피노자의 주장에 따르면 사람들을 서로 반목하게 만드는 것은 정념이다. "인간은 수동적 정서로 괴로워하는 한에서 서로 반목할 수 있다."[10] 다시 말해 거짓말을 하는 것은 사실상 자신의 존재 지속을 위한 노력과 반대될 가능성이 많은, 정념에 이끌려 존재를 지속하는 타인을 만들어 내는 것이다. 이런 사람과 맺는 관계는 협력적 관계가 아니라 경쟁적 관계가 될 것이다.[11]

물론 이성적으로 유덕한 사람은 이 점을 잘 알기에 자신과 다른 사람들 사이에 차이가 아닌 공통점을 증대시키기 위해 행동한다. 이성적으로 유덕한 사람은 사람들을 갈라놓는 거짓말을 비롯한 온갖 종류의 기만행위를 필연석으로 회피한다. 거짓말을 하지 않고 속임수를 쓰지 않는 것이 정말 대체로 그에게 이로운 것처럼 보인다.

그러나 여전히 의문은 남는다. 흔치는 않더라도, 자신의 존재를 보존하거나 자신의 능력을 증대하는 데 기만행위가 실제로 가장 유용한 경우가 있다면 어떨까?[12] 아주 말이 안 되는 이야기는 아니다. 스피노자의 정리 72의 증명이 어떠하든, 언뜻 보기에 자기 보존이라는 코나투스의 원칙 및 그것의 실천적 결과와 자유인은 언제나 정직하게 행동하며 절대 다른 사람을 속이지 않는다는 주장은 분명 상호 모순적인 것처럼 보인다.

어쩌면 이 문제는 정리 72를 관대하게 해석하여 실질적 의미를 완화할 수 있는 방법이 있다면 해결할 수 있을지 모른다. 예를 들어 자유인은 절대 악의적으로 다른 사람에게 사기를 치거나 다른 사람을 속이지 않지만, 경우에 따라 의도적이지만 비교적 무해한 거짓말, 일명 하얀 거짓말이나 오해를 살 수 있는 과장된 이야기를 하는 것이 정직하고 선한 목적이라면, 특히 자신의 생명을 보존하는 데 도움이 된다면 가능할 수도 있을 것이다.

정리 72의 정확한 표현과 문구를 살펴보자. 라틴어 원문은 "homo liber nunquam dolo malo, sed semper cum fide agit"인데, 문자 그대로 해석하면 "자유인은 절대 사악한 계략을 갖고 행동하지 않고 언제나 신의를 갖고 행동한다."라는 의미다. 이는 사악한 계략(dolus malus)과 선한 계략(dolus bonus), 다시 말해 악한 의도를 지닌 나쁜 속임수 또는 기만과 선한 의도를 지닌 좋은 속임수 또는 기만은 구분된다는 것을 암시한다. 아마도 스피노자가 정리 72에서 말하고자 하는 바는 자유인이 다른 사람을 악의적으로 또는 그를 슬프게 하거나 나약하게 만들기 위해 기만하는 일은 절대 없다는 뜻일 것이다. 자유인이 누군가를 속이는 행동을 할 때는 반드시 선한 목적, 유덕한 의도가 있어서일 것이다.[13] 그러므로 언제나 신의를 갖고 행동한다는 말이 거짓말이나 속이는 행위를 반드시 배제한다는 의미는 아닐 것이다. 만약 거짓말의 의도가 다른 사람을 해하려는 것이 아니라 자신의 생명을 보존하거나, 직접적으로 혹은 다른 사람의 생명을 구하거나 개선함으로써 자신의 행복을 증대하기 위해서라면, 이성은 실제로 그런 행동을 용인하고 심지어 권고할 것이다. 짐작건대 세네카의 주장도 바로 이런 의미일 것이다.

스피노자는 사악한 계략과 선한 계략의 법률상 차이를 인지하고 있었다.[14] 그러나 이런 개념이 정리 72를 선한 속임수를 용인하는 것으로 해석될 수 있다고 말하는 것은 인간에게 자신과 타인 사이에 차이, 특히 자신이 참되다고 믿는 것에서의 차이를 조장하지 말라고 요구하는 이성의 명령과 모순되는 것처럼 보인다. 선한 의도가 있더라도 거짓말은 상대방을 자신의 본성과 일치되지 못하게 만들고, 그 결과 존재 지속을 위한 자신의 노력에도 유용하지 않게 만든다. 거짓말은 오히려 그런 공통성을 획득하는 것을 방해한다. 정리 72에 대한 스피노자의 주장을 고려해 보면, 이성이 거짓말을 권한다고 생각하기는 쉽지 않다. 따라서 모든 기만행위는 허용되지 않는 것처럼 보인다.

더욱이 자유인은 자신의 존재를 보존하거나 자신의 코나투스를 증대시키는 방법이 남을 속이는 행위밖에 없는 상황에는 처하지 않을 것 같다. 일반적으로 그는 인간 본성을 비롯한 자연에 대한 심오한 인식을 통해 위험하거나 생명에 위협이 되는 일을 피해 갈 수 있을 것이기 때문이다. 드물게 그것을 피해 갈 수 없는 경우에도 이성은 언제나 자유인에게 기만행위가 아닌 다른 해결 방법을 일러 줄 것이다.

이성의 적합한 관념은 자유인이 세상의 풍파와 사회적, 정치적 삶에 도사리고 있는 크고 작은 덫을 헤쳐 나가는 데 유리하게 작용한다. 자유인은 자신의 존재를 보존하는 최선의 방법이 적을 만들지 않고 격렬하거나 위험한 모험을 하지 않으며 다른 사람들을 정당하게 대함으로써 애초에 위험을 멀리하는 것임을 안다. 설사 이 모든 것에도 불구하고 위험한 상황에 빠진다 하더라도 자유인은 부정한 방법에 기대지 않고서도 스스로를 구하는 방법을 안다. 자유인은 이성 그 자체를 이용하여 위기를 타개하고 상대를 설득하여 개선시킨 뒤 그를 위협적 존재에서 협력자로 변화시킬 것이다. 부정하지도 않고 기만하지도 않는다고 해서 자유인이 꾀도 책략도 없다는 의미는 아니다.

───────────

자기 보존이라는 코나투스 원칙과의 명백한 충돌을 완화하면서 정리 72를 본래의 완전하고 엄밀한 의미 그대로 지키는 방법도 있다. 그것은 "정직하게 행동한다"는 표현이나 "기만적으로"라는 말을 관대하게 재해석하는 방법도 아니고, 자유인에게 위험으로부터 스스로를 보호할 수 있는 특별하면서도 고결한 기술이 있다고 해석하는 방법도 아니다. 코나투스와 자유인의 존재 지속을 위한 노력을 단순히 지속적인 존재로서 끊임없이 존재하려는 노력, 다시 말해 단순히 살아 숨 쉬는 인간으로서의 생존이 아니라 특정한 삶의 종류와 질을 가지고 특별한 방법으로 존재를 지속하는 노력으로 해석하는 방법은 어떤가?[15] 어쨌거나 코나투스는 인간 본성의 능동적인 표현이고, 따라서 그 본성을 보존하려는 노력이다. 자유인의 본성은 매우 훌륭한 덕과 아주 뛰어난 이성을 지닌 이상적인 인간의 본성이다. 따라서 자유인의 코나투스는 존재 지속 그 자체만을 위한 노력이 아니라 그 본성 안에서 존재를 지속하려는 노력일 것이다. 그것은 분명 높은 수준의 자유와 활동을 향유하는 유덕하고 이성적인 존재로서 존재를 지속하고자 하는 노력일 것이다.

코나투스 이론을 평범한 생존주의적 의미 이상으로 해석하는 데는 반박할 수 없을 만큼 타당한 이유가 있다.[16] 가장 단순명료하게 설명하면 다음과 같다. 코나투스는 능력을 위한 노력이다. 스피노자에게 능력이란 곧 실재성이자 완전성이다. 그러므로 코나투스는 실재성과 완전성을 위한 노력이다. 스피노자는 실재성/완전성과 단순한 삶의 지속 사이에 분명한 차이가 있다는 점을 명확히 한다. 따라서 자신의 실재성과 완전성을 보존하고 증대하려는 인간의 노력은 삶

의 지속을 위한 노력과 동일하지 않다.[17]

마지막으로 나는 앞서 이야기했듯이 일반적 의미의 완전성을
실재성으로, 즉 각각의 사물이 지속 기간과 관계없이 존재하
고 작용하는 한에서 그것의 본질로 이해한다. 왜냐하면 어떤
개물도 더 오랜 시간 존재를 지속했다고 해서 더 완전하다고
말할 수 없기 때문이다.[18]

이는 특히 높은 수준의 완전성과 능력, 능동성을 향유
하는 자유인에게 더욱 해당되는 이야기다.

실제로 자유인에게 실재성과 완전성을 추구하는 존재
지속을 위한 노력은 인식과 오성을 위한 노력이다. 스피노
자에 따르면 "우리가 이성을 통해 노력하여 얻고자 하는 것
은 오성뿐이다. 이성을 사용하는 한 정신은 오성에 이르게
하는 것 외에 다른 어떤 것도 자신에게 유용하다고 판단하
지 않는다."[19]

더욱이 앞서 확인한 것처럼 어떤 것이 선하다는 것은
오직 그것이 그 사람에게 유용하고 그의 존재 지속을 위한
노력에 긍정적으로 기여하기 때문이다. "우리가 분명하게
선 또는 악이라고 알고 있는 것은 실제로 우리를 오성에 이
르게 하는 것 또는 오성에 이르는 데 방해가 되는 것뿐이

다."[20] 이 역시 자유인의 의식적인 존재 지속 목표가 단순한 지속적 생존이 아니라 지성의 힘과 완전성, 다시 말해 사유 능력과 이성적으로 유덕한 상태라는 것을 보여 준다.(스피노 자가 말한 것처럼 "자유인은 모든 것 중에 죽음에 대해 가장 적게 생각하기" 때문에 아마도 자신의 지속적인 삶의 끝에 대해서는 전 혀 관심을 두지 않을 것이다.[21] 이 주제는 9장에서 다룬다.) 자유 인이 보존하고자 노력하고, 가능하면 증대하고자 노력하는 것은 바로 자신이 갖추고 있는 이성적으로 유덕한 상태다. 능력이 증대되는 정신 능력의 이행을 스피노자는 기쁨이라 고 정의하므로, 평범한 사람들과 마찬가지로 자유인도 필연 적으로 기쁨을 위해 노력한다고 말할 수 있다. 단 자유인은 기쁨이 정말로 무엇인지 평범한 사람들보다 더 깊고 정확하 게 이해하고 있다.

자유인은 기만행위가 본성의 차이를 만들어 냄으로써 사람들을 서로 반목하게 한다는 사실을 안다. 거짓말에 속 는 사람들은 거짓말을 하는 사람의 이성적 노력에 유용한 것이 아니라 그것을 방해할 가능성이 높다. 그렇기 때문에 거짓 행위는 인간의 생존을 연장할 수는 있으나 오성과 완 전성을 위한 노력이 성공하는 데 필요한 상태를 악화시킨 다. "우리의 본성과 공통점이 있는 것으로 인해 우리에게 악 이 될 수 있는 것은 아무것도 없다. 그러나 우리에게 악이 되는 한 그것은 우리와 반대된다."[22] 따라서 앞서 보았듯이 더 작지만 더 즉각적인 선을 위해 장기적이고 영구한 선을 절대 희생시키지 않는 자유롭고 이성적으로 유덕한 사람은 기만행위가 경우에 따라 그리고 단기적으로 자신의 지속적 삶을 연장시킬 수 있다는 점을 알지만, 장기적으로는 외부 상황의 악화를 초래하여 결국 자신의 완전성을 저해할 수 있다는 사실도 안다. 그러므로 생명을 지키는 유일한 길이 자신의 품성을 약화시키고 삶의 질을 저하시키는 방법뿐이라면 이성은 자유인이 생명 연장을 선택하게 두지 않는다. 다시 말해 자유인에게는 덕이 지속적인 생존보다 훨씬 더 중요하다. 자유인의 이성적 덕이야말로 삶을 살 가치가 있게 만드는 것이다. 덕을 희생해야 생명 연장이 보장되는 경우라도 자유인은 절대 타협하지 않는다.[23]

이렇게 자유인의 노력이 삶의 지속 그 이상을 위한 노력이라고 코나투스 이론을 해석하면 적어도 스피노자의 이론 체계의 일관성 면에서나 직관적인 타당성 면에서 자유인의 무조건적인 정직은 문제가 없어 보인다. 이성은 자유인에게 절대 "배신행위를 통해 현재 당면한 죽음의 위험에서 스스로를 구하라고" 권하지 않는다는 스피노자의 말은 진심이다. 자신의 생명을 구하는 대가(자신의 이성적 덕 그 자체를 영원히 상실하는 일)가 너무나 크기 때문이다.

스피노자는 그 누구도 어떤 상황에서도 절대 거짓말이나 기만행위를 하지 말아야 한다고 주장하는 것일까? 정리 72는 자유인이 어떻게 이성의 지도에 따라 행동하는지에 관한 내용이다. 그렇다면 자유롭지 않고 유덕하지 못한 사람은 기만적으로 행동할 수 있고 심지어 때로는 그렇게 행동해야 한다는 가능성을 열어 둔 것일까?

일부 학자들은 스피노자가 이를 용인하고 있으며 용인할 수밖에 없다고 주장한다. 이들의 관점에 따르면 스피노자는 거짓말에 대한 일반적이고 절대적인 원칙을 제기하지 않는다.[24] 기만적으로 행동하는 것이 자유인에게 합리적으로 이롭지 않다 하더라도(이성에 따라 행동하는 한 절대 그렇게 행동하지도 않겠지만), 자유인에게 선한 것이 반드시 다른 사람들에게도 선하리라는 법은 없다. 자유롭기를 바라고 그러한 상태를 이루기 위해 능동적으로 노력하지만 아직 거기에 도달하지 못한 사람은 자유인이라면 절대 용인하지 않을 행위를 해야 할 수도 있다. 게으른 부자가 되고 싶은 가난한 사람이 은퇴한 억만장자처럼 여유롭고 빈둥거리면 안 되는 것처럼, 자유롭지 않은 사람도 자유인처럼 행동해서는 안 된다. 적어도 그러한 최고 수준의 덕을 달성할 때까지 오래 살고 싶다면 말이다.[25] 자유를 획득하기 위해 노력하지만 이상적 수준에 아직 도달하지 못한 사람, 그래서 아직 그런 자유의 이점을 누리지 못하는 사람은 자신의 삶을 보존하고 연장하기 위해 이용 가능한 모든 수단을 이용해서 궁극적으로 거기에 도달할 수 있도록 해야 한다. 비록 그것이 속임수나 배신행위를 필요로 하더라도 말이다. 이들의 주장은 결국 자유인은 절대 기만적으로 행동하지 않을지 몰라도 다른 사람들은 분명 그렇게 할 수밖에 없다는 것이다.

이러한 주장은 설득력이 있다. 자유롭지 못한 사람은 실제로 그의 본성 또는 필연성에 의해 경우에 따라, 아마도 많은 경우에 기만적으로 행동한다. 이것은 온전히 경험을 토대로 한 기술로서 의심의 여지없는 사실이다. 자유롭지 못한 사람은 자신의 존재 지속을 위해 거짓말을 하고 속임수를 쓴다. 그런 사람은 실제로 자유인이라면 하지 않을 행위를 많이 한다. 그리고 어떤 의미에서는, 결국 이성적으로 유덕한 인간이 되고 싶은 사람이라면, 그렇게 하는 것이 잘하는 일이다.[26]

그러나 (여기가 중요한 지점이다.) 자신의 생명을 구하기 위한 목적이라도 거짓말을 하거나 남을 속이는 것은 이성의 지시에 따라 하는 것이 아니며 이성의 지시에 따라서는 그렇게 할 수도 없다. 다시 말해 유덕하게 또는 자유롭게(스피노자가 말한 '자유'의 의미에서) 행동하는 것이 아니다. 스피노자가 정리 72의 주석에서 말하듯이, 이성이 무언가를 권한다는 것은 모든 사람에게 그들이 처한 상황을 막론하고 보편적으로 권한다는 의미다. 따라서 이성이 자유인에게는 이것을 권하면서 다른 사람에게는 다른 것을 권하는 일은 있을 수 없다. 물론 자유의 수준이 낮은 사람에게는 거짓말이나 남을 속이는 일이 능력의 증대나 상당한 생명 연장을 가져온다는 점에서 선할 수도 있다. 다시 한번 말하지만 경험을 토대로 기술하자면 그런 이성적으로 불완전하고 정념에 이끌리는 사람이 살아남기 위해 거짓말을 하고 남을 속일 수 있는 것도 사실이다. 그러나 정말로 선한 것이 이상적인 상태, 즉 자유인의 상태에 더 가까이 가도록 만들어 주는 것이라면 그런 행동은 참된 선이 아니다. 자유란 이성의 지도에 따라 살고 행동하는 것이다. 자유로워지기를 바라는 사람은, 단지 현재보다 조금만 더 자유로워지길 바라는 사람이더라도, 이성의 지도에 따라 살고 행동해야 한다.

　이성은 자유인에게는 인간 본성의 완전성을 보존할 것을, 아직 자유인이 아니라면 자유인이라는 이상적 상태에 한발 더 가까이 갈 것을 보편적으로 명령한다. 그리고 자유인과 더 자유로워지기 위해 노력하는 사람을 포함한 모든 사람에게 사기와 기만을 비롯하여 진정한 자유를 획득하기 더 어렵게 만드는 일을 보편적으로 금지한다.[27] 자유인은 언제나 정직하게 행동하고 절대 기만적으로 행동하지 않는다. 자유롭지 못한 사람도 언제나 정직하게 행동해야 하며, 궁극적으로 자유인이 되기를 바란다면 절대 기만적으로 행동해서는 안 된다.

이기주의는 오랜 세월 나쁜 것으로 간주되어 왔다. 이기주의라는 용어 자체가 모든 사람이 자기만을 위해 살고 자기 잇속을 챙기는 데 도움이 되는 경우가 아니면 타인을 거들떠보지 않는 타락하고 부도덕한 세상을 떠올리게 하는 경향이 있다. 이런 세상은 홉스가 말한 끔찍하고 야만적인 자연 상태까지는 아닐지라도 그보다 썩 더 낫다고도 할 수 없다.

인간은 기본적으로 자각하든 자각하지 못하든 언제나 자기 이익에 따라 행동한다는 심리적 이기주의는 인간 본성을 다소 어둡고 과도하게 비관적으로 바라보는 것처럼 보인다. 물론 이에 반대하는 사람들은 인간의 행동이 이타적 동기를 갖는 경우도 있다고 주장한다. 우리는 부모나 연인, 친구로서 진정으로 자신을 희생하는 행동을 할 때도 있으니 말이다. 인간이 언제나 자신에게 이로운 것을 추구하고 자신에게 이익으로 돌아오는 일을 해야 한다고 보는 윤리적 이기주의(그렇게 행동하는 것이 옳고 나아가 도덕적 의무라고 간주한다.)는 더 많은 오해를 받아 왔다. 이 이론은 언뜻 보기에 자신이 욕망하는 것을 얻고 이기적인 목표를 달성하기 위해 타인의 권리와 행복을 유린하거나 무시하는 최악의 행동을 용인하고 심지어 요구하는 것처럼 보인다. 그러나 그런 비난받을 만한 행동을 허용하는 철학은 인간의 평범한 직관적 도덕관에 의거하면 윤리적이라고 말하기 힘들 것이다.

그렇다면 자유와 훌륭한 삶에 관한 스피노자의 이론도 그런 비난의 대상이 되는가?

앞서 확인했듯이 스피노자는 심리적 이기주의자로 잘 알려져 있다. 그는 자연 속의 모든 개체가 성취하려는 것이든 피하려는 것이든 그들이 욕망하고 행하는 모든 것은 근본적으로 자신의 코나투스를 유지하고 증대하려는 노력으로 추동된다고 주장한다. 인간은 언제나 필연적으로 우리의 행복을 증진해 줄 것 같은(실제 그렇든 그렇지 않든) 것만을 추구하고 싶어 하고(즉 욕망하고), 우리의 상태를 약화시킬 것 같은 것은 꺼려 한다. "우리는 기쁨을 가져다줄 것으로 표상하는 것은 무엇이든 실현하려고 노력하고 그 반대라고 표상하는 것, 즉 슬픔을 가져다줄 것으로 표상하는 것은 무엇이든 막거나 파괴하려고 노력한다."[1] 가장 중요한 것은 존재 지속을 위한 노력이다. 그것은 "인간의 본질 그 자체로, 그것의 본성으로부터 필연적으로 인간의 보존을 증진하

선의와 친교

는 것들이 나온다." 스피노자는 그래서 인간이 자신의 보존을 증진하는 것들을 "행하도록 결정되어 있다"고 말한다.[2]

또 스피노자는 덕을 본질적으로 존재 지속과 능력 증대를 성공적으로 추구하는 것이라고 정의했기에 정당한 이유가 있는 윤리적 이기주의자라고도 할 수 있다.[3] 인간은 선한 것을 추구하는 한 별 탈이 없는데, 무엇이 진짜 선하고 선하지 않은지 구별할 수 있는 사람은 유덕한 사람뿐이다. 그리고 모든 조건을 고려할 때 참된 선은 자신에게 유익하고 존재 지속을 위한 자신의 노력에 도움이 되는 것이다. "우리에게 절대적으로 유덕한 행동은 자기 이익 추구에 기초하여 이성의 지도에 따라 행동하고 살고 자신의 존재를 보존하는 것(이 세 가지는 같은 것을 의미한다.)일 뿐이다."[4]

이제 문제는, 과연 그럼에도 스피노자의 도덕철학에 나타나는 순수하고 예외 없는 이기주의가 우리가 보통 윤리적이라고 말하는 타인을 대하는 방식에 대한 규범적 기초를 제공할 수 있는가 하는 것이다.[5] 더 정확하게는 자유인의 덕과 행복이 다른 사람들의 덕과 행복을 대가로 얻어지는가 하는 것이다. 윤리란 단지 자기 이익을 추구하는 문제만이 아니라 친절하고 사려 깊게 타인을 대하는 문제이기도 하다는 당연한 전제, 뻔뻔한 윤리적 이기주의자들은 반대하겠지만 대부분의 사람에게는 직관적으로 파악되는 전제를 고려할 때, 『에티카(윤리학)』의 어떤 점이 그렇게 윤리적이냐고 묻는 것도 무리는 아니다. 과연 인간이 다른 인간을 대하는 올바른 방식에 대해 스피노자가 하려는 말은 무엇일까?

———————

앞서 확인했듯이 도덕철학이 개인의 행복 또는 번영의 달성에 관한 것이라는 견해는 역사적 뿌리가 뚜렷하다. 고대 철학자들에게 윤리는 주로 그들의 관점에서 인간에게 좋은 삶이란 무엇이고 그 삶을 어떻게 영위할 것인가에 관한 것이었다. 덕에 관한 그들의 논의는 인간이 어떻게 에우다이모니아, 즉 행복을 획득할 것인가를 밝히는 데에 있었다. 유대교, 기독교, 이슬람교 전통의 중세 철학자들은 지복과 구원을 탐구했다. 타인에 대한 본분을 다하는 행동이라는 주제가 윤리 사상을 지배하게 된 것은 중세 이후, 특히 칸트가 등장하면서다.[6] 따라서 윤리에 관한 17세기 저서가 타인에게 어떤 의무를 다해야 하는지를 설명하고 증명하기를 기대하는 것은 시대착오적인 생각일지 모른다.

비록 의무론적 도덕철학이 이해하는 방식의 도덕적 의무에 그다지 관심이 없긴 했지만, 고대·중세·근대 초기 철학자들도 사회적 또는 타인 지향적 덕을 고찰하기 위해 윤리적 문제를 다룰 때는 그것을 자신들의 과제로 인식했다. 플라톤, 아리스토텔레스를 비롯한 철학자들은 친교와 공동체를 좋은 삶의 필수적 요소로 보았다. 그 결과 정의는 정신의 힘, 절제, 신중함과 함께 기본적 덕에 속하고, (믿음과 희망을 보완하는) 자선은 신학적 덕에 포함되었다. 따라서 품성과 행동은 행위자의 행복에 어떻게 기여하는지뿐 아니라 동료 인간들에게 어떤 영향을 미치는지에 따라 평가된다고 보았다.

스피노자는 『에티카』라는 제목의 저서라면 응당 인간이 타인에게 어떻게 행동할지에 대해서도 다뤄야 한다는 것을 잘 알고 있었다. 그래서 4부에서 일련의 정리를 통해 이성의 지도에 따라 사는 사람이 타인을 대할 때 필연적으로 어떻게 행동하는지에 대해 설명한다. 스피노자에게 주어진 도전은 온전히 자기 이익에 의해 추동되는 이성적 행위자도 다른 사람을 대할 때에는 이타성에 대한 더욱 확고한 기대와 함께 우리가 윤리적이며 유덕하다고 인정할 만한 선의의 방식으로 행동하려 한다는 점을 설명하는 것이었다.

———————

대부분의 이기주의와 마찬가지로 스피노자의 이기주의도

분명 자신에게 어떤 이익으로 되돌아올지에 대한 명확한 의식 없이 다른 사람들의 안녕을 목표로 행동하는 것을 용납한다.[7] 어느 학자의 말처럼 스피노자는 "이타주의라는 현상을 부정할 필요가 없다." 오히려 그는 "이런 현상의 인과적 근원이 언제나 하나의 심리적 힘, 즉 인간의 자기 보존을 위한 노력에 있다."라는 생각에 집중한다.[8]

그러나 우리의 관심사는 스피노자와 마찬가지로 자유인의 삶, 즉 이성적으로 유덕하며 무엇을 왜 해야 하는지 완벽히 인식하고 있는 인간의 삶이다. 만약 훌륭한 삶을 추구하는 과정에서 그가 타인의 삶에 긍정적인 영향을 미치는 일을 하게 된다면, 그것은 의식적이고 원칙에 입각한 방식으로 이루어질 것이다.

이기주의에 기반한 도덕철학이 다른 사람을 대하는 법을 직관적인 윤리 기준에 들어맞게 만드는 단순하고 쉬운 방법이 하나 있다. 그것의 핵심은 황금률, 즉 "네가 남에게 바라는 대로 남에게 해 주어라."라는 원칙에 잘 나타난다. 다시 말해 이기적 동기로 추동되는 행위자도 남들이 자신에게 똑같이 해 줄 것이라는 이유에서 남들에게 호의적으로 행동할 수 있다는 말이다. 타인에게 친절히 대하는 이유가 그래야만 타인도 내게 친절하기 때문인 것이다.[9]

그러나 스피노자의 이론 체계에서는 무엇도 단순하고

쉽게 해결되지 않는다. 황금률은 왜 인간이 다른 사람에게 친절하게 대해야 하는지(그래야 남들도 자신을 친절하게 대할 것이라서)에 관한 스피노자 설명의 핵심을 잘 포착하는 것처럼 보인다. 그러나 『에티카』에 등장하는 유덕한 인간은 자신의 사려 깊은 행동에 대한 보답으로 다른 사람의 선의를 이끌어 내려 하지 않는다. 황금률이 상대방의 즐거움이나 감사하는 마음 또는 그가 받은 대우에 대한 의무감에 기초한 호혜적 선의를 기대하는 것이라면, 이는 당사자 양쪽 모두의 정념에 근거한 것이라고 볼 수 있다. 게다가 다소 위험 부담이 있는 도박처럼 보이기도 한다. 다른 사람이 어떻게 행동할지는 아무도 알 수 없기 때문이다. 매우 이기적인 동기로 움직이는 사람이라면 더욱 그렇다. 보답에 대한 기대가 다른 사람이 어떻게 행동할지에 관한 정확하고 확실한 인식에 기초하고 있다 하더라도, 이것으로 스피노자의 이성적으로 유덕한 사람을 설명하기에는 충분치 않다.

희망이 아니라 이성에 이끌려 사는 자유인은 단순히 사회에서 어울려 지내야 하는 사람들의 행동을 변화시키기보다 그들의 인격을 변화시켜 그 사람들 자체를 완전히 바꾸고 싶어 한다. 유덕한 인간은 다른 사람들도 유덕한 인간으로 만들고 싶어 한다. 이런 의미에서 유덕한 인간의 목표는 소크라테스와 유사하다. 플라톤의 『소크라테스의 변론』

에서 소크라테스는 자신이 동료 시민들을 타락시켰다는 혐의에 대해 터무니없는 고발이라고 반박한다. 그는 이성적인 사람이 타락한 시민들과 함께 살고 싶어 하지 않는다는 것을 이유로 들면서 "내 벗의 인격을 망쳐 놓으면 그로부터 해를 입을 각오를 해야 한다는 것을 깨닫지 못할 정도로 내가 그렇게 형편없이 무지하겠는가?"[10]라고 한탄했다. 소크라테스와 마찬가지로 스피노자의 유덕한 인간도 함께 살아가야 할 사람들을 발전시키는 것을 목표로 한다. 자유인이 원하는 것은 바로 다른 사람들을 자기처럼 만드는 것이다.

타인을 향한 유덕한 행동을 스피노자 철학으로 설명하는 다른 방법은 무작위의 경험과 표상으로부터 나오는 부적합한 관념인 1종 인식에 있다. 사랑이 외부 원인의 관념을 동반하는 기쁨인 수동적 정서일 때 인간은 자기 능력을 증대시켜 주는 것을 사랑한다. 따라서 스피노자는 인간이 자신에게 기쁨을 가져다주거나 자신이 사랑하는 사람, 자신을 사랑한다고 믿는 사람들을 이롭게 하기 위해 노력한다고 설명한다.[11] (또 자신이 미워하는 사람이나 사물을 미워하는 타인도 이롭게 하려고 노력한다.) 그러나 다른 사람에 대한 그러한 호의는 능동적 정서가 아닌 수동적 정서인 정념에 기반한 것으로, 윤리적 행위에 대한 근거로는 불안정하고 불확실하다. 강렬한 사랑은 달이 차고 기울듯이 커지기도 하고 작아지기도 한다. 그것은 자기 외부에 있는 다른 사람이나 사물로부터 자극을 받아 변화하는 변덕스러운 방법에 지나치게 좌우되므로 거기서 비롯되는 사려 깊은 행동도 마찬가지일 수밖에 없다. 유덕한 인간은 보통 수동적 정서에 의한 사랑에 근거하여 행동하지 않으며, 단순히 자신을 향한 타인의 수동적 정서에 근거한 사랑에 의지하지도 않는다.

연민 때문에 타인에게 호의적으로 행동하는 사람들도 마찬가지라고 할 수 있다. 스피노자는 연민을 "다른 사람이 입은 피해에서 야기된 슬픔"이라고 정의한다. 더 정확히 말하면 그는 "자기가 사랑하는 것이 기쁨 또는 슬픔으로 자극받아 변화된다고 표상하는 사람은 스스로도 기쁨 또는 슬픔으로 자극받아 변화된다."[12]라고 주장한다. 우리는 우리가 아끼는 누군가가 고통받는 것을 보면 연민을 느끼고 그들의 고통을 줄여 주기 위해, 특히 그들의 고통에 공감하는 나의 고통을 줄이기 위해 우리가 할 수 있는 일을 하려고 한다. 사랑하는 마음에서 남을 돕는 사람은 기쁨, 즉 자신의 코나투스의 증대로 마음이 움직이는 반면 연민 때문에 타인을 돕는 사람은 코나투스의 저하, 즉 슬픔에 의해 마음이 움직인다. 거듭 말하지만, 그런 이타적 행위는 칭송받을 만한 일처럼 보이기도 하나(스피노자도 "연민은 도덕성의 외관을 가지고 있다."[13]라고 말한다.) 자유롭고 이성적으로 유덕한 인간이 행동하는 방식은 아니다. 실제로 스피노자는 "이성의 지도에 따라 사는 사람에게 연민은 그 자체로 악이며 무용하다."라면서 "이성의 명령에 따라 사는 사람은 가능한 한 연민에 의해 마음이 움직이지 않도록 노력한다."[14]라고 주장한다. 자유인은 절대 슬픔을 비롯한 어떤 정념에 의해서도 행동하지 않는다.

　이렇게 보면 유덕한 인간은 차갑고 매정한 존재처럼 보일 수 있다. 그러나 이는 스피노자를 오독한 것이다. 앞에서 보았듯이 자유인에게도 다양한 종류의 감정이 있다. 그러나 중요한 것은 단순히 무엇을 하느냐가 아니라 그것을 왜 하느냐이다. 자유인을 자유롭게 만드는 것은 그가 능동적 사랑, 능동적 기쁨 등 능동적인 정서에 의해 마음이 움직인다는 사실이다. 코나투스와 욕망이 희망이나 사랑 또는 연민과 같은 정념의 지배를 받는 사람은 덕이 아닌 예속 상태에 있는 것이다. 그런 사람의 행동은 그가 선하고 올바르다고 정확히 인식하고 있는 것에 의해 결정되는 것이 아니라 어쩌다 그를 기쁨이나 슬픔, 즐거움이나 고통으로 자극하여 변화시킨 것에 의해 좌우된다. 스피노자가 말했듯이 그런 사람은 무능력하며, 이 "무능력은 오직 인간이 외부 사물들에 휘둘리고, 그 자체로 고찰된 자기 본성이 요구하는 것이 아니라 외부 사물들의 일반적인 성질이 요구하는 대로 행동하도록 결정되는 데에 있다."[15]

진정으로 유덕하고 이성적인 사람을 움직여 타인을 관대하고 윤리적으로 대하게 하는 것은 수동적 정서가 아니다. 현명한 이기주의자는 자신의 안녕뿐 아니라 타인의 안녕도 추구하는데, 그가 그렇게 행동하는 것은 타인에 대한 사랑, 보답에 대한 기대, 상대방이 자신에게 못되게 굴지도 모른다는 두려움, 다른 인간에 대한 동정심, 위협이나 연민 때문이 아니다. 현명한 이기주의자는 수동적이지 않고 능동적이며, 이성이 그것을 명령하므로 그리고 그것이 옳고 선하다는 것을 알기에 그렇게 행동한다.

그래서 스피노자는 선의와 도의심이라는 두 가지 개념을 명확히 구분하면서, 선의(benevolentia)를 "우리가 이롭게 하고 싶어 하는 사물에 대한 연민에서 생기는 선을 행하려는 의지나 충동"으로, 도의심(pietas)을 "이성의 지도에 따라 삶으로써 우리 안에 생기는 선을 행하려는 욕망"으로 정의한다.[16] 자유인은 선의가 아닌 도의심으로 움직인다.

———————

스피노자는 인간의 형이상학과 자연의 모든 사물이 지닌 노력이라는 특징과 밀접하게 관련된 정리를 통해 도의심(나는 이것을 정념에서 비롯되는 선의와 구별하기 위해 '능동적 선의'라고 해석할 것이다.)에 관한 논의를 시작한다. 그에 따르면 "사물은 우리의 본성과 일치하는 한 필연적으로 선이다."[17] 정직을 다룬 7장에서 이 정리와 관련 정리들을 간략히 다뤘는데, 이제 이것들이 무엇을 함의하는지 더 깊이 들여다보자.

나의 본성과 일치하는 사물은 나의 본성을 보존하는 데 필연적으로 도움이 되기에 나에게 선하다. 나의 본성과 일치하는 사물도 다른 것과 마찬가지로 반드시 자기 본성을 보존하기 위해 노력하기 때문에, 그것의 본성이 나의 본성인 한, 필연적으로 나의 본성을 보존하기 위해 노력할 것이다. 이는 그 정리의 증명에 잘 드러난다.

사물은 우리의 본성과 일치하는 한 악이 될 수 없다. 그러므로 그것은 반드시 선이거나 선도 악도 아닌 것이어야 한다. 만일 후자라면, 즉 그것이 선도 아니고 악도 아니라면, 그것의 본성에서는 우리의 본성을 보존하는 데 도움이 되는 것, 다시 말해 (가정에 의해) 그 사물 자체의 본성의 보존에 도움이 되는 것이 아무것도 나오지 않을 것이다. 그러나 이것은 부조리하다. 따라서 사물은 우리의 본성과 일치하는 한 반드시 선이다. Q.E.D.[18]

반면 사물의 본성이 나의 본성과 다르거나 나의 본성에 반한다면 그 사물은 내게 선도 악도 아니거나 악이다.(내 본성에 반하고 내 본성과 일치하는 것에 반하므로 그 사물의 본성의 보존에 필연적으로 불리하게 작용하기 때문이다.) 계는 이렇게 덧붙인다. "사물은 우리의 본성과 일치할수록 우리에게 더 유용하거나 더 선하다." 스피노자 주장의 핵심은 본질적으로 본성이 일치하는 것들은 서로에게 선하고 필연적으로 서로의 발전에 기여한다는 것이다.

이 주장은 그동안 많은 학자들의 비판을 받아 왔는데, 그들은 대부분 이 주장에 오류가 있다고 보았다.[19] 다른 사람과 내가 같은 인간으로서 일반적인 본성을 공유한다고 해서 그 본성을 구현하려는 그 사람의 노력이 그 본성에 대한 나의 구현을 대신할 수는 없기 때문이다. 그럼에도 스피노자는 "우리의 본성과 완전하게 일치하는 것들보다 더 탁월한 것"은 없고 자신의 본성과 동일한 것, 즉 자신과 매우 유사한 다른 인간과 결합하는 일보다 자기 보존에 더 좋은 것은 없다고 결론 내린다. 그러므로 덕에 근거하여 이성의 지시에 따라 이성적으로 행동하는 사람은 다른 사람의 덕과 이성을 증진시켜 그들의 본성이 자신의 본성과 같아지도록 행동한다. 다시 말해 그는 다른 사람들을 대할 때 그들의 코나투스나 활동 능력이 증대되어(이것이 곧 덕이다.) 그들의 삶이 개선될 수 있도록 행동한다. 그리고 그렇게 행동하는 이유는 이기적 동기로 추동되는 그도 그렇게 하는 것이 자신에게 이롭다는 것을 오직 이성을 통해 알기 때문이다.

그러나 여전히 모호한 부분이 많다. 나와 매우 유사한 타인이 있을 때 내게 가장 이롭다는 말은 흥미로운 이야기고 어쩌면 사실일 수도 있지만 크게 도움이 되는 정보는 아니다. 어떻게 다른 사람의 인격을 개선하여 이익을 얻는지 조금 더 자세한 설명이 필요하다. 다른 사람이 스스로 발전하여 덕과 이성의 삶으로 나아가도록 돕는 일이 정확히 어떻게 나의 행복을 증진시키는가? 다른 사람의 능력을 증대시키고자 노력하는 일이 이성에 따라 사는 유덕한 사람인 내게 왜 이로운가? 왜 나는 그들을 위해 그들을 나와 같게 만들려고 애써야 하는가?

이 질문들에 답할 수 있는 아주 단순하고 정량적인 방법이 하나 있다. 그것은 한마디로 '백지장도 맞들면 낫다'이다. 특히 선과 악이 무엇인가와 같은 중요한 문제에서 의견이 일치할 때는 더욱 그렇다.

예를 들어 완전히 동일한 본성을 지닌 두 개체가 서로 결합한다면, 각각의 능력보다 두 배 강한 능력을 지닌 하나의 개체를 형성하기 때문이다. 그러므로 인간에게 인간보다 더 유용한 것은 없다. 말하건대 인간이 바랄 수 있는 자신의 존재 보존에 가장 도움이 되는 것은 모든 이가 모든 것에서 일치하여 모든 이의 정신과 신체가 말하자면 하나의 정신과 하나의 신체를 구성하고, 모두가 함께 가능한 한 자신의 존재를 보존하기 위해 노력하며, 모두가 함께 스스로 모든 이의 공통된 이익을 추구하는 것이다.[20]

이 구절도 명확하지 않은 부분이 많지만, 스피노자는 두 사람이 모이면 능력이 두 배가 됨으로써 능력이 강화된다고 주장하는 것으로 보인다. 마치 에너지 음료 두 병이 신체에 두 배의 에너지를 제공하고, 차를 밀 때도 한 사람보다는 두 사람이 더 잘 밀 수 있는 것처럼 말이다. 이는 "우리의 활동 능력은 (……) 우리와 공통점이 있는 다른 개물의 능력에 의해 결정될 수 있으며, 따라서 그것의 도움을 받을 수도 있고 제약을 받을 수도 있다."[21]라는 그의 주장으로 추측할 수 있다. 본성이 동일하여 같은 목적(그 본성의 보존)을 위해 노력하는 두 사물은 그 목적을 위한 능력이 강화되므로 목적을 성공적으로 달성할 수 있는 가능성도 높아진다. 다시 말해 다른 사람들의 삶을 개선하려는 노력을 통해 자신의 목적(동일한 본성 때문에 자신의 목적이 곧 다른 사람의 목적이 된다.)을 실현하는 데 기여할 수 있는 협력자를 만들어 내

는 것이다.[22]

물론 인간은 서로 같지 않은 한에서도 서로에게 유용하다. 목수들 혹은 철학자들로만 이루어진 공동체는 다양한 능력과 기술을 지닌 사람들이 서로를 보완해 주는 공동체보다 훨씬 비효율적일 것이다. 그러나 여기서 스피노자가 의도한 더 중요한 핵심은 인간은 더 깊고 일반적인 측면인 인격에서 서로 일치하는 한에서만, 그래서 공통의 계획과 사물에 대한 공통된 사고를 지니는 한에서만 서로에게 선하고 유용하다는 점이다.

정직에 관한 논의에서도 확인했듯이 인간을 분열시키고 서로 적대하게 만드는 것은 공통점이 아니라 차이와 특수성이다. 그리고 미움, 분노, 질투에 관한 논의에서 본 것처럼 동일인에게 일어나는 시간에 따른 차이와 변화는 말할 것도 없고 인간들 사이의 견해 차이를 야기하는 데 가장 크게 기여하는 것이 바로 정념이다. 인간 사회에서 나타나는 가장 극심한 견해 차이와 불화는 사물을 어떻게 지각하고 느끼느냐와 관련이 있다. "인간은 정념에 휘둘리는 한 본성에서 일치를 이룬다고 말할 수 없다. (……) 인간이 수동적 정서에 의해 고통받는 한 그들의 본성은 일치하지 않을 수 있다. 또 그러는 한 동일한 인간도 변하기 쉽고 일관성이 없다."[23]

선의와 친교

우리의 신체적 차이와 우리가 접촉하는 객체들의 차이 그리고 그것들이 우리를 자극하여 변화시키는 방식의 차이(여기에는 한 개인이 일생 동안 겪는 변화도 포함될 수 있다.)는 세상을 지각하고 그것에 반응하는 아주 다양한 방법을 야기한다. 인간의 불화는 사물에 대한 우리의 수동적 욕망은 물론 감각 경험과 표상의 부적합한 관념을 통해 우리가 일상에서 중요하게 여기는 사물들에 관한 기본적인 사실, 즉 모든 사람이 소유에 있어 동등하지 않다는 사실에 근거한다. 수동적인 욕망은 유한하고 변하기 쉬운 물건을 향하는 경향이 있는데, 이러한 것들은 한 사람 내지 소수의 사람만 획득할 수 있는 경우가 대부분이다. 따라서 그런 욕망들은 (그리고 그 욕망의 대상들은) 자주 충돌을 일으킨다.

베드로라는 사람은 바오로가 느끼는 슬픔의 원인이 될 수 있는데, 이는 베드로가 바오로가 싫어하는 것과 유사한 것을 갖고 있기 때문이거나, 바오로도 사랑하는 무언가를 혼자 소유하고 있기 때문이거나, 또는 다른 이유 때문이다. (……) 그 결과 바오로는 베드로를 미워하게 될 것이다. 그에 따라 베드로도 바오로를 싫어하게 되어서 (3부 정리 39에 의해) 두 사람이 서로를 해치기 위해 노력하는 일이 쉽게 일어날 것이다. 다시 말해 두 사람은 서로 반대되게 된다. 그러나 슬픔이라는

감정은 언제나 정념이다. 그러므로 인간은 정념에 의해 지배되는 한 서로 반대될 수 있다.[24]

이처럼 정념에 사로잡힌 삶은 갈등으로 점철된 삶이다. 반면 이성에 따라 사는 유덕한 인간들은 "본성이 일치한다."[25] 이것은 소극적인 의미와 적극적인 의미 모두에서 이해될 필요가 있다. 소극적 의미로 보면, 그들의 본성이 일치하는 이유는 인간으로서의 공통점 외에 차이를 만드는 요소인 정념이 줄어들기 때문이다.

더 중요한 적극적 의미에서 보면, 이성에 따라 사는 인간들은 같은 것을 중요하게 여기고 같은 선을 추구한다. 베드로와 바오로 같은 라이벌의 경우와는 달리 유덕하고 이성적인 사람들이 중요하게 여기고 추구하는 최고의 선은 앞서 확인한 것처럼 제로섬 경쟁에서 볼 수 있는 유한하고 일시적인 것이 아니다. 최고의 선은 영원하고 사라지지 않으며 모두가 똑같이 나눌 수 있는 것이다. "덕을 추구하는 사람들의 최고의 선은 모두에게 공통된 것으로 모든 이가 똑같이 향유할 수 있다."[26] 그 선은 바로 인식이다.

이제 스피노자의 주장이 조금 명쾌해 보인다. 이성적으로 유덕한 행위자인 내가 다른 사람을 도와 그 사람이 유덕해지고 이성에 따라 살 수 있게 된다면, 그 사람은 그의 본성, 곧 인간 본성에 진정으로 선한 일만 행할 것이다. 그런데 이 본성은 바로 그가 나를 비롯한 다른 모든 인간과 공통적으로 지닌 것이다. 그러므로 새로이 이성에 따라 살게 된 그 사람이 하는 노력은 이제 그 자신뿐 아니라 나를 포함한 모든 인간에게 선한 것이다. "이성의 지도에 따라 사는 한 인간은 반드시 인간 본성에 선한 것들, 따라서 모든 개인에 선한 것들, 즉 각 인간의 본성과 일치하는 것들만 행한다."[27] 무엇보다 이성에 따라 사는 사람은 모든 사람에게 선한 참된 선인 인식과 오성을 추구하고, 그렇기 때문에 인간의 존재 지속을 위한 노력에 도움이 되는 행동을 한다. 이것이 바로 스피노자가 "자연에서 이성의 지도에 따라 사는 인간보다 인간에게 더 유용한 개물은 없다."라고 말하면서 "인간은 각자가 (이성의 지도에 따라) 자신에게 유익한 것을 가장 많이 추구할 때 서로에게 가장 유용하다."[28]라고 결론 내린 이유다.

　　그러한 이유로 다른 사람을 보다 이성적으로 만드는 일은 나에게 유익하며, 내가 이성적으로 유덕하다면 이 사실을 알고 그렇게 행동할 것이다. 더 일반적으로 이야기하면 이성적으로 유덕한 사람은 누구나 이성적으로 유덕한 타인들과 함께 지내는 편이 자신에게 유리하다는 것을 안다. 그들은 모두 참된 인간 선을 극대화하여 그들의 공통된 본성을 완전하게 만들려는 목표를 지니기 때문이다. 그러므로 이성적으로 유덕한 사람은 행동을 통해 기꺼이 다른 사람들이 이성적으로 유덕한 상태에 이르도록 돕는다. 다시 말해 다른 사람들, 특히 유해한 정념에 가장 많이 휘둘리는 사람들을 능동적 선의와 관대함, 정의, 박애의 태도로 대한다. "이성의 지도에 따라 사는 사람은 가능한 한 자신을 향한 타인의 미움, 분노, 경멸을 사랑이나 관대함으로 대응하려고 노력한다."[29]

이는 타인을 향한 능동적 선의라는 이성적 덕과 타인도 이성적으로 유덕하게 만들어 그들의 삶을 개선하려는 노력에 대한 이기주의적 근거를 설명하는 스피노자 주장의 핵심처럼 보인다. 그러나 자유롭고 이성적으로 유덕한 인간에게 미치는 이성적으로 유덕한 타인의 효용에는 그 타인이 추구하는 것들이 일반적으로 인간 본성에 선하다는 사실, 그래서 모든 이에게도 본인에게도 선하다는 아주 일반적인 사실 이상의 것이 존재한다. 스피노자의 설명에는 타인의 덕과 성장 그리고 나의 행복 사이에 존재하는 또 다른 관련성이 있는데, 이 역시 나를 위해 타인의 삶을 향상시켜야 하는 이유를 설명해 준다.

이성에 따라 사는 사람은 시기, 질투, 미움과 같은 분열을 일으키는 유해한 정념들, 곧 나의 노력을 방해하게 만드

선의와 친교

는 정서들에서 자유롭고 일반적으로 인간에게 선한 것을 증진하기 때문에 나의 존재 지속과 발전을 위한 이성적 노력에 유용할 뿐 아니라 나의 개별적인 노력에 적극적이고 직접적인 도움이 될 가능성이 높다. 왜냐하면 그가 이성적인한, 내가 더 이성적이고 자기 결정 능력이 좋아질수록 훌륭한 삶을 추구하려는 그의 노력을 방해하고 분열을 조장하는 정념에서 자유로워지며 그의 삶을 발전시키는 것이 곧 나에게도 유익한 일임을 깨닫게 된다는 사실을 명석판명하게 인지할 것이기 때문이다.

다시 말해 내가 그의 삶을 발전시키는 만큼, 그는 나를 도와 내 삶을 발전시킬수록 내가 그에게 더 유용해질 것이라는 사실을 분명하고 명확하게 알게 된다. 그가 나의 활동 능력이 증대되도록 돕는 일이 자신에게도 유익하다는 사실을 깨닫는 것이 나에게도 이롭다. 그러므로 나에게 보답으로 제공할, 곧 상호 호혜적인 선의 때문이 아니라 현명한 공동의 자기 이익 때문에 제공할 바로 그의 고유하고 개인적이며 적극적인 도움을 위해 그가 더 좋은 삶을 살 수 있도록 돕고자 한다는 것은 일리가 있는 말이다.

또 스피노자는 이성적이고 유덕한 사람들과 함께하는 것이 이성에 따라 살겠다는 인간의 욕망을 긍정적으로 강화함으로써 완전성을 추구하는 데에 큰 도움이 된다고 생각할 뿐 아니라 이성적 인간이 이런 강화를 선하고 바람직한 것으로 본다고 믿는다. 정서에 관한 분석에서 스피노자는 "우리는 우리 자신이 사랑하거나 욕망하거나 미워하는 어떤 것을 누군가 사랑하거나 욕망하거나 미워한다고 표상하면, 그로 인해 그것을 더 항구적으로 사랑하거나 욕망하거나 미워한다."[30] 다른 누군가가 덕을 사랑하고 인식을 욕망하는 것을 보면 나도 그것들을 훨씬 더 사랑하고 욕망한다. 따라서 내가 더 완전하고 자유로운 상태에 이르고자 노력함에 따라 다른 이들이 덕을 사랑하고 인식을 욕망하게 되는 것은 내게 유용하고 유익하다.[31]

인간은 자신을 위해 원하고 사랑하는 선을 다른 사람들이 사랑하는 것을 보면 그것을 더 굳건히 사랑할 것이다. 그러므로 인간은 다른 사람들이 자기가 사랑하는 것을 사랑하게 하려고 노력할 것이다. 그리고 그 선은 모두에게 공통되고 모두가 향유할 수 있는 것이어서 인간은 (같은 논리로) 모든 사람이 그것을 향유할 수 있도록 노력할 것이다.[32]

누군가가 자신과 점점 더 닮아 가는 것을 보면, 즉 다른 인간이 덕에서 오는 참된 기쁨 또는 활동 능력의 증대를 경험하는 것을 보면 우리는 함께 기쁘고 자신의 능력도 똑같

선의와 친교

이 증대되는 것을 경험한다. "우리는 아무런 정서도 품지 않은 우리와 유사한 것이 어떤 정서로 자극받아 변화되는 것을 표상하면, 우리도 그에 따라 같은 정서로 자극받아 변화된다."[33] 그러므로, 다시 한번 말하지만, 자유롭고 유덕한 타인들이 존재하는 것은 나에게 이로운 일이다.[34]

인간이 이성적으로 자신의 이익을 좇을 때 다른 사람들에게 가장 유용하다는 점에서 스피노자의 주장들은 상당히 모순적이다. "인간은 각자가 자신에게 유익한 것을 가장 많이 추구할 때 서로에게 가장 유용하다."[35] 다시 말해 현명한 이기주의는 상호 효용을 극대화한다. 스피노자는 이 결론이 연역적으로 반박의 여지가 없을 뿐 아니라 "일상적 경험에 의해 확증"되고 누가 봐도 타당하다고 주장한다. 그러면서 "인간은 인간에게 있어 신이다."[36]라는 것을 우리 모두가 알고 있다고 말한다.

이는 곧 무엇이 진정으로 자기에게 이로운지 아는 이성에 따라 사는 사람은 다른 사람들이 자기와 같은 수준의 이성적 완전함에 도달하도록 이끌기 위해 노력한다는 의미다. 이성적 인간이 행하는 타인을 향한 능동적 선의는 그저 타인들과의 교류에 나타나는 사려 깊고 관용적인 행위에 있지 않다. 그의 유덕하고 이성적인 선의는 단순히 다른 인간들의 단점을 인내하는 수동적 태도도 아니고,[37] 다른 사람들이 선이라고 믿는 것(그것이 맞든 틀리든)을 추구하고 그것이 무엇이든 그들의 목표나 과제를 완수하는 데 필요한 것들을 제공하는 전통적 의미의 개방적이고 가치 중립적인 관대함도 아니다.

오히려 유덕하고 이성적인 인간인 자유인은 다른 사람들도 이성에 따라 살고 참된 선, 즉 인식을 추구할 수 있도록 적극적으로 방법을 강구한다. 이것이 바로 완전성을 위해 노력하는 자신에게 미치는 그들의 효용성을 극대화하는 일이기 때문이다. "덕을 추구하는 사람은 누구나 자신을 위해 원하는 선을 다른 사람들을 위해서도 원한다."[38] 다시 말해서 이성적이고 유덕한 사람은 다른 사람들도 이성적이고 유덕한 사람이 될 수 있도록 행동한다. 그는 타인들을 대할 때 그들이 이성의 삶에 도달하는 데 도움이 되는 방식으로 행동한다. 그러나 이성적이고 유덕해지는 일은 그들에게도 유익하므로, 결국 이것은 이성적인 사람이 다른 사람들의 이익을 증대하고 그들을 진정으로 이롭게 하는 행동을 하고자 노력한다는 의미다. 그것이 근본적으로 이타적인 동기가 아니라 이기적인 동기일지라도 말이다.[39]

이것이 바로 스피노자의 이기주의가 우리가 일반적으로 윤리적이라고 여기는 행위를 추동하는 방법이다.[40] 다른 사람을 위해 선을 행하고 그들이 완전성을 획득하도록 돕겠다는 욕망은 이성의 지시에 따라 살며 자신의 완전성을 획득하고자 하는 노력에 의해 생겨난다. 요약하면 스피노자의 관점은 이성적 이기주의가 다른 사람의 행복에 대한 무조건적인 무시로 이어지는 것이 아니라 가장 높고 단단한 수준의 선의로 이어진다는 것이다. 그의 주장처럼 "내가 이렇게 한 이유는 가능하다면 모든 사람은 자기 이익을 추구해야 한다는 원칙이 덕이나 도덕의 근간이 아니라 부도덕의 근간이라고 믿는 사람들의 관심을 끌기 위해서다."[41]

스피노자가 말하는 유덕한 인간은 그냥 타인에게 친절하고 사려 깊은 행동을 하는 것이 아니다. 다시 말해 연민이나 동정심에서 또는 호혜적 태도를 기대하면서 다른 사람들을 사랑으로 또는 고상하게 대하는 것이 아니라는 말이다.[42] 스피노자가 『에티카』4부에서 펼칠 주장의 전조인 2부의 후반부에서 설명하듯이, "이 이론은 (······) (각자가) 나약한 동정심이나 편애 또는 미신에 의해서가 아니라 이성의 지도에 의해, 시기와 상황이 요구하는 바에 따라, 자신의 이웃에게 도움을 주어야 한다는 것을 가르쳐 주는 한 사회생활에 기여한다."[43] 유덕한 사람은 소크라테스처럼 자신의 행동을 통해 다른 사람들의 삶을 개선해 그들을 더 유덕하고 완전하며 그래서 더 행복한 사람으로 만들고 싶어 한다.

지금까지 이성적 선의에 관한 스피노자의 논의를 통해 적어도 자유인이 실천하는 친교에 관해 기본적으로 고찰했다. 앞서 확인했듯이 자유인의 가장 중요한 덕목 두 가지는 "각자가 오로지 이성의 지시에 따라 자신의 존재를 보존하기 위해 노력하는 욕망"인 강인함과 "각자가 오로지 이성의 지시에 따라 다른 사람들을 돕고 그들과 친교(amicitia)를 맺으려는 욕망"인 관대함 또는 도의심이다.

친교에 관한 가장 유명한 철학적 논의는 아리스토텔레스의 저작에서 찾을 수 있다. 아리스토텔레스는 가장 참된 형태의 친교를 각자가 타인을 위해 타인에게 선을 빌어 주는 유덕한 사람들 간의 호의라고 정의한다.

친구에게는 온전히 그를 위해 선을 빌어 주어야 한다고들 말한다. 만약 이런 식으로 선한 것을 빌어 주는데 상대방으로부터 같은 것을 보답받지 못한다면, 당신은 (그저) 상대방에 대한 호의만 지닌 것이다. 왜냐하면 친교는 상호 교환되는 호의라고 여겨지기 때문이다. 그러나 우리는 여기에 친구는 호의가 상호 교환된다는 사실을 알고 있음을 덧붙일 필요가 있다. 이유는 다음과 같다. 많은 사람들이 만나 본 적 없는 사람

들에게 호의를 갖고 그들이 점잖고 자기에게 도움이 되는 사
람일 것이라 생각한다. 물론 그들 중 하나가 자신에게 똑같
은 호의를 지니고 있을 수는 있지만, 서로가 서로에 대한 생
각을 알지 못한다면 어떻게 그들을 친구라고 부를 수 있겠는
가? 그러므로 (친구가 되기 위해서는) 반드시 서로에 대한 호의
가 있고 서로에게 선을 빌어 줘야 하며 서로 이를 알고 있어
야 한다.[44]

유덕한 사람은 유덕한 타인의 덕(아레테)을 알아보고
이 사람의 덕이 그 자체로 가치가 있음을 안다. 그러므로 그
는 의당 그 타인이 발전하는 것을 보기를 바라고 그의 발전
을 촉진하기 위해 자신이 할 수 있는 것을 한다. 이는 그가
그 타인을 위해 선을 행하고 선을 가져다준다는 의미다. 그
는 그 타인을 사려 깊게 대하며 그 타인이 실천적 덕과 지성
적 덕을 획득하고 적절하게 발휘하는 데에 도움이 되는 자
질을 기르는 데 기여한다. 유덕한 사람이 이 모든 일을 행하
는 이유는 다름 아닌 오로지 그 타인을 위해, 그 타인이 발
전하는 것을 보고자 하기 때문이다.

스피노자가 말하는 친교도 마찬가지로 자신의 행동이
"타인의 이익을 위한" 호의를 수반하고, "예의와 자비"[45]
같은 것을 포함한다. 그러므로 자유인은 자신의 관대함을

통해 "다른 사람들과 친교를 맺기 위해 노력하며 (……) 자신과 타인들을 자유로운 이성의 판단에 의해 인도하고 자신이 가장 탁월하다고 알고 있는 것만을 행하기 위해 노력한다."[46] 여기서 가장 탁월한 것은 다른 사람들에게도 자신에게도 가장 탁월한 것을 말한다.

그러나 인간 노력에 관한 스피노자의 이기주의적 견해에서 보면, 친교의 핵심이 되는 호의는 지금껏 확인한 것처럼 유덕한 인간에게도 완전히 이타적이기만 한 것은 아니다. 스피노자가 말하는 이성적으로 유덕한 인간에게 친교의 근본적 동기는 자기 이익을 취하는 것이다. 물론 인간은 분명 다른 사람을 위해 선을 빌어 주기도 한다. 그러나 그것은 그 타인을 위해서가 아니라 자기 자신을 위해 그렇게 하는 것이다.

스피노자가 말하는 것처럼, 가장 유덕하고 이성적이며 자유로운 사람조차 (자신의 활동 능력을 유지하고 증대하기 위해) 자신의 덕과 이성과 자유를 유지하는 데 도움을 얻기 위해서라도 자신과 유사한 이성적으로 유덕한 사람들과 교류함으로써 친교를 맺을 필요가 있다. "인간에게는 친밀한 관계를 형성하고 하나의 집단을 만들기에 가장 적합한 유대 관계로 스스로를 결속시키는 것이, 그리고 절대적으로는 친교를 강화하는 데 도움이 되는 일들을 행하는 것이 특히 유용하다."[47] 스피노자가 말하는 친교에서 유덕한 인간은 다른 사람을 위해 선을 빌어 주고 그 사람이 이성적으로 자유롭고 유덕한 인간으로서 성장할 수 있도록 빌어 준다. 단 그가 그렇게 하는 이유는 이성적으로 자유롭고 유덕한 타인들과 관계를 맺는 일이 자신에게 이롭다는 것을 알기 때문이다.[48]

아리스토텔레스가 효용이나 쾌락과 같은 숨은 의도로 시작된 친구 관계와 "가장 고결한 종류"의 친교를 구별했다는 사실은 유명하다. 후자는 "유사한 수준의 덕을 지닌 선한 사람들" 사이에서만 일어나며, 그런 사람들도 분명 그 친교에서 쾌락을 얻지만 쾌락 자체를 위해 친구 관계를 유지하지는 않는다.[49] 스피노자의 이론도 진정한 친교와 다양한 종류의 불완전한 친구 관계를 구분한다. 먼저 똑같이 유덕한 사람들 사이의 진실한 친구 관계가 있다. 이런 관계는 아리스토텔레스의 표현을 빌리면 완전하고 완결된 형태의 친교다. 스피노자의 말대로 "자유인들만이 서로에게 매우 유용하고, 가장 강력한 필연의 친교로 서로 결합한다."[50] 이러한 친교는 각각 자유롭고 이성에 따라 사는 두 명 이상의 개인들이 맺는데 이들은 서로를 위해 선을 빌어 주고 선을 행할 뿐 아니라 자신이 그렇게 하는 것이 완전함을 추구하는 자신의 노력에 도움이 되기 때문이라는 사실을 아주 잘 이해하고 있다. 이런 관계는 스피노자의 서한에 등장한 바 있는 진정한 친교(sincera amicitia), 즉 진리와 인식에 대한 사랑을 공유하는 사람들 사이의 친교다.[51]

다음으로는 유덕한 사람과 유덕하지 않은 사람이 맺는 다소 불완전한 친구 관계가 있다. 균형이 맞지 않는 이 관계에서 유덕하고 이성에 이끌려 사는 사람은 유덕하지 않은 사람이 자유로워지고 유덕해지도록 돕는 데 최선을 다한다. 다시 한번 말하지만, 그가 그렇게 하는 이유는 물론 자기 자신을 위해서다. 선의는 상호 교환되기도 하지만 이미 언급한 것처럼 그렇지 않을 수도 있다. 비록 유덕하지 못한 사람이 똑같은 선의로 화답을 하더라도, 그런 사람은 주로 이성의 지시가 아니라 수동적 정서(사랑, 희망, 감사, 연민 등)에 따라 행동하기 때문에 무엇이 참된 선인지 모르고, 그 결과 실제로 유덕한 상대방에게 도움이 되지 못하거나 그렇게 하는 것이 자신에게 이롭다는 것을 깨닫지 못할 수 있다. 두 사람 모두 선의를 지닐 수는 있지만 그 선의는 동일한 인식에 근거하지도 않고 효능도 같지 않다.[52] 아리스토텔레스가 말한 쾌락이나 효용을 위한 친구 관계와 유사한 이런 불완전한 친교는 스피노자가 말하는 진정한 친교에 한참 못 미친다. 왜냐하면 스피노자의 진정한 친교는 이성에 의해 인식된 상호 교환되는 호의이기 때문이다. 불완전한 친교는

선의와 친교

친교라 보기 힘들고 오히려 교육적인 멘토링 관계와 유사하다고 할 수 있다.

혹자는 유덕한 사람이 행하는 이성적 선의를 친교라고 표현하는 것이 부적절하다고 이의를 제기할지 모른다. 스피노자가 염두에 둔 그런 친교는 친교라고 하기에 너무 범위가 넓고 집단적일 뿐 아니라 심지어 지나치게 정치적인 것처럼 보이기 때문이다. 보통 우리가 생각할 때 한 사람이 가질 수 있는 진짜 친구, 친밀한 개인적 관계를 맺는 아주 작은 규모의 집단은 고작 몇 명밖에 되지 않는다. 그러나 스피노자의 자유인은 이성적으로 자유로운 타인을 최대한 많이 만들어 내고 유지하고 그 집단에 참여하기 위해 노력한다. 그리고 그 집단은 모두 공동의 선, 즉 현명한 개인들이 서로를 이롭게 하는 사회를 추구한다. 그래서 누군가의 눈에는 자유인의 목표가 실제로는 친구 관계를 구축하는 것이 아니라 그저 자신과 본성이 같고 문명사회에서 평화롭고 협동적이며 건설적인 삶을 함께 이룰 수 있는, 적이 아니라 뜻이 맞는 사람들을 만들려는 것처럼 보일 수도 있다.

스피노자는 "이성의 지도에 따라 사는 사람이 다른 사람들과 친교를 맺는 데 근거가 되는 욕망을 나는 덕성(hone-statem)이라고 부르며 (……) 친교를 맺는 일에 반하는 것을 나는 부도덕(turpe)이라고 부른다."[53]라고 말한다. 표면적으로 보기에 덕성이 지배하는 개인들 사이의 관계, 곧 적이 아니라 본질적으로 서로에게 이로운 관계는 진정한 친구 사이에서 찾을 수 있는 친밀감이 없는 것처럼 보이기도 한다.[54]

그렇다고 스피노자의 유덕한 인간이 행하는 넓은 사회적 범위의 이성적 선의가 참된 우정의 형태가 되지 못할 이유는 무엇인가? 한 사람이 맺을 수 있는 친구의 수가 원칙적으로 꼭 적어야 하는 이유는 또 무엇인가? 스피노자도 실제 자신이 말하는 관계의 확장에는 한계가 있고 모든 사람과 친구를 맺을 수는 없다는 것을 인정한다. "한 사람의 능력에는 한계가 있어서 그가 모든 사람과 친교로 결합하기는 힘들다."[55] 그러나 이성에 따라 사는 사람이라면 가능한 한 많은 사람과 진실하고 친밀한 친교를 맺기 위해 노력할 것이다. 어쨌든 그는 그렇게 하는 것이 자기에게 이롭다는 것을 알기 때문이다. 그런 관계를 구축할 수 없는 사람들, 예를 들어 그럴 만한 지적, 물질적 자원이 없는 사람들(스피노자는 가난한 이들을 예로 든다.)의 경우, 그들의 삶을 개선하는 일은 "사회 전체의 몫"이 된다. 유덕한 개인의 관대함(도의심, 덕성)과 사회 전체가 수행하는 도움이나 자선 사이에 그런 뚜렷한 차이가 있다는 것은 스피노자식 친교에 실제로 더 깊고 친밀하며 개인적인 특징이 있음을 말해 준다.

여기서 주목해야 할 것은 유덕한 인간이 이성의 명령을

받아 타인에게 좋은 삶을 만들어 주고 유지시킨다는 『에티카』 4부의 주장이 『신학정치론』에서 스피노자가 본 성서의 보편적 메시지이자 도덕 명령에 상응하는 철학 관념이라는 점이다. 철학자가 아닌 사람들, 그래서 사람들이 왜 선한 행위를 해야 하는지 머리로 이해하지 못하는 사람들도 "네 이웃을 네 몸같이 사랑하라."라는 하느님의 지고의 법에 순종하라고 가르치는 고대 히브리인 예언자들의 이야기에는 (예수의 가르침만큼이나) 마음이 움직일 것이다.[56] 이 성서 메시지는 진정한 친교라는 개인적 관계를 가능한 한 많은 사람과 구축할 것을 명령한다고 이해하는 것이 마땅하므로 이성의 명령도 이와 유사하게 이해할 수 있다.

그러니 이제 스피노자의 자유인이 보여 주는 상호 교환적이고 의도적이며 현명한 선의는 확실히 친교라고 말할 수 있을 것이다.

———————

스피노자가 말하는 이성의 명령은 보편적으로 특정한 행동 양식을 지시한다. 이성의 지도에 따라 사는 자유인인 유덕한 인간은 이 이성의 명령이 무엇인지 알고 일관되게 따른다. 이성의 명령 중에는 다른 사람들에게 도덕적으로 행동하고 그들을 언제나 정의와 정직, 박애의 태도로 대할 것, 곧 "자신을 위해 바라는 선을 다른 사람을 위해서도 바랄 것"도 있다. 이성이 타인의 삶을 개선시키고자 하는 욕망을 명령할 때 우리는 가장 윤리적으로 행동한다.

안타깝지만 모든 사람이 완전한 이성적 덕을 획득할 수 있는 것은 아니다. 자유인은 흔치 않은 존재다. 실제로 대부분의 인간은 인생을 사는 동안 인간 본성의 전형에 좀처럼 가까이 가지 못한다. 그렇다고 인간이 타인을 자애롭고 공정하며 너그럽게 대하고 그들과 친교를 맺어야 하는 스스로를 이롭게 하는 의무에서 해방되는 것은 아니다. 정념에 가장 많이 사로잡힌 사람들도 사회에서 평화롭게 다른 사람들과 협력하며 살아야 한다. 그들 자신을 위해서 그렇다.

사랑과 연민이라는 주제로 돌아가 보자. 이런 정념들은 절대 자유인으로부터 진정한 선의의 행동을 추동해 내지 못한다. 어쨌든 "이성의 지도에 따라 사는 사람에게 연민은 그 자체로 악이며 무용"하기 때문이다. 그렇지만 사랑이나 연민과 같은 수동적 정서들을 완전히 무가치한 것으로 무시할 수는 없다. 적어도 자유에 한참 못 미치는 삶 속에서 타인과 공존할 운명인 사람들에게는 말이다.

스피노자는 코나투스, 즉 존재의 지속을 위한 이기적 노력이라는 모든 인간 행동에 근간이 되는 하나의 추동 요소가 존재하지만 같은 행동도 그것을 야기하는 정신 상태는 매우 다양할 수 있다고 주장한다. 친절하고 관대하고 정의로운 행위는 능동적으로도 수동적으로도 행해질 수 있다. "수동적인 정서에 의해 결정되는 모든 행동에 대해 우리는 그 정서 없이도 이성에 의해 결정할 수 있다."[57] 다시 말하면 인간이 다른 사람들을 선의로 대할 때는 사랑이나 연민에 의한 것일 수도 있고 자신에게 진정한 선이 무엇인지에 관한 이성적 인식에 의한 것일 수도 있다.

스피노자는 『신학정치론』에서 진정한 종교는 예식이나 교단 법, 교회의 위계 구조와는 아무런 상관이 없다고 주장한다. 그러면서 진정한 종교, 진심에서 우러나오는 신앙은 "신을 알고 사랑하며 이웃을 네 몸같이 사랑하라."라는 간단한 도덕 격언에 순종하는 데서 찾을 수 있다고 말한다. 신에 대한 인식과 사랑 그리고 이웃에 대한 사랑은 결국 동료 인간을 정의와 박애로 대하라는 신의 법률을 따르는 일과 다를 바 없다.

그러나 철학적 오성을 통해 깨닫지 못하는 삶을 살도록 운명 지어진 사람들, 왜 타인의 삶을 개선하기 위해 노력해야 하는지 이성을 통해 절대 깨닫지 못하는 사람들에게도 도의적이고 윤리적인 행동으로 이어지는 비록 덜 능동적이기는 하나 효과적인 길이 남아 있다. 그런 사람들은 적합한 관넘이라고 할 만한 것이 부족하기에 타인에 대한 정의와 박애를 실천하려면 정념과 표상의 관념의 도움을 받아야 한다.

이것을 가능하게 하는 방법 중에서도 특히 좋은 것은 문학으로, 성서에 나오는 교훈적인 이야기들이 좋은 예다. 스피노자는 도덕적 의무가 실제로 고대 히브리인들의 성서와 기독교의 복음이 전하는 가장 핵심적이고 보편적인 의미라고 주장한다. "우리는 어떤 의혹이나 모호성에 의해서도 훼손되지 않는 성서의 메시지가 바로 '신을 무엇보다 사랑하고 이웃을 네 자신처럼 사랑하라.'라는 것을 성서 그 자체로부터 알게 된다."[58] 예언서를 통해 "신은 그의 거룩한 정의와 자애에 대한 인식, 즉 인간이 일정한 행동 규칙에 따라 모방할 수 있다고 생각하는 신의 그런 속성에 대한 인식 외에는 자신에 대한 다른 인식을 요구하지 않는다."[59] 모세와 이사야, 예레미야를 비롯한 성서 저자들이 말하고자 하는 바는 "모든 인간이 의무적으로 지녀야 하는 신에 대한 인식은 (……) 신이 최고로 정의롭고 자비롭다는 것, 즉 참된 생명의 완벽한 본보기라는 것이다."[60] 그들은 신을 정의롭고 자비로운 통치자로, 인간과 유사한 존재처럼 묘사하면서 신의 이러한 특징과 신이 교류하는 인간들에 관한 이야기들을 통해 표상을 자극하는 방법으로 독자들로부터 도덕적 행위를 이끌어 내기에 딱 알맞은 문학 작품을 만들어 냈다. 사랑, 연민, 희망(그리고 필요한 경우 두려움)과 같은 수동적 정서들은 대부분의 사람들에게 신의 법률에 순종하게 하고 동료 인간들에게 이로운 행동을 하게 만드는 중요하고 강력한 자극이다.

반면 자유인은 신을 정확히 인식하고 지성적으로 사랑할 수 있는 능력이 있다. 이성에 따라 유덕하게 사는 자유인은 자신이 어떻게 행동해야 하는지 말해 주거나 자신이 해야 할 일을 하도록 자극해 주는 가공의 이야기가 필요하지 않다. 그는 언제나 올바른 정신 상태로 올바른 이유에서 올바른 일을 한다.

자유인은 타인을 정의롭고 너그럽게 대하고 그들이 발전하여 유덕한 이성의 삶을 살도록 돕는 일이 자신에게도 이롭다는 것을 안다. 자유인에게는 타인의 삶이 자신의 삶의 방식만큼이나 중요하다.

9   자살에 관하여

서기 65년, 로마의 철학자이자 정치가 루키우스 안나이우스 세네카는 네로 황제의 암살 계략에 연루되었다. 세네카가 실제로 음모에 가담했는지는 확인할 길이 없으나, 정신이 불안정했던 네로는 그런 것을 일일이 따질 기분이 아니었다. 복수심에 불탄 네로 황제는 암살 음모에 조금이라도 가담한 것으로 의심되는 로마인을 모두 숙청했다. 자신의 스승이자 고문이었던 세네카에게는 자살을 명령했다. 고대 로마의 역사가 타키투스는 그의 저서 『로마 제국 연대기』에서 세네카와 함께 죽겠다고 고집했지만 결국 죽지는 않은 아내 파울리나와 함께했던 세네카의 마지막 순간을 감동적으로 그리고 있다.

그런 다음 두 사람 모두 단번에 자신의 팔을 잘랐다. 그러나 검소한 삶을 살아 군살이라고는 하나도 없었던 세네카의 노구에서는 피가 너무 천천히 흘러나왔다. 그래서 그는 발목과 무릎 뒤의 정맥도 잘라 버렸다. 극심한 고통으로 기진맥진해진 세네카는 무심코 고통을 드러내 인고하는 아내의 마음을 약하게 만들지는 않을까, 그녀가 고통스러워하는 것을 보고 자신이 평정심을 잃지는 않을까 두려웠다. 그래서 그는 아내에게 다른 방에 가 있으라고 말했다. 다행히 마지막 순간까지도 그의 화술은 빛을 잃지 않았다. 그는 서기들을 불러 모은 뒤 자신이 구술하는 논문을 받아쓰게 했다.[1]

타키투스에 따르면 세네카는 친구들에게 다음과 같은 유언을 남겼다. "그대들의 공로에 감사함을 표하는 것이 허락되지 않기에 나는 대신 내게 남은 한 가지이자 가장 좋은 것, 내 삶의 양식을 그대들에게 남기고 갑니다."

고대 스토아학파는 20세기 프랑스 실존주의가 등장하기 전까지 다른 어떤 철학 사조보다 자살이라는 철학적 문제를 진지하게 고찰했다. 과연 자살은 윤리적으로, 이성적으로, 또는 다른 측면에서 정당화될 수 있는가? 자살이 타당한 상황은 무엇이며, 심지어 목숨을 스스로 끊어야만 하는 상황은 또 무엇인가? 스토아 철학이 말하는 현인은 이성적이고 본성에 따른 일만 하기 때문에 이런 질문은 현인이 스스로 목숨을 끊는 일이 있는지, 있다면 그 이유는 무엇인지 묻는 것과 같다. 키케로는 다음과 같이 말한다.

어떤 사람의 환경이 본성에 일치하는 것들이 훨씬 더 많은 상황일 때 그 사람은 살아 있는 것이 적절하다. 그러나 앞으로의 일들이 본성과 반대되는 것이 대부분일 때 그 사람은 삶을 마감하는 것이 적절하다. 이는 현인이 행복하더라도 삶을 마감하는 것이 적절한 때가 있고 어리석은 자가 삶이 불행한데도 계속 살아 있는 것이 적절한 때가 있다는 점을 분명히 한다.[2]

초기 스토아학파의 이론에 대한 가장 중요한 학설 자료로 3세기 초반에 쓰인 디오게네스 라에르티오스의『유명한 철학자들의 생애와 사상』은 "그들(스토아 철학자들)에 따르면 현인은 자신의 나라나 친구를 위해서 또는 견딜 수 없는 통증이나 상해, 치료 불가능한 병으로 고통받고 있는 경우와 같이 타당한 이유로 자신의 목숨을 끊기도 한다."[3]라고 전하고 있다.

디오게네스는 대체적으로 꽤 빈틈없고 철저한 것으로 알려져 있는데 이상하게도 세네카에 대해서는 논의는커녕 언급도 하지 않는다. 그러나 스피노자는『에티카』에 세네카를 잠시 등장시키는데, 바로 자살의 합리성에 관한 논의를 시작할 때다.

칼을 들고 팔을 자른 것은 세네카의 손이었지만, 실제로 세네카를 죽인 것은 네로가 아닐까? 소크라테스가 스스로 독미나리 독을 마셨을지 모르지만, 우리는 그의 죽음에 대한 책임을 아테네 사람들에게 묻지 않나? 혹자는 인간이 의도적으로 그리고 온전히 스스로의 힘으로 자신의 죽음을 가져오는 자살이 실제 존재하는 현상이냐고 물을 수도 있다. 자유롭게 자신의 죽음을 초래하는 행위자가 된다는 것이 정말 가능할까? 누군가가 스스로 목숨을 끊은 경우 그 사람의 통제를 벗어난 어떤 것, 예를 들어 병든 마음이나 그럴 수밖에 없는 사정이 그를 자살로 몰고 가지는 않았는지 살펴봐야 하지 않을까? 과연 자살을 철저하게 자율적 행위라고 볼 수 있을까?

스피노자는 자기 능력에 따라 행동하는 사람은 스스로 목숨을 끊는 법이 없다고 말한다. "인간이 자기 본성의 필연성에 의해 존재하지 않고자 노력한다는 것은 (……) 무에서 유가 나올 수 있다는 말만큼이나 불가능한 이야기다."[4] 스피노자의 주장처럼 인간이 자기 본성 또는 능력에서 비롯되는 행위를 할 때, 곧 외적 원인의 힘으로부터 어떤 도움도 받지 않고 자기 자신이 적합한 원인이 될 때만 능동적이고 자유롭다고 한다면, 그리고 오직 존재 지속을 위한 노력만이 그의 본성이자 능력이라고 한다면, 인간이 능동적으로 자유롭게 스스로 목숨을 끊는 것은 분명 불가능하다고 할 수 있다.

그러나 인간이 자살을 하는 것은 현실이며, 스피노자도 이 점을 잘 알고 있었다. 이것을 모르는 사람은 없다. 사람들은 불행이나 깊은 슬픔으로 인해 스스로 목숨을 끊는다. 절망감이나 공포심에, 분노나 우울함에, 심지어 무언가를 희망하는 마음에 스스로 목숨을 끊기도 한다. 세네카나 소크라테스의 경우처럼 자살이 엄청난 외부의 압력에 의한 것이든, 개인의 충격적인 경험이나 정신병 때문이든, 자살 아닌 다른 선택권이 있었는가는 상관없이 사람들이 의도적으로 그리고 자발적으로 스스로 목숨을 끊는다는 점은 명백한 사실이다. 비록 세네카에게 다른 선택의 여지는 없었지만, 어쨌든 그의 정맥을 자른 것은 다른 누구도 아닌 자신의 손이었다. 그렇다면 문제는 자살이 가능한가가 아니라 과연 자살이 이성적이고 (스피노자가 말하는 의미에서) 유덕한 행위일 수 있는가이다.[5] 이성의 지시를 받아, 즉 "자기 고유의 능력으로" 행동하는 자유인도 과연 자살을 하는가?

스피노자는 『에티카』와 다른 저작에서 이것은 불가능하다고 말하면서, 이성의 조언에 따라 자유롭게 살며 오직 본성에 따라 행동하는 인간은 자신의 삶을 마감하는 선택을 하지 않는다고 설명한다. 자살은 언제나 악하고 비이성적인 일이므로 언제나 이성의 지시에 따라 행동하고 오직 참된 선을 추구하는 자유인은 절대 자살하지 않는다는 것이다.[6]

그러나 더 자세히 들여다보면 그렇게 명쾌하게 말할 수만은 없다. 실제로 인간이 이성적으로 자살을 선택할 수 있음을 스피노자가 인정할 수 있고 인정해야 한다고, 어쩌면 인정하고 있다고 결론 내릴 수 있는 타당한 근거가 있다. 스피노자의 자유인도 상황에 따라서는 정념이 아니라 인식과 오성에 근거한 어쩔 수 없는 이유로 스스로 목숨을 끊을 수 있다.

———

자살이라는 주제에서 가장 중요하고 의미 있는 구절은 4부에 등장한다. 정리 20의 앞부분은 이렇게 쓰여 있다. "각자는 자신의 이익을 추구하기 위해, 즉 자신의 존재를 보존하기 위해 더 많이 노력하고 또 그것에 더 많이 성공할수록 더 유덕하다." 자살에 관한 주석은 이것으로부터 다음과 같이 도출된다.

그러므로 인간은 자신의 본성에 반대되는 외부 원인에 굴복하지 않는 한 자신의 이익을 좇는 일, 즉 자신의 존재를 보존하는 일을 게을리하지 않는다. 말하건대 인간은 자기 본성의 필연성에 의해 음식을 거부하거나 자신을 죽이는 일이 없다. 자살을 하는 사람은 외부 원인에 의해 강압적으로 저지른 것으로, 이러한 경우는 다양한 방식으로 일어난다. 어떤 이는 우연히 검을 들게 된 자신의 오른손을 다른 사람이 비틀어 그 검이 자신의 심장을 찌르도록 강제해 자살을 한다. 또는 세네카가 그랬듯이 폭군의 명령에 의해 강제로 자신의 정맥을 절단하여, 즉 더 작은 악(을 받아들임)으로써 더 큰 악을 피하고자 하는 바람으로 자살을 한다. 또는 마지막으로 숨겨진 외부 원인들이 그의 표상을 결정하고 그의 신체를 자극하여 변화시켜서 이전과 반대되는 다른 본성, 즉 (3부 정리 10에 의해) 관념이 정신 안에 있을 수 없는 본성을 갖게 되어 자살을 한다. 그러나 인간이 자기 본성의 필연성에 의해 존재하지 않고자 노력한다거나 다른 형상으로 변하고자 노력한다는 것은 무에서 유가 나올 수 있다는 말만큼이나 불가능한 이야기다. 이것은 누구나 조금만 생각해 보면 알 수 있다.

자살이 지닌 문제는 그것이 자기 보존이라는 코나투스 원칙에 의해 명백하게 배제된다는 점이다. 이 주석이 주장하는 바는 필연적으로 존재의 지속을 위해 노력하는 존재가 자신의 본성, 즉 오직 자신의 코나투스를 통해 존재의 지속을 멈추고자 노력하기도 한다는 것이 존재론적으로 불가능하다는 것이다. 스피노자가 말하는 인간이 자살하는 이유는 단 두 가지다. 하나는 인간이 선천적으로 지닌 존재의 지속을 위한 노력이 자신이 적합한 원인이 아니고 외부 사물이나 사건이 원인을 제공하였으며 존재 지속을 위한 자신의 능력보다 더 강한 외부 원인의 힘에 압도된 경우고, 다른 하나는 자살이 더 큰 악을 피하기 위한 유일한 방법일 때다.

첫 번째 원인이 더 설득력이 있고 사람들이 자살을 하거나 자신을 죽게 내버려 두는 이유를 생각할 때 더 흔히 떠올릴 수 있는 경우인데, 이는 이성(능동적 정서)의 힘이 어떤 정념(수동적 정서)의 힘에 의해 굴복당했을 때 발생한다. 스피노자가 다른 정리에서 말한 것처럼 "자살하는 사람들은 의지가 약하고 자기 본성과 반대되는 외부 원인에 완전히 정복된 이들이다."[7] 자살을 이렇게 해석하면, 인간의 존재 지속을 위한 능동적 노력은 사랑하는 사람을 잃거나 불치병에 걸려 받는 고통으로 인한 슬픔과 같은 정념에 (정서적 측면에서) 적수가 되지 못한다.[8] 그런 사람은 위로할 길이 없을 만큼 깊은 슬픔에 잠겨 어떻게 삶을 지속해야 할지 모르기에 죽음이 유일한 선택처럼 보인다. 줄리엣이 죽었다고 믿고 독을 마신 로미오처럼 말이다. 깨어난 줄리엣 역시 로미오가 죽은 것을 보고 스스로를 칼로 찌르지 않았는가? 더 설명할 필요도 없다.

　관련된 구절을 읽다 보면 외부 원인에 굴복되었다는 개념과 수동적 감정들이 자살에서 기능하는 역할에 주목하고 그에 따라 스피노자의 주장을 매우 좁게 해석하여 **자유롭고 이성적인 행위로서의 자살은 불가능한 것**으로 이해하기 쉽다. 이러한 해석에서 자살은 언제나 아크라시아, 즉 정서적 힘에서 정념이 이성을 압도한 결과이며 늘 강제된 것으로 절대 자유로운 행위일 수 없다. 그럼에도 여전히 스피노자가 자발적으로 자신의 삶을 마감하는 자살을 가능한 것으로 인정한다고 볼 수 있는 여지는 있다. 장기적 관점의 선을 포기하고 즉각적인 만족감을 선택한 사람이 자진해서 현명한 판단에 반하는 행위를 하는 것처럼 수동적 관념에 휘둘려 사는 사람도 자발적으로 자살을 할 수 있다. 이는 자기 파괴적 행위의 근원에도 욕망과 선택이 있기 때문이다. 그러나 그런 행동은 진정으로 자유롭고 이성적인, 스피노자가 말하는 능동적인 행위가 아닐 것이다. 왜냐하면 이런 경우 욕망과 선택은 이성이 아니라 정념의 지배를 받기 때문이다.[9]

　그러나 자유인은 정념에 이끌리는 법이 없고 언제나 이성의 지도를 따른다. 그러므로 자유인은 언제나 자신이 지닌 자질을 통해 자기 본성이 요구하는 일을 한다.(대개 어떤 맥락이나 외부 상황에 대한 대응이어서 그것들의 제약을 받긴 하지만 말이다. 이는 꽤 중요한 논점으로 뒤에서 다시 논의할 것이다.) 그러므로 이성은 자유인에게 "인간 본성에 반하는 것은 그 어떤 것도" 요구하지 않고 예외 없이 그의 행위를 결정지으므로 그에게 절대 자살을 권하지 않는다. 스피노자를 좁게 해석하는 이 논리에 따르면 오히려 이성은 언제나 자살을 반대한다고 할 수 있다. 다시 말해 외부 사물의 본성이 아니라 자기 본성에 따라 사는, 코나투스의 실천과 존재의 지속을 위한 노력을 성공적으로 이행하는 유덕한 인간은 절대 자살하지 않는다는 결론이 나온다.

비록 이러한 해석이 자연스러워 보일 수는 있지만, 이는 스피노자의 견해가 아닐뿐더러 그럴 수도 없다. 자유인의 무조건적인 정직성에 대한 논의와 마찬가지로, 이것은 모두 자기 보존이라는 코나투스 원칙을 어떻게 이해하느냐에 달려 있다. 자유인은 거짓말이 자신의 생명을 구할 수 있는 순간에도 항상 정직하게 행동한다. 왜냐하면 존재 지속을 통해 그가 추구하고자 노력하는 것은 단순한 지속적 삶이 아니라 자신의 완전한 본성과 이성적으로 유덕한 상태 그리고 뛰어난 사유와 오성 능력을 보존하는 것, 짧게 말해 자신의 기쁨이기 때문이다. 비슷한 논리를 적용하면 삶의 질과 인격의 측면에서 자유인에게 죽음이 존재 지속보다 나은 경우도 있지 않을까?

삶을 지속해도 앞날에 아무런 희망이 보이지 않고 기쁨이 계속되기는커녕 오직 절망과 슬픔만 예상되는 경우를 생각해 보자. 자유롭고 이성적인 사람은 자기 자신과 세상에 대한 적합한 이해를 통해 자신의 행복과 높은 수준의 코나투스(존재 지속을 위해 노력하는 능력)라는 관점에서 어떤 미래가 펼쳐질지 아주 정확히 파악하고 있을 가능성이 높다. 그런 사람은 매우 뛰어난 통찰력으로 자신이 여생 동안 이성의 완전성 안에서 존재 지속을 계속할 수 있을지 아니면 반대로 불가피하게 능력의 끊임없는 저하, 즉 "(정신이) 더 낮은 완전성으로 이행되는 수동적 정서"인 계속되는 슬픔을 경험하게 될지 잘 알 것이다. 그렇다면 자유인의 이성적 본성, 즉 자신의 덕과 능력과 완전성을 보존하고 슬픔이나 완전성의 저하를 피하기 위해서라면 무엇이든 다하려는 그의 노력이 속세의 삶을 끝내는 것이 낫겠다고 지시하지 않겠는가?[10]

이런 사람은 고통스러운 불치병을 앓고 있을지 모른다. 또는 삶의 외부적 상황이 곧 매우 암울하고 곤궁하며 험난해질 것이 분명하여 앞으로 능동적이고 자유롭고 행복하게 지낼 가능성이 사실상 전무한 사람일 수도 있다. 난폭하고 변덕스러운 폭군이 무지한 군중의 대중적 지지를 받는 경우와 같이 그가 처한 정치적 상황이 너무 나빠서 인식과 오성을 겸비한 유덕한 삶을 추구하고 유지하는 데 필요한 사회적, 물질적 조건이 현실적으로 존재하지 않을 수도 있다.

물론 스스로 목숨을 끊는 것은 자유롭고 이성적인 삶의 가능성을 완전히 그리고 영구히 제거하는 일이다. 스피노자가 말한 것처럼 "어떤 사람도 존재하고 행동하며 생활하는 것, 즉 현실적으로 존재하는 것을 욕망하지 않고서 행복하게 존재하고 선량하게 행동하며 잘 사는 것을 욕망할 수는 없다."[11] 그러나 자유인에게 현실적인 존재 지속은 그 자체가 목적이 아니라 자유롭고 이성적으로 유덕한 삶의 필요 조건일 뿐이다. 그러므로 자유롭고 이성적으로 유덕한 삶을 살 가망이 없다면 존재 지속을 위해 노력할 이유도 없다고 할 수 있다.

스피노자의 주장에 따르면 "이성의 지도에 따라 우리는 (……) 더 큰 미래의 악보다 더 작은 현재의 악을 원한다."[12] 앞으로는 자신의 능력이 필연적으로 저하되는 슬픔과 불행만 남아 있을 것이라 확신하는 자유인의 상황이 바로 이럴 것이다.[13] 이런 경우 이성은 아마도, 어쩌면 불가피하게, 삶을 의미 있게 만드는 많은 것을 상실한 채 계속 살아가기보다, 과거는 이러했으나 지금은 더 이상 그렇지 않고 앞으로도 그렇지 않을 것이라는 사실을 고통스럽게 인식하며 살기보다, 삶을 아예 끝내 버리라고 충고할 것이다.

혹자는 자살에 관한 스피노자의 주장을 이렇게 관대하게 해석하는 것을 다음과 같은 논지에 근거하여 반대할 수도 있다: 미래에 능력이 저하될 가능성을 생각하는, 즉 자신의 덕이나 완전성을 상실할 것이라고 생각하는 사람은 슬픔으로부터 자극받아 변화될 수 있다.[14] 그러나 자유인은 슬픔을 절대 경험하지 않으므로 그런 생각을 할 리가 없다.[15] 어쨌든 스피노자는 "인간이 자유로운 상태로 태어난다면, 그들이 자유로운 상태로 남아 있는 한 어떠한 선과 악의 개념도 형성하지 않을 것이다."[16]라고 말하고, 그 증명으로 "자유로운 상태로 태어나 자유로운 상태로 사는 인간은 적합한 관념만 갖는다."라고 주장한다. 스피노자의 적합한 관념 개념과 선악의 정의를 고려할 때, 이 주장은 자유로운 상태로 태어나 자유로운 상태로 남아 있는 사람은 절대 능력의 저하, 즉 슬픔을 경험하지 않는다는 것을 의미한다. 따라서 자유인이 미래에 자신의 완전성이 약해질 가능성을 우려하여 자살을 선택하는 것은 불가능해 보인다.

그러나 앞서 논의한 것처럼 자유인("자유로운 상태로 태어난" 사람과는 다르다.)도 수동적 정서를 느낀다. 심지어 슬픔도 경험한다. 자유인 역시 다른 인간들처럼 자연의 일부여서 삶을 살아가는 동안 수동적 정서의 영향을 받는다. 스피노자는 자유인이 절대 슬픔을 경험하지 않는다고 말하지 않는다. 스피노자가 불가능한 상태라고 분명하게 말한 자유로운 상태로 태어난 사람만이 슬픔을 경험하지 않는다고 말할 뿐이다.

그러나 자유인에 관한 이러한 사실을 인정하더라도, 앞에서 언급한 경우들, 심각하고 고통스러운 질병을 앓고 있거나 폭군의 압제 아래서 비참한 삶이 예상되는 경우들은 그저 이성적이고 능동적인 정서가 실제로 더 강력한 힘을 지닌 수동적 정서에 굴복당한 것이어서 자유롭게, 이성적으로 자살을 선택한 것으로 볼 수 없다고 여전히 이의를 제기할 수 있다. 중병으로 인한 증상과 통증을 아직 겪지 않았는데도 자살을 하도록 마음을 움직인 것은 이성이 아니라 미래에 자신의 능력이 저하될 가능성에 대한 슬픔 아닐까? 마찬가지로 폭군과 그를 맹종하는 대중이 아직 가혹한 권력을 휘두르지 않았는데도 유덕한 사람이 스스로 목숨을 끊도록 만드는 것은 예상되는 정권의 폭압성이 불러일으킨 공포와 비애라는 수동적 정서가 아닐까?

평범한 사람, 대개는 이성의 지시에 따라 사는 평범한 사람에게 이러한 경우는 개인의 능력이 "(그 사람의) 본성에 반대되는 외부 원인에 의해 완전히 압도당한" 경우라서 이런 사람의 자살은 분명 비이성적인 수동적 정서의 결과일 것이다. 그러나 본질적으로 자유인은 이성의 지시에 따르지 않는 행동을 절대 하지 않는다. 자유인도 수동적인 정서들을 경험하기는 하지만(자유인이 중병이나 압제가 예상되는 상황에서 아무런 슬픔을 느끼지 않는다면 그것도 이상한 일이다.) 그것들이 그의 행동을 결정짓지는 못한다. 자유인이 미래를 분명하게 파악하는 통찰력이 있어서 자신이 완전한 본성을 유지하지 못할 것이라고 정확하게 판단할 수 있다면, 그의 코나투스에게 삶을 중단하라고 지시하는 것은 바로 그의 이성일 것이다. 그가 미래에 자신의 완전성이 훼손될 가능성을 생각하며 슬픔을 느낀다 하더라도, 삶을 마감할 것을 욕망하고 결정하는 일은 그 슬픔이 아니라 이성에 좌우될 것이다.

그래도 누군가는 여전히 이에 동의하지 않고 한발 더 나아가 이성적인 자살이 그렇게 발생하지는 않는다고 주장할 수 있다. 이들은 앞에서 언급된 경우와 같은 자유인의 자살은 정말로 슬픔에 의해 추동된 것으로, 현재의 슬픔(당면한 죽음)보다 표상되는 미래의 슬픔(완전성의 항구적 상실)에 의해 좌우된 선택이라고 말한다. 그리고 스피노자에 따르면 이성에 따라 행동하는 한 인간은 오직 기쁨에 의해, 선한 것에 대한 통찰에 의해 추동된다. "이성에서 생겨나는 욕망에 의해 우리는 직접적으로 선을 따르며 간접적으로 악을 피해 도망간다."[17] 그러므로 이성적인 자살이 가능하려면 자유인은 죽음이 더 작은 악(이런 경우는 슬픔에 의해 추동된다.)이 아니라 선이라는 것을 설명해야 한다. 그러나 이성적인 자살의 가능성을 부정하는 사람들은 그것이 자유인(또는 어느 누구도)이 할 수 없는 일이라고 결론 내린다.[18]

이런 반대 의견은 이성의 지도에 따라 사는 인간이 더 큰 미래의 악보다 더 작은 현재의 악을 선호한다는 주장을 어떻게 이해할 것인가라는 더 일반적인 문제를 제기한다. 만약 이성의 지도에 따라 사는 자유인이 슬픔에 의해 추동되는 일이 없다면, 언제나 슬픔으로 인지되는 여러 악 가운데 어떻게 선택을 할 수 있을까?

그러나 스피노자는 이성에 따라 사는 사람도 두 가지 악 중 더 작은 악을 선이라고 설명할 수 있다고 말한다. 사물에 대한 뛰어난 지성과 통찰을 지닌 자유인은 더 큰 악을 막는 것은 무엇이든 그 자체를 선이라고 인식한다. "이성의 지도에 따라 우리는 더 작은 악을 더 큰 선으로서 추구한다. (……) 여기서 더 작다고 일컬어지는 악이 실제 선이기 때문이다."[19] 그러므로 자유인에게 스스로 목숨을 끊는 일이 이성적 완전성을 영원히 상실하는 더 큰 악을 피하기 위한 하나의 방법이라고 판단된다면 그는 그것을 선으로 간주할 것이다. 이처럼 자살을 선택하는 자유인은 사실 슬픔에 의해 추동되는 것이 아니다.

아주 명확하게 정리하자면 자살은 자유롭고 유덕한 인간이 선택할 행동은 아니다. 그 선택이 절대적으로 그의 이성적 수단과 본성(본질)에만 달려 있고 모든 맥락과 다른 사물들과의 관계를 배제하며 다른 요소를 고려하지 않는다면 말이다. 만약 자유인이 자연에 속해 있지 않고 어떤 외부적 영향도 받지 않는다면 또는 어떤 상황에도 얽매이지 않을 수 있다면, 자살을 하는 일도 없고 자살을 할 수도 없을 것이다. 이것이 바로 스피노자가 "인간은 자기 본성의 필연성에 의해 음식을 거부하거나 자신을 죽이는 일이 없다. (……) 인간이 자기 본성의 필연성에 의해 존재하지 않고자 노력한다거나 다른 형상으로 변하고자 노력한다는 것은 무에서 유가 나올 수 있다는 말만큼이나 불가능한 이야기다."[20]라는 명제에서 의도한 의미다. 그러나 자유인도 다른 인간들과 마찬가지로 이 복잡한 세상에서 살 수밖에 없다. 이미 여러 차례 이야기한 것처럼 "인간이 자연의 일부가 아니라는 것은 불가능하며 자신의 본성만으로 이해되는 변화, 즉 자신이 적합한 원인이 되는 변화 외에 어떤 변화도 겪지 않는다는 것 역시 불가능하다." 여기에는 자유인도 예외가 아니다. 그러므로 자유인이 처할 수 있는 매우 현실적인 여

자살에 관하여

러 상황을 고려하면 자살은 자유인의 이성, 즉 그의 본성이 지시한 행동일 수 있다.

이러한 세속의 상황들은 분명 자유인의 선택을 (어쩌면 아주 심각하게) 제한한다. 사실 앞에서 이야기한 것처럼 스피노자는 "더 작은 악(을 받아들임)으로써 더 큰 악을 피하는" 선택을 외부 원인에 의해 압도되고 강제되어 자살하는 경우의 목록에 포함시킨다.[21] 그러나 세속의 상황을 정서적으로 자유인의 능동적인 노력을 압도해서 그를 수동적이고 자유롭지 못하게 만드는 외적인 강제력이라고 보아서는 안 된다. 자신이 통제하지 못하는 상황에서 더 작은 악을 선택하는 경우는 칼을 든 손을 다른 사람이 비틀어 자기 몸을 찌르게 된 사람과 같은 앞에서 언급한 경우들과는 상당히 다르다. 이성적인 사람은 자신이 처한 상황에서 대응을 할 수밖에 없는데, 이는 그에게 주어진 선택권이 제한적이라는 것을 의미한다. 그러나 사람은 자신이 처한 상황에 의해 궁지에 몰리거나 심지어 그 상황에 압도될 수 있고, 주어진 몇 가지 선택권 안에서만 결정할 수 있다는 점에서 행동이 "외부 원인에 의해 강제된다(causis externis coactus)"고 할 수 있지만, 그럼에도 결과물은 여전히 자유롭고 이성적인 행위일 수 있다. 이를테면 더 나은 대안이 전혀 없어서 이성의 관점에서 최선으로 보이는 것을 선택하는 경우처럼 말이다.[22]

외부 상황에 대응할 때 자유인은 언제나 이성적이고 침착하다. 만약 모든 상황을 고려해 볼 때 자살이 유일한 이성적 선택지라 하더라도 그런 사실로 인해 자살의 자율성이 훼손되는 것은 아니다. 물론 그 선택은 스피노자의 우주관에 존재하는 다른 모든 것처럼 이미 정해져 있으며 그 어떤 것도 지금과 다를 수 없다. 그럼에도 행위는 필연적이면서 이성과 인식을 통해 이루어지고 유덕한 활동을 보존하거나 극대화하는 것을 목적으로 한다.

비록 스피노자가 세네카의 자살을 외부 원인에 굴복당한 사람, "자기 본성에 반대되어 (……) 자신의 존재를 보존하는 일을 게을리하여" 스스로 목숨을 끊은 사람의 예시로 사용하고 있지만, 세네카는 사실 이성적 자살의 완벽한 전형이다. 세네카는 자신에게 어떤 선택권이 있는지 너무나 분명하게 알고 있었다. 자신의 덕이 최고 수준에 이르렀을 때 평화롭게 스스로 목숨을 끊든지, 네로의 병사들에게 잔인하게 살해되든지, 아니면 예측 불가능한 폭군 아래서 견디기 힘든 삶을 살든지 셋 중 하나였다. 그는 악 중에 가장 작은 악이 무엇인지에 대해서도 아주 명확하게 이해하고 있었다. 스피노자도 이 사실을 인정한다.

어떤 이는 (……) 세네카가 그랬듯이 폭군의 명령에 의해 강제로 자신의 정맥을 절단하여, 즉 더 작은 악(을 받아들임)으로써 더 큰 악을 피하고자 하는 바람으로 자살을 한다.[23]

세네카는 그런 상황에서 정확히 이성이 시키는 쪽을 택한다. 그렇기 때문에 세네카는 스피노자가 모든 경우의 자살을 필연적으로 비이성적이라고 주장한다는 견해에 좋은 반증이 된다. 세네카의 예시는 "이성의 지도에 따라 우리는 두 가지 선 중에 더 큰 선, 두 가지 악 중에 더 작은 악을 따른다."[24]라는 주장의 의미를 완벽하게 보여 준다고 할 수 있다.

적어도 키케로와 디오게네스 라에르티오스의 글에서 확인한 바에 따르면 자살에 대한 스피노자의 관점은 고대 스토아학파의 관점과 상당히 유사해 보인다.[25] 스토아 철학의 현인은 필요한 경우 자신의 이성을 위해 목숨을 바치기도 한다. 그리고 그렇게 하라고 명령하는 것은 다름 아닌 그의 이성이다. 키케로는 "지혜는 때로 직접 현인에게 자신을 떠나라고 명령하기도 한다."[26]라고 말했다. 스피노자의 자유인의 삶을 지배하는 원칙 역시 이와 동일해 보인다.

자살이 때로는 이성적일 수 있다는 관점으로 인해 스피노자는 오늘날 안락사에 대한 논쟁에서 올바른(인도적인) 편에 선다. 자살은 많은 경우에 정념의 결과로서 신체적, 정신적 질병 또는 불행한 사건으로 무력해졌거나 절망이나 우울로 사고가 흐려진 사람들의 경솔하고 비이성적인 행동이긴 하지만, 우리는 매우 이성적이고 명확한 판단으로 자살을 하는 경우도 있다는 사실을 잘 알고 있다. 자살은 죽음에 이르는 불치병으로 인해 극심한 고통을 받을 것이 예상되거나(또는 이미 고통받고 있거나) 심각한 치매 증상이 시작된 사람들에 의해 자유롭게 선택되기도 한다. 나아질 수 있거나 자신을 무력하게 만드는 고통에서 벗어날 수 있는 희망이 없다면, 또는 곧 기억을 완전히 잃고 자신이 누군지도 모르는 상태가 될 것을 알고 있다면, 사람들은 자신이 완전히 무력해지기 전에 자아와 존엄성이 온전한 상태에서 죽기를 선택할 것이다.

　　스피노자의 논리에 근거하여 이성이 자신의 존재 지속을 끝내라고 조언할 수도 있음을 인정하는 것은 『에티카』를 통틀어 가장 감명 깊고 인상적인 정리 중 하나인 "자유인은 죽음에 대해 가장 적게 생각하며, 그의 지혜는 죽음이 아니라 삶에 대한 고찰에 있다."[27]라는 명제와도 아주 잘 들어맞는다. 자유인이 자신의 이성적 덕을 보존하기 위해 스스로 목숨을 끊는 것을 고려할 때, 그의 정신을 차지하는 것은 실제로 목전에 닥친 죽음이나 세속에서의 존재가 끝난다는 생각이 아니다. 사실 그는 죽음에 대해 가능한 한 생각하지 않으려 한다.[28] 그 대신 자신의 형상적 본질을 이루는 뛰어난 코나투스와 자신의 덕을 이루는 이성적 인식에 주목한다. 이성적 만족감(acquiescentia)을 향유하며 자유인이 사유하는 것은 무엇보다 자신의 능력이다.

이와 동시에 자유인은 자신이 언젠가 죽는다는 사실을 반드시 인지하고 있다. 그는 적합한 인식을 통해 자연에서 자신이 차지하는 위치를 알고 있기 때문에, 자신이 현존하지만 존재 지속을 일시적으로만 누리는 유한한 양태라는 사실을 안다. 그렇다면 과연 자유인은 이성적으로 그리고 정서적으로 자신의 존재가 어느 시점에 끝난다는 사실을 어떻게 받아들일까?

10   죽음에 관하여

17세기 중반, 암스테르담은 흑사병으로 초토화되었다. 1663년
에만 사망자가 거의 1만 명에 달했는데, 이는 암스테르담 인
구의 약 5퍼센트에 해당하는 수치였다. 이듬해 사망자 수는
2만 4000여 명까지 치솟았다. 1664년 7월, 영국의 외교관
조지 다우닝 경은 자국에 다음과 같이 보고했다. "이번 주에
암스테르담에서만 739명이 죽었다. 흑사병은 시골의 작은
마을, 큰 마을 할 것 없이 전국 곳곳에 퍼졌고, 이제 안트베
르펜과 브뤼셀까지 당도했다."[1]

　흑사병으로 사망한 사람들 중에는 메노파 교도이자 암
스테르담의 무역 상인이며 스피노자의 막역한 친구였던 피
터르 발링의 아들도 있었다. 발링은 스피노자가 쓴 『데카르
트 철학의 원리』의 네덜란드어 번역을 막 끝마친 상태였는
데, 스피노자는 친구의 어린 아들이 죽은 사실에 크게 상심
하고 그를 위로하는 편지를 썼다.

소식을 듣고 나는 너무나 슬프고 염려가 되었지만, 불시에 찾아든 불행이나 세간의 이야기들이 자네를 아주 매섭게 공격할 때 그것을 비웃을 수 있는 자네의 신중함과 강인함을 떠올리고는 비애와 염려가 한결 줄어들었다네. 그럼에도 하루하루 걱정이 늘어 가니, 우리의 우정을 봐서 수고스럽겠지만 내게 상세한 내용을 담은 서신을 써 보내 주기를 간곡히 부탁하네.[2]

발링은 아들의 죽음이 임박했음을 암시하는 전조가 있었다고 믿었기 때문에 스피노자에게 그것을 해석해 달라는 편지를 보냈다. 스피노자는 자신이 쓴 서신에서 이렇게 회상한다. "자네는 그 애가 병에 걸려 죽기 직전에 냈던 한숨과 같은 소리를 아이가 건강했을 때도 들었다고 했었지."

스피노자의 편지는 지금까지 남아 있는 것이 그리 많지 않은데, 그중에서도 그가 누군가와 친밀하고 돈독한 관계를 맺었다는 사실을 확인할 수 있는 서신은 더더욱 없다. 그러나 발링과 주고받은 서신을 보면 스피노자가 아버지와 아들의 영혼을 이어 주는 공감적 유대에 관해 이야기하는 등 비탄에 잠긴 친구를 위로하기 위해 최선을 다했다는 사실을 알 수 있다. 그러나 스피노자는 아들의 죽음에 대한 전조가 있었다는 발링의 미신적 신념을 인정하면서도 종국에는 천국에서 아들과 재회할 것이라는 거짓 희망으로 친구를 위로하지는 않았다.

이것은 현재까지 남아 있는 스피노자와 발링 사이의 서신 중 가장 마지막 편지다. 발링 역시 그로부터 1년도 채 안 되어 흑사병으로 죽었기 때문이다. 사랑하는 친구를 잃은 스피노자의 비통함은 분명 이루 말할 수 없이 컸을 것이다. 그는 암스테르담으로 돌아와 동료 학자들을 만났으며, 비록 종교 예식을 혐오했지만 메노파 장례식에도 참석하여 애도 의식을 치른 것으로 보인다.

스피노자 자신도 결코 건강한 편은 아니었다. 그는 평생 폐 질환을 앓은 것으로 보이는데, 렌즈를 깎을 때 생기는 유리 가루로 인해 병이 더 악화되어 결국 마흔네 살의 나이에 세상을 떠났다. 그는 분명 발링의 죽음을 계기로 잠시뿐이었을지라도 자신의 존재 지속의 유한함을 고찰하고 사후 세계에 무언가가 있을 거라고 기대하는 것이 얼마나 어리석은 생각인가를 다시금 상기했을 것이다.

———————

죽음이라는 망령은 『에티카』 곳곳에 숨어 있다. 인간을 존재 지속을 위해 노력하는 영원하고 무한한 실체의 한시적이고 유한한 양태로 보는 형이상학에서부터, 신체를 "인간의 신체를 파괴하는" 외부의 힘에 의해 수정될 수 있는 운동과 정지의 특정 비율로 보는 물리학 그리고 자살의 심리학에 이르기까지 다양한 곳에 존재한다.

그러나 스피노자가 죽음에 관한 아주 오래된 철학 문제들을 명시적으로 다루는 것은 4부 후반부와 자유인의 삶에 대한 정리에 이르러서다. 죽음에 대한 적절한 태도는 무엇인가? 인간은 죽음을 두려워해야 하는가? 죽음을 대비할 때 슬퍼해야 하는가, 두려워해야 하는가, 희망을 품어야 하는가? 인간은 죽음을 마주할 때 체념해야 하는가, 아니면 불가지론적 태도를 지녀야 하는가? 소크라테스는 이런 질문에 판단을 유보하는 쪽을 택함으로써 자신이 사형을 당할지도 모른다는 사실을 매우 침착하게 받아들일 수 있었다. 자신을 고발하고 이제는 자신에게 어떤 형을 선고할지 고민하는 아테네인들 앞에서 소크라테스는 이렇게 연설한다.

죽음은 둘 중 하나다. 죽은 사람은 어떤 것도 의식하지 못하는 (영혼의) 소멸이거나, 전해지는 이야기처럼 영혼이 이곳에서 저곳으로 이동하는 진정한 변화다. 만약 의식은 없고 꿈도 꾸지 않을 정도로 깊은 잠만 있다면 죽음은 엄청난 이득임에 틀림없다. (……) 반면 죽음이 이 세상에서 저 세상으로의 이동이라면, 전해지는 이야기가 사실이어서 죽은 자들이 모두 거기에 있다면, 이보다 더 큰 축복이 어디 있을까? 오르페우스와 무사이오스, 헤시오도스, 호메로스를 만날 수 있다는데 무엇이든 바치지 않겠는가? 이 이야기가 사실이라면 나는 열 번이라도 기꺼이 죽겠다.[3]

사후에 어떤 일이 기다릴지에 대한 소크라테스의 열린 마음은 그저 죽음을 앞두고 엄습해 온 두려움을 없애려는 것이 아니라 실제로 죽음을 매력적이고 바람직한 상태, 즉 덕에 헌신한 삶의 완벽하고 명예로운 종결처럼 보이게 하려는 것으로 해석된다.

그러나 스피노자는 소크라테스와는 아주 다른 관점을 취한다. 그는 죽음을 다루는 적절하고 이성적인 방법은 목전에 닥친 죽음이든 죽을 수밖에 없는 인간의 운명 그 자체든 죽음에 대해 아예 생각하지 않는 것이라고 주장한다.

4부의 정리 67은 말한다. "자유인은 죽음에 대해 가장 적게 생각하며, 그의 지혜는 죽음이 아니라 삶에 대한 고찰에 있다." 이 정리의 증명은 다음과 같다.

자유인, 즉 오직 이성의 지시에 따라 사는 사람은 두려움에 이끌리지 않고 직접적으로 선을 욕망한다. 즉 그는 자기 이익 추구에 기초하여 행동하고 살고 자신의 존재를 보존한다. 그러므로 그는 다른 어떤 것보다 죽음에 대해 적게 생각한다. 그 대신 그의 지혜는 삶에 대한 고찰에 있다.

이성의 지시에 따라 사는 자유인과 정념에 따라 사는 사람 모두 궁극적으로 선하고 올바른 일을 할 수 있다. 두 사람의 차이는 바로 왜 선하고 올바른 일을 하느냐이다. 두려움에 이끌려 행동하는 사람은 나쁜 일을 한 후 발생하는 악에 직접적으로 주목하기 때문에 선한 행위를 한다. 악을 피하다가 아무 생각 없이 선의 품 안에 뛰어드는 셈이다. 성직자들이 심어 준 신에 대한 두려움 때문에 유덕한 행위를 하는 사람들이 좋은 예인데, 이들은 그것이 유덕한 행위라서(또는 그것이 자신에게 이익이 되어서) 하는 것이 아니라 신의 분노가 두려워서 하는 것이다. "미신을 믿는 사람들은 사람들에게 덕을 가르치는 법보다 사람들의 부도덕을 비난하는 법을 더 잘 안다. 그들은 사람들을 이성으로 인도하지 않고 공포를 통해 통제하여 그들이 덕을 사랑하기보다 악을 피하게 하려고 애쓴다."[4] 여기서 행동을 추동하는 것은 기쁨이 아니라 슬픔이다.

반면 자유인은 오직 선을 추구하며 직접적으로 선을 행한다. 그가 그렇게 하는 이유는 악을 피하기 위해서가 아니다. 자유인은 슬픔을 피하는 것이 아니라 기쁨을 추구할 뿐이다. 스피노자는 이것을 음식에 비유하여 설명한다. "병이 든 사람은 죽음에 대한 두려움 때문에 자신이 싫어하는 것을 먹는 반면 건강한 사람은 음식을 즐기며 이런 방식으로 죽음을 두려워하여 그것을 직접적으로 피하기를 바라는 경우보다 삶을 더 잘 즐긴다."[5]

건강한 사람이 음식을 즐기는 원리는 자유인의 존재 지속을 위한 노력에도 적용된다. 자유인은 죽음을 피해 도망가는 것이 아니라 자신의 능력과 자신이 신 또는 자연과 맺는 관계의 힘 안에서 기뻐한다. 그의 이성적 자긍심은 자신이 누구이고 무엇을 할 수 있으며 어떤 삶을 영위하고 있는지에 대한 즐거운 인식에 있다. 자유인은 두려운 마음으로 악을 응시하다가 어쩌다 선을 추구하는 것이 아니라 이성이 그에게 그렇게 명령하기 때문에 직접적으로 그리고 의도적으로 선을 추구한다. 이 만족스러운 "삶에 대한 고찰"로 인해 자유인은 적합한 관념에 의해서든 표상을 통한 공상에 의해서든 죽음에 대해 생각할 겨를도, 죽음을 생각하고자 하는 욕망도 거의 없다.[6]

물론 자유인도 다른 인간들처럼 죽는다. 자연에 속해 있으므로 그 역시 외부 원인이 야기하는 변화에서 자유롭지 않다. 앞서 이야기한 것처럼 자유인이 다른 사람들에 비해 수동적 정서에 저항할 수 있는 힘이 더 크다고는 하지만, 결국에는 어떤 변화가 그의 코나투스를 압도하여 지속적으로 존재하던 그의 신체를 소멸시킬 것이며 그에 따라 그의 정신도 소멸될 것이다. "인간이 존재를 지속하는 힘에는 한계가 있으며, 외부 원인의 힘은 그것을 무한히 능가한다."[7]

　자유인은 자신이 언젠가 죽는다는 사실을 아주 잘 알고 있다. 하지만 두려움이나 다른 정념에 이끌리는 사람과 달리 그는 언젠가 죽는다는 생각에 매몰되지 않는다. 즉 죽음에 집착하지 않는다.[8] 죽음에 대한 생각이 행동을 좌우하지 않을 뿐 아니라, 죽음에 대한 생각 때문에 죽음을 막아 준다거나 불멸의 축복을 가져다준다는 미신 의식에 참여하는 법도 없다. 자유인은 죽음을 두려워하지 않고, 죽음에 대해 생각한다고 해도 겁먹거나 슬퍼하지 않는다. 그것은 더 나은 사후 세계가 기다리고 있다고 생각해서가 아니라 그저 죽음에 관심을 두지 않기 때문이다. 자유인은 자신이 영위하는 삶과 그런 삶을 통해 달성한 궁극적 성과인 신에 대한 지적 사랑을 즐기느라 너무 바쁘다.

　자유인의 관심은 보상에 있다. 그 보상은 지금 그가 누리고 있는 것, 바로 자유와 덕이다. 자유인은 죽음에 대한 비이성적인 두려움이 아니라 삶의 이성적 기쁨을 즐긴다.

이 책에서 우리는 스피노자의 이론이 다양한 측면에서 고대 스토아학파의 견해와 흡사하다는 사실을 확인했다. 덕, 좋은 삶, 행복, 자살에 관한 스피노자의 이야기는 세네카, 에픽테토스 등과 같은 스토아 철학자들에게 영향을 받은 것이 분명해 보인다. 그러나 죽음이라는 주제에서 스피노자는 독자적인 길을 구축한다. 아니 오히려 정반대의 길을 간다고 볼 수 있다.

스피노자의 자유인은 죽음에 대해 거의 생각하지 않는 반면 스토아 철학에 등장하는 현인은 죽음을 끊임없이 고찰한다. 에픽테토스는 마음의 평화를 얻기 위한 치료 전략의 하나로 "언제나 죽음과 망명, 끔찍해 보이는 모든 것을 주시해야 하는데, 그중에서도 특히 죽음에 주목"[9]해야 한다고 충고한다. 세네카도 자신이 언젠가 죽는다는 사실에 대해 자주 생각해 볼 것을 권하면서, 그것이 자신의 죽음에 대한 두려움과 타인의 죽음에 대한 슬픔을 극복하는 데 아주 중요하다고 이야기한다. "(죽음에 대한 생각, 죽음이 모든 악을 끝내는 악이라는) 이 생각을 매일같이 되풀이하라. 그러면 삶을 만족스럽게 끝낼 수 있을 것이다. 왜냐하면 급류에 휩쓸려 가는 사람들이 찔레나무와 뾰족한 바위를 꽉 쥔 채 매달리는 것처럼 많은 사람들이 삶을 움켜잡고 매달리기 때문이다."[10] 메멘토 모리(memento mori)라는 이 스토아 철학의 전략은 스피노자가 말하는 자유인의 행위와는 매우 거리가 멀다.

이성의 지시에 따르는 삶의 기쁨을 누리는 데 여념이 없다는 사실을 제외하더라도, 자유인이 죽음에 대해 생각하지 않는 데에는 다른 차원의 이유도 있다. 그것은 바로 생각할 것 자체가 없다는 점이다. 자유인은 사후 세계나 죽음 너머의 보상과 처벌의 영역, 내세 같은 것이 없다고 생각한다. 사람이 죽으면 그에게는 아무것도 존재하지 않는다는 이야기다.

스피노자는 현세를 넘어 지속되는 불멸의 자아 같은 것이 있다는 견해를 부정한다. 인간은 죽으면 죽는 것이다. 영원히 사라지고 모든 게 끝이다. 실제로 불멸성에 대한 부정은 스피노자의 이론에 꾸준히 등장해 왔는데, 그 시작은 그가 파문되던 당시로 거슬러 올라간다. 전해지는 바에 따르면 1658년에 스피노자는 암스테르담을 방문한 이들에게 자신이 세파르디* 공동체에서 추방당한 이유 중 하나가 "영혼은 신체와 함께 죽는다."[11]라고 공언해서라고 고백했다.

만약 불멸성이 존재하지 않는다면, 사후에 대해서는 두려워할 것도 바랄 것도 없다. 에피쿠로스가 명쾌하게 설명했듯이 "악 중에서도 가장 끔찍한 악인 죽음은 우리에게 아무것도 아니다. 왜냐하면 우리가 살아 있을 때는 죽음이 아직 오지 않았고, 죽음이 왔을 때는 우리가 없기 때문이다."[12] 고대 철학자가 남긴 이 교훈을 누구보다 잘 이해한 이가 바로 자유인이다.

스피노자도 『에티카』에서 가장 난해하다고 할 수 있는 정리들을 통해 인간 정신이 영속적이라는 말은 일견 일리가 있으며 "신체와 관계없이 정신의 지속에 관한"[13] 무언가가 존재한다는 점을 분명 인정한다. 그러나 이제 확인하게 되겠지만 정신의 이러한 영속적인 부분은 개인적인 성질의 것이 아니다. 이는 분명 죽음에 대한 생각을 장려하는 것이 아니며, 그 안에서 위안을 찾거나 희망이나 두려움의 대상이 되어야 하는 것은 더더욱 아니다.[14] 정신의 영속성을 이야기하는 『에티카』 5부의 정리들은 사실 불멸성에 대한 믿음(이것이 적어도 아브라함을 조상으로 둔 종교들의 통념이므로)과 대개 그런 믿음에 동반되는 미신적 종말론을 비판하는 스피

---

* 디아스포라 이후 주로 스페인, 포르투갈 지역에 정착한 유대인.

노자 주장의 핵심이다.

영혼의 불멸성이라는 교의는 아마도 종교 지도자들과 그들의 협력자들이 신도들에게 부추기는 비이성적 관념 중에 가장 유해한 관념일 것이다. 자기 영혼이 죽지 않는다는 믿음은 희망과 공포의 정념, 곧 천국에서 영원히 보상받으리라는 희망과 지옥에서 영원히 벌을 받으리라는 공포가 지배하는 삶으로 직결된다. 자신의 영혼이 어떤 내세에 기게 된다는 운명을 떠올릴 때 갖게 되는 이런 감정은 매우 강렬해서 우리의 정서적 삶을 지배할 수 있다. 따라서 인간은 누구나 신이 내리는 보상을 받고 신이 내리는 형벌을 피하기 위해 무엇이든, 정말 무엇이든 하려 할 것이다.

한편 사제와 목사와 랍비 들은 그 영원한 보상을 받으려면 무엇을 해야 하는지 자신들이 정확히 안다고 주장한다. 평범한 사람들의 절망과 성직자들이 부추기는 미신적 믿음과 기만이 상호 불쏘시개 역할을 하며 결합되면 사람들이 성직자들에게 맹목적으로 순종하는 결과를 낳는다. 사람들은 성직자들의 말에 속수무책으로 휘둘리고 그들이 자신의 행동과 삶, 심지어 정치 형태까지 좌우하게 둔다. 그 결과 이성이 아닌 희망과 공포의 감정에 욕망이 이끌리는 정념에 대해 심리적으로는 물론이고 사회적, 정치적으로도 예속 상태에 빠지게 된다. 이와 똑같은 주장을 펼친 모제스 멘

델스존은 "지옥에서 영원히 벌을 받는다는 용납하기 어려운 관념"은 "그것이 악용되면서 (이론상) 내세에서 불행하게 만들 인간보다 더 많은 인간을 현세에서 아주 비참하게 만들어 왔다."[15]라고 말한 바 있다.

스피노자는 『에티카』의 가장 마지막 정리들에서 인간이 자유로운 삶을 살지 못하게 만드는 개인적, 사회적 예속의 근간인 강력한 망상적 신념을 논박한다. 그는 불멸성에 대한 믿음을 공격함으로써 대중의 정신과 정치 형태에 점점 더 큰 영향력을 행사하던 성직자 계급의 힘을 약화시키고자 했다. 사실상 성직자들이 가진 가장 강력한 무기를 빼앗고자 했던 것이다.

———————

스피노자는 5부 정리 23에서 "인간의 정신은 신체와 함께 완전히 파괴될 수 없고 오히려 그것의 영원한 일부가 존속한다."[16]라고 선언한다. 먼저, 정신의 이 영원한 일부(지속적으로 존재하는 모든 정신의 구성 물질)는 그저 정신의 형상적 본질을 구성하는 것, 즉 "영원의 관점 아래서 이 또는 저 인간 신체의 본질을 표현하는 관념"[17]이다. 인간 정신의 본질은 바로 인간 신체의 본질에 대한 관념이며, 이 핵심 관념은 그것의 대상인 신체의 영원한 본질과 마찬가지로 영원하다. 이것은 사유의 속성 아래 신 또는 자연에 존재하는 영원한 관념으로, 연장의 속성 아래 신체의 영원한 형상적 본질에 상응한다. 이것은 영원의 관점 아래 인간 신체에 대한 인식에 지나지 않는다.

인간 정신은 인간 신체의 형상적 본질이 실제 지속하는 존재로 실체화될 때야 비로소 실제적인 존재 지속을 향유한다. 인간 정신은 인간 신체가 존재할 때, 인간 신체가 존재하는 한에서만 존재한다. 존재를 지속하는 동안 인간 정신은 신체의 본질에 대한 핵심적(영원한) 관념 외에도 신체가 다른 신체들과 교류할 때 신체의 변용들을 나타내는 다양한 감각 관념과 표상 관념을 획득한다. 신체에 발생하는 다양한 종류의 충격과 인상은 정신 속에서 느낌이나 기분, 심상에 의해 표현된다. 하지만 지속적으로 존재하던 신체가 그 존재 지속을 끝내면 그러한 감각적 관념과 표상적 관념도 끝난다. 사후의 신체는 다른 신체들로 야기되는 변용을 더 이상 겪지 않기 때문에 이런 변용에 상응하는 관념들인 지각, 감각 또는 다른 심상도 더 이상 정신 안에 존재하지 않는다. 사후의 정신에 남는 것은 신체의 본질에 대한 영원한 관념뿐이다.

또한 인간 정신과 신체에 해당하는 것은 자연에 존재하

는 모든 사물에도 해당한다. 어떤 신체의 영원한 본질에 대한 영원한 관념은, 그 신체가 존재하기 전이든 존재할 때든 존재하고 난 후든, 또 그것이 인간이든 기린이든 나무든, 신 또는 자연의 사유의 속성 안에, 즉 "무한한 지성" 안에 존재한다. 그것은 인간이 자랑할 만한 것도 위안으로 삼을 것도 아니며 개인적인 것도 아니다. 또한 현세의 자신과 의식적인 관계가 있는 어떤 종류의 자아도 분명 아니다. 그것은 그저 어떤 신체에 관한 영원한 관념일 뿐이다.

정리 23은 정신의 기본적인 영속성이라 부를 수 있는 것을 설명하고 있다. 이 영속성은 본래 필연적으로 인간 정신의 근본적 본성의 일부다. 몇 개의 정리를 지나 3종 인식을 설명한 후 스피노자는 정신의 영속성이라는 주제로 다시 돌아온다. 그러나 이제는 정신의 영속성이 사람마다 다를 수 있고 심지어 시간에 따라 증가할 수도 있다고 이야기한다. 그리고 사람에 따라 정신이 더 영원하거나 덜 영원할 수 있다면서 이것은 오성의 적합한 관념이 그 사람의 정신을 얼마만큼 차지하고 있느냐에 따라 달라진다고 설명한다. 결국 기본적으로 이 세상을 사는 동안 2종 인식과 3종 인식을 더 많이 획득할수록 사후에 정신의 더 많은 부분이 존속한다는 의미다. 이는 2종 인식과 3종 인식을 구성하는 적합한 관념들이 정신의 본질적 핵심인 신체의 형상적 본질의 관념처럼 영속적이기 때문이다. 그것들은 영원의 관점에서 이루어지는 사물에 대한 신의 인식이다.

모든 인간은 바로 그 정신의 기본적 영속성을 지니고 있으며 이것은 신체의 영원한 본질의 영원한 관념에 있다. 이 영속성은 인간이 인지적 노력을 통해 얻을 수 있는 것이 아니라 정신의 근본적 구조의 일부다. 그러나 일생 동안 인간이 인식 추구를 통해 획득하는 적합한 관념은 정신의 관념의 특별한 하위 그룹을 구성한다. 이것으로 인해 인식의 주체는 영속성에 더 많이 참여할 수 있다.

> 정신의 본질은 인식에 있다. 그러므로 정신이 2종 인식과 3종 인식을 통해 사물을 더 많이 인식할수록, 정신의 더 많은 부분이 존속한다. (……) 정신이 2종 인식과 3종 인식을 통해 사물을 더 많이 이해할수록, 정신의 더 많은 부분이 훼손되지 않고 남는다.[18]

인간이 일생 동안 획득하는 적합한 관념이 많을수록, 즉 참된 인식을 더 많이 지닐수록 그러한 관념들이 정신에서 더 많은 부분을 차지하므로, 그 정신은 현실에 존재하는 동안 영속성에 더 많이 참여한다. 그러나 일단 그 인식 주체의 생명이 다하면 그 사람의 정신에는 그런 관념들, 다시 말해 영원한 관념들만 남는다. 적합한 관념은 영원한 진리이며, 인식의 주체는 살아 있는 동안 이러한 진리들을 (말하자면) 수용할 수 있다. 그리고 그가 죽으면 한때 그의 정신의 일부를 차지했던 그런 진리들은 신 또는 자연 안에서 영원히 그 존재를 지속한다.

스피노자는 분명 "정신의 영원한 부분은 지성"[19]이라고 말하지만, 그가 말하는 지성은 데카르트의 정신처럼 일종의 개인적 능력이 아니다. 지성은 단지 관념의 집합체이며(비록 일생 동안 그 집합체에 자아성(selfhood)을 부과하는 감각, 자의식, 기억 등은 없지만), 죽은 뒤에 남는 것이 바로 이 지성이다.[20]

스피노자는 이 모든 것을 바탕으로 곧바로 "정신의 명석판명한 인식이 더 클수록, 그래서 그 정신이 신을 더 많이 사랑할수록, 죽음은 우리에게 덜 유해"[21]하고, 정신이 2종 인식과 3종 인식을 통해 사물을 더 많이 이해할수록 "그 정신은 죽음을 덜 두려워한다."라고 결론 내린다.

이로써 자신의 영속성에 대한 진리를 아는 정신은 자신의 가장 중요한 부분, 곧 정신의 인식과 적합한 관념들이 죽음에 의해 훼손되지 않는다는 것을 안다. 영원한 것은 죽음의 영향을 받지 않기 때문이다. 그런 정신은 "신체와 함께 소멸되는 (······) 정신의 일부", 즉 감각, 표상, 기억의 관념들이 "존속하는 부분에 비해 조금도 중요하지 않다."[22]라는 것을 안다. 다양한 지각과 감정을 지니고 존재를 지속하던 정신은 그 존재를 멈출 수 있지만, 정신의 본질과 한때 그 정신이 갖고 있던 영원한 관념들은 신 또는 자연의 무한한 지성 안에 있는 관념들처럼 영원히 존속한다.

이와 더불어 중요한 것은 자신의 영속성에 대한 진리를 아는 정신이 그 영속성에 개인적 속성이 없다는 사실도 안다는 것이다. 개인에게 영원한 것은 방대한 관념뿐이며, 이는 기독교나 다른 종교가 약속하는 인간의 불멸성과는 전혀 다르다. 이러한 영원한 관념들에는 의식도 기억도 수동적 정서도 없으며, 한때 그것들이 활약했던 일생과 연결 지어 주는 그 어떤 것도 존재하지 않는다. 즉 영원한 것은 사람의 자아가 아니다.

이러한 이유로 자유인은 사후에 관한 미신이나 표상적인 믿음에 빠지지 않는다.

사람들의 공통된 의견을 주의 깊게 들어 보면, 그들은 실제로 자기 정신의 영속성을 의식하고 있지만 영속성을 지속과 혼동하는 것은 물론 표상이나 기억에 영속성이 있다고 여기며, 그것들이 사후에도 존속한다고 믿는다는 것을 알 수 있다.[23]

그러므로 정신이 무엇이고 그것의 영속성이 어디에 있는지에 관한 명석판명한 인식은 한 사람의 삶을 지배할 수 있는 죽음과 사후에 관련된 수동적 정서들로부터 정신을 해방시켜 준다. 죽음이 (어떤 새로운 시작이 아니라) 끝이라는 사실을 알면 표상된 사후 세계를 향한 희망이나 두려움 같은 비이성적인 감정을 느끼지 않을 수 있다. 자유인이 죽음에 대해 생각하지 않는 것은 죽음이 자신에게 전혀 중요하지 않다는 것을 알기 때문이다. 또 전혀 걱정할 것도, 바랄 것도 없다는 것을 알기 때문에 죽음을 두려워하지 않는다. 자유인은 오직 이 세상에서 삶을 지속하는 동안 이성적인 자유를 발휘하고 덕이 필연적으로 가져다주는 행복을 누리는 데에만 관심을 둔다. "지복은 덕의 보상이 아니라 덕 그 자체다."[24]

　　『에티카』의 이 부분의 핵심을 잘 정리한 어느 학자의 말처럼 스피노자가 의미한 영속성을 획득한 사람은 신체의 죽음을 극복한 것이 아니라 그만큼이나 중요한 것, 즉 죽음에 대한 두려움을 극복한 것이다.[25]

이성적으로 유덕한 사람은 삶을 즐기고 죽음을 두려워하지

않는다. 자유인이 선한 것을 좇는 이유는 그것이 선하기 때문이다. 자유인이 어떤 행위를 하는 것은 인식 때문이지 어떤 기분이 들어서가 아니다. 그는 자신의 행동이 자신에게 유익하다는 것을 안다. 자유인은 인식이 가져다주는 이익을 얻고, 슬픔을 야기하거나 자신의 발전과 지적 완전성 안에서 존재를 지속하는 데 방해가 되는 것을 하지 않는다. 자유인은 타인과 적극적이고 생산적인 관계를 맺으며 타인 또한 좋은 삶을 살 수 있도록 돕는다. 자유인의 힘, 자유, 행복은 모두 여기에 있다. 살다가 우연히 죽음에 대해 생각하게 된 순간에도 자유인은 당연히 죽음을 침착하고 평온하고 만족스러운 마음으로 바라볼 것이다. 그리고 그것이 바로 "우리가 바랄 수 있는 최고의 것"이다.

11   올바른 삶의 방법

이 책을 시작하면서 나는 스피노자의 주요 저작을 관통하는
하나의 주제가 있다고 언급했다. 표면적으로 다양한 문제를
다루고 있는 그의 작품들에 통일성을 부여하는 그것은 바로
'자유'다. 『신학정치론』은 지적, 정치적, 종교적 자유를 다루
는데, 책의 부제가 시사하듯이 "공화국은 공화국의 평화나
신심을 훼손하지 않고도 철학적으로 사색하는 자유를 부여
할 수 있으며 공화국의 평화와 신심을 파괴하지 않고는 그
것을 부정할 수 없다."라는 주장이 핵심이다. 반면 『에티카』
는 개인의 자유를 다룬다. 이 자유는 하고 싶은 대로 행동하
는 물리적 자유나 자신의 생각을 말하는 지적 자유가 아니
라 선하고 자신에게 유익하다고 인식하는 것을 행하기로 결
정하는 내면적 자유다. 이것은 자주성으로서의 자유로, 사
유와 욕망과 선택이(그리고 궁극적으로 행동까지) 외부 사물
들이 자신에게 미치는 영향이 아니라 자기 본성에서 비롯되
는 것을 의미한다.

스피노자는 『에티카』에서 신에 대한 대담하고 이른바 이단적인 형이상학을 제시하고, 인간 본성과 인식을 아주 독창적으로 분석하며, 인간의 정념을 세세하게 설명한다. 이것 외에도 『에티카』에서 제시하는 것이 하나 더 있다. 바로 최선의 삶을 사는 방법이다. 그가 "올바른 삶의 방법(recta vivendi ratio)"이라 부르는 이것은 이성의 지도를 받아 자신에게 이로운 것을 추구하는 데 있다. 이것은 자유인이 구현하는 삶이다.

자유인은 실현 불가능한 이상향이 아니다. 자유인은 자기모순적 개념(자연에 속하지 않고 정념에 휘둘리지 않는 인간)도 아니고 자연법칙에 의해 배제되는 법칙론적으로 불가능한 존재도 아니다. 여전히 자연에 속하고 수동적 정서를 경험하기는 하지만 그것에 이끌리지는 않고 오로지 이성의 지도에 따라 사는, 자유와 덕을 겸비한 이 탁월한 상태의 인간은 분명 매우 도달하기 어렵고 평생 유지하기는 더 힘든 존재처럼 보인다. 그럼에도 자유인은 여전히 스피노자에게 그리고 우리에게 인간의 가장 심오한 욕망의 당연하고 필연적인 대상이자, 적어도 이론적으로는 우리가 성취하기를 바랄 수 있는 목표다. 『에티카』의 마지막 문단에서 스피노자는 더 자유로워지고 수동적 정서의 힘을 약화시킬 수 있는 방법을 언급하면서 "이런 것들에 이르기 위해 내가 제시한 길이 매우 험난해 보이기는 하지만 그래도 발견될 수 있다."[1]
라고 말한다. 자유인은 그저 항상 일관되게 예외 없이 이성
에 따라 사는 사람이고, 따라서 조금씩 더 자유로워지는 평
범한 사람과 연속선상에 있기 때문에 자유인도 가능성의 영
역 안에 존재한다고 생각하지 않을 이유가 없다.

인간 본성의 형이상학적 완전성을 상징하는 자유인은
모든 인간이 깨닫든 깨닫지 못하든 궁극적으로 되기 위해
노력하는 존재다. 지금껏 우리가 확인했듯이 자유인의 삶은
"우리가 바랄 수 있는 최고의 것"이다. 자유인은 인간으로
서 훌륭히 성장하고 그럼으로써 행복 그 자체를 경험한다.

그러나 자유인이 될 수 있는 기준은 상당히 높다. 어쩌
면 인류 역사를 통틀어 자유인이라고 부를 만한 사람은 아
무도 없을지 모른다. 스피노자는 개인적인 경험을 통해 "인
간은 참된 이성보다 의견에 더 많이 마음이 움직이고 (……)
온갖 종류의 욕망에 굴복하는 때가 많다."[2]라는 사실을 알
고 있었다. 자유를 점차 늘려 나가는 것조차 어렵다면, 완전
히 자유로워질 때까지 자신을 성장시켜서 비이성적인 정서
의 힘에 절대 굴복하지 않는 일은 얼마나 더 어려울지 겨우
짐작만 할 수 있을 뿐이다. 스피노자도 자유인이 정말로 드
문 존재라는 사실을 인정한다. 그렇다면 우리는 이것으로부
터 어떤 결론을 내려야 할까?

여기서 다시 한번 칸트가 유용할 것이다. "그 자체로 선한" 또는 "절대적으로 선한" 것은 선의지(자신의 특정 성향이나 욕망과 관계없이 오직 도덕적 의무가 명령하는 이유에서만 행동하거나 행동을 삼가도록 하는 의지)뿐이라고 주장하는 칸트도 모든 행위가 확실하게 선의지에서 기인하는 사람은 아마도 존재한 적이 없을 것이라는 반대 의견을 고찰한다. 좋다. 그럴 수 있다 치자. 그러나 이것은 단지 경험적 주장에 불과할 뿐, 이성적인 도덕적 행위자가 이상향에 도달하려는 동기의 순수성을 부정하지는 못하며 부정할 수도 없다.

사람들의 행실에 관한 경험담을 주의 깊게 들어 보면 순수한 의무감에서 행동하는 기질의 본보기라고 언급할 만한 사례가 전혀 없다는 불만을 자주 마주하게 되는데, 우리 스스로 인정하지만 이런 불만은 꽤 타당하다. 대부분의 행동이 도덕적 의무가 명령하는 대로 이루어지더라도 그것이 정말 의무감에서 이루어진 것인지 그래서 도덕적 가치를 지니는지에 대해서는 언제나 의심의 여지가 남는다.

칸트는 진정한 선이 반드시 어딘가에 존재한다는 것을 인정하는 대신 "나약하고 불순한 인간 본성은 존중할 가치를 지닌 관념을 규범으로 받아들일 만큼 고귀하지만 동시에 너무 나약해서 그 규범을 따르지 못한다."[3]라고 한탄하는 사람들에 기꺼이 동조한다.

스피노자도 면밀한 연역적 추론을 통해 자유인(나의 해석으로 "인간 본성의 본보기")의 자유와 이성이 인간의 이상적 상태를 의미한다고 진술한다.[4] 우리가 스스로 자유로워질 수 없다고 생각하면 더 어려워진다. 문제는 우리 앞에 놓인 이상적 목표에 있는 것이 아니라 우리의 무지와 나약함, 즉 그 목표를 인식하지 못하거나 그 목표에 도달하는 방법을 성공적으로 이행하지 못하는 데 있다.

―――――――

『에티카』에서 도덕에 관한 이야기를 읽은 독자들은 어쩔 수 없이, 놀라운 일은 아니지만 스피노자가 "올바른 삶의 방법"이라고 제시하는 특정 측면에 고개를 갸우뚱하게 된다. 더나아가 도덕에 관한 스피노자의 연구 전체의 성격과 정당성에 대해서도 의구심을 가질 수 있다. 이와 관련하여 지속적으로 많은 이견이 제기되는 근본적인 문제는 두 가지다. 첫 번째 문제는 이성의 지시와 그것이 지니는 규범성(oughtness) 그리고 그것이 누구를 위한 규범인가에 관한 것이다. 두 번째 문제는 스피노자가 설명하는 좋은 삶과 그의 엄밀하고 절대적인 결정론을 어떻게 조화시킬 것인가이다. 우주 만물이 인과적으로 필연적이고 인간의 선택과 행동을 포함한 모든 것이 지금과 다를 수 없다면, 독자들에게 자유인처럼 되기 위해 노력해야 한다고 말하는 것이 무슨 의미가 있겠는가? 그것에 따르면 사람들은 이미 자유로운 사람과 자유롭지 못한 사람으로 나뉜다. 자유로운 사람은 그렇게 되기로 결정된 것이었고, 자유롭지 않은 사람 역시 그렇게 결정된 것이므로 어찌할 방도가 없다.

이성의 지시와 이성이 지시하는 자유인의 삶이 평범한 인간에게도 규준의 전형이 되는지에 대해서는 학자마다 의견이 크게 갈린다. 자유롭지 않은 사람도 모두 자신의 처지나 상황이 어떻든 자유로워지기 위해 노력할 의무가 있다는 말이 사실일까? 자유롭지 않은 사람이 자유로워지기 위해 노력할 때 자유인처럼 행동하고 오직 이성의 지시를 받아 행동해야 할 의무가 있을까? 그렇다면 이성의 지시는 자유로운 사람과 자유롭지 못한 사람 구분 없이 모든 사람의 행위를 규정하는 것일까? 만약 그렇다면 그것은 어떤 종류의 규범일까?

이성의 지시가 보편적 규범이어서 모든 사람을 위한 행동을 지시하는가에 관한 이 논쟁에는 종종 정직에 관한 정리가 사례로 이용된다.[5] 주지하듯이 자유인은 언제나 정직하게 행동하고 절대 기만적으로 행동하지 않는다. 이는 그가 인간의 완전성을 향유하고 있어 다른 사람을 속여서 자신의 완전한 상태를 훼손할 만큼 죽음을 두려워하지 않기 때문이다. 그렇다면 앞서 제기된 문제로 돌아가 보자. 완전히 자유롭지 못한 사람들은 어떠한가? 그들도 예외 없이 무조건 정직하게 행동해야 하는가? 그들도 언제나 이성의 요청에 주의를 기울여야 하는가? 자유인이 어떻게 생각하고 행동하는지, 자유인의 삶이 어떠한지(무엇을 왜 어떻게 하는지)에 대해 듣는 것은 좋은 일이다. 하지만 우리 대부분은 자유인이 아니다. 또 모든 사람이 마치 자유인인 것처럼 행동하게 하는 것은 무모하고 심지어 위험하다고도 할 수 있다. 자유인에게 선한 것이 반드시 평범한 사람에게도 선한 것은 아니기 때문이다. 오히려 자유인에게 선한 것이 평범한 이에게는 악한 것일 수 있다. 어쨌거나 지속적으로 존재하는 것은 자유와 완전성을 추구하는 데 꼭 필요한 일이므로 존재를 지속하기 위해 가끔은 거짓말을 하거나 다른 방식으로 타인을 속여야 할 때도 있을 수 있다.[6]

이 문제는 다른 방식으로도 물을 수 있다. 자유롭고 이성적으로 유덕한 사람은 이성의 지시를 어떻게 살아야 하는지를 일러 주는 규범이라고 인식한다. 그와 동시에 이성의 지시에 담긴 규범성은 상당히 약화된 종류인데, 이는 자유

올바른 삶의 방법

인이 이성의 지시에 반하여 행동할 리가 없기 때문이다. 자유인의 사고와 행동은 이성의 적합한 관념들에 의해 인과적으로 결정되므로 이성의 지시들이 사실상 의미하는 것은 자유인 같은 사람이 실제로 그리고 필연적으로 어떻게 사는지에 대한 묘사이기도 하다.[7] 이 때문에 자유인에 관한 정리들이 "자유인은 ○○○을 한다."거나 "자유인은 ○○○을 하지 않는다."와 같이 표현되는 것이다. 그렇다면 자유인과 같은 지복을 누리지 못하는 사람들은 어떠한가? 그들에게도 이성의 지시가 더욱 자유로운 사람이 되기 위해 어떻게 살아야 하는지를 규정해 주는 규범인가?[8]

지금까지 살펴보았듯이 이성이 지시하는 가장 일반적인 내용은 모든 사람이 자신을 사랑하고, 자신에게 이익이 되고 정말로 유용한 것을 추구하며, 진정으로 자신을 더 큰 완전성으로 이끄는 것을 욕구하고, "절대적으로, 모든 이가 가능한 한 자신의 존재를 보존하기 위해 노력해야 한다"는 것이다. 또 이성은 "우리가 덕 그 자체를 욕구해야 하고" 사회적 측면에서는 다른 사람들을 위해 바라지 않는 것은 자신을 위해서도 바라서는 안 된다고 규정(스피노자의 표현을 빌리면)한다.[9] 이런 매우 포괄적 의미의 지시들은 모든 인간의 마음과 정신을 인도하는 보편적인 규범이라고 생각하기 쉽다. 어떤 의미에서 이것들은 모든 인간의 본질인 코나투스를 명제로 표현한 것에 지나지 않기에 반드시 모든 인간의 정신에 (직접 표현되지 않더라도) 선천적으로 내재해 있다고 할 수 있다. 모든 인간은 자신의 이익을 좇아야 한다는 사실(비록 자신의 이익이 어디에 있는지에 대해서는 그릇된 믿음을 가지고 있을지 몰라도)을 어느 정도 대략적으로는 알고 있다.

그렇다면 자유인의 좀 더 구체적인 행동이나 태도, 곧 언제나 정직하게 행동하는 것, 무지한 이의 호의를 피하는 것, 더 작은 현재의 선보다 더 큰 미래의 선을 선호하는 것, 죽음을 생각하지 않는 것 등은 어떠한가?[10] 평범한 사람도 이러한 (이성의) 지시들을 모두 따라야 하는가?[11] 올바른 삶의 방법이라는 것이 이미 자유로운 사람이든 자유로워지고자 노력하는 사람이든 상관없이 모든 사람에게 적용되는 것인가? 자유가 무엇인지 제대로 이해하지 못해서 자유를 추구해야 하는지도 모르는 사람은 어떠한가?

이성의 지시가 자유인의 활동을 묘사하는 것인지 혹은 모든 사람에게 규범을 제공하는 것인지에 대해 내가 생각하는 정답은, 그렇다. 두 가지 다다. 이성의 적합한 관념이 인과적으로 이끄는 자유인의 생각과 행동은 자유롭지 못한 사람에게도 일종의 권고가 된다. 더 자유로워지길 바라고 궁극적으로 자유인이 되기를 원한다면(깨닫든 깨닫지 못하든 모든 사람은 그렇게 되기를 원한다!) 자유인처럼 하면 된다. 결국 자유인이 특별히 무엇을 하고 무엇을 하지 않는지에 관한 『에티카』의 정리들은 그저 "자유인의 기질과 삶의 방식과 관련하여 추가된 것들"로, 이는 논증을 바탕으로 "매우 복잡한 기하학적 질서 안에서" 가장 보편적인 이성의 명령으로부터 도출된 것이다. 그러므로 자유롭지 못한 사람도 반드시 그런 이성의 기본적 명령의 보편성을 함께 누릴 필요가 있다. 어떤 이성의 명령의 영역을 다른 이성의 명령의 영역과 구별할 합당한 이유는 없어 보인다.

이성은 다른 사람들을 정직하게 대하는 것을 자신에게 유용하고 더 큰 완전성을 성취하기 위한 노력에 도움이 되는 일로 규정한다. 만약 이성이 보편적으로 모든 사람에게 자신의 이익을 추구하고 자신을 진정 더 큰 완전성으로 이끌어 주는 것을 욕구하며 다른 사람을 이롭게 하는 방식으로 행동하라고 명령한다면, 그것은 모든 사람에게 똑같이 오성을 추구하고 정직하게 행동하며 남을 미워하지 않고 무지한 이의 호의를 피하라고 명령할 것이다. 어느 학자의 말처럼 "이성의 명령은 우리의 능력을 향상시키기 위한 실질적 행동 규범"이며, 이는 이성의 명령이 모든 사람을 위한 실질적 행동 규범이라는 것을 의미한다. 왜냐하면 인간은 모두 (필연적으로) 자신의 능력을 향상시키기 위해 노력하기 때문이다.[12] 스피노자가 『신학정치론』에서 주장하듯이 "법률과 특정한 인간 이성의 지시에 따라 사는 것이 인간에게 얼마나 이로운지에 대해 의심하는 사람은 없다. 이미 이야기한 바와 같이 이런 법률과 이성의 지시는 인간의 진정한 이익만을 목표로 한다."[13]

물론 평범하고 완전히 자유롭지 못한 사람은 자유인이 하지 않을 법한 행동을 하는 경우가 많으며, 이는 그 사람이 정념에 얼마나 휘둘리느냐에 따라 달라진다. 아크라시아에 빠진 사람들은 정념의 정서적 힘이 적합한 관념의 정서적 힘보다 더 크기에 자신의 현명한 판단과 반대되는 행동을 한다. 어떤 사람들은 단순히 그들을 이성적 행위로 이끌 만한 적합한 관념이 없을 수도 있다. 스피노자는 이것도 때로는 괜찮다고 시인한다. 그는 겸손이나 후회가 덕이 아니라고 설명하면서도 그런 태도가 유용할 수 있다고 말한다.

> 인간은 이성의 지시에 따라 사는 경우가 드물어서 이 두 가지 정서, 즉 겸손과 후회는 희망과 공포와 마찬가지로 손해보다 이익을 더 많이 가져다준다. 따라서 인간이 죄를 범해야 한다면, 이런 방면에서 죄를 범하는 것이 낫다. (……) 이러한 정서에 휘둘리는 사람은 다른 사람들보다 훨씬 더 쉽게 결국 이성의 지시에 따라 살도록, 즉 자유로워지고 축복받은 이의 삶을 향유하도록 인도될 수 있다.[14]

평범한 사람은 자유인이 할 만한 행동을 전혀 하지 못하거나, 하다못해 자유인이 행하는 대로 따라하지도 못할 수 있다. 이런 문제를 해결하는 첫 번째 단계는 특정한 수동적 정서를 최대한 이용하여 이성의 지시를 따를 수 있을 만큼 자신의 상태를 충분히 개선시키는 것이다. 이후 그 정념들은 더 이상 필요가 없으므로 높은 곳에 다 오르면 치워지는 사다리처럼 버려진다.

자유인이 되는 가장 좋은 방법은 자유인처럼 행동하는 것, 즉 자유인이 행하는 것을 행하고 가능한 한 자유인의 기질을 취하는 것이다. 이는 곧 이성의 지시를 따른다는 말과 같다. 처음에는 자유인처럼 자연스럽게 자신의 적합한 관념의 필연적 결과로서 이성의 지시를 따르지는 못하고 의도적인 다짐을 통해 외부에서 강요된 명령에 대한 일종의 책무로서 따르게 된다.[15]

그렇다면 『에티카』에서 자유롭지 않은 사람이 이성의 지시에 대한 책무로서 유덕한 일을 하는 경우와 『신학정치론』에서 비철학적인 평범한 사람이 신의 율법을 따르도록 인도되어 신앙으로 인해 정의와 박애로 이웃을 대하는 경우를 비교해 보자. 정의롭고 관대하며 오성을 통해 그것이 자신에게 이롭다는 것을 아는 이성적으로 유덕한 사람과 달리, 표상에 의해 인도되는 비철학적인 사람은 성서가 전하는 윤리적 교훈을 통해 신의 계명을 따르도록 감화된다. 철학적인 이의 신심 깊은 행동이 필연적으로 오직 그의 본성에서 나오는 것이라면, 무지한 대중의 신심은 복종의 문제라고 스피노자는 주장한다.[16]

그러므로 자유롭지 않은 사람은 이성의 명령에 복종하며 자유인처럼 행동해야 한다. 그러나 결국 이성의 명령에 대한 깊은 깨달음을 얻으면 이성의 지시에 따르는 것에 익숙해진다. 이성이 명령하는 대로 인식을 추구하기 시작하면 그의 적합한 관념은 증가하고 그 힘이 더욱 강해져, 마치 자유인처럼 사실상 인과적으로 그의 행위를 지배한다.[17] 외적 의무가 점차 내적 의무가 되어 가는 것이다.

스피노자는 이 전략을 다음과 같이 권고한다. "우리의 정서에 대해 완전한 인식을 갖고 있지 않는 한 우리가 할 수 있는 최선의 것은 올바른 삶의 원칙이나 확실한 삶의 지침을 구상하고 이것을 기억하여 인생에서 자주 마주치는 개별 사례에 지속적으로 적용하는 것이다."[18] 이후 그가 열거하는 삶의 지침은 바로 이성이 자유인에게 지시하는 내용들이다.[19] 그런 "이성의 규칙"에는 미움을 사랑으로 극복하고 미움으로 되갚지 않는다는 것과 "흔히 발생하는 삶의 위험은 침착함과 정신의 힘으로 가장 잘 회피하고 극복할 수 있다"는 것이 있다. 분노나 야망, 다른 사람의 견해에 의존하는 자긍심을 갖지 않아야 한다는 것도 그중 하나다. 더 자유로워지고 궁극적으로 자유인이 되기 위해 노력하는 사람은 "이런 것들(규칙들)을 (그것들이 어렵지 않기에) 세심하게 따르고 실천한다." 그렇게 함으로써 그는 "머지않아 자신의 행동 대부분을 이성의 명령에 따라 지배할 수 있게 된다."[20] 다시 말해서 자유인처럼 행동하는 사람, 즉 이성의 지시에 따르는 사람은 더 자유로워지고 궁극적으로는 (바라건대) 자유인에도 이르게 된다.

이런 방법은 아리스토텔레스가 주장한 유덕한 인간에 이르는 길과 다르지 않다. 아리스토텔레스는 유덕한 사람이 되려면 유덕한 사람이 할 법한 일을 하고 그것들을 유덕한 사람이 하듯이 행하라고 했다. 그러면 그 사람은 덕에 익숙해지고 그런 행동과 사고가 자연스럽게 하나가 된다는 것이다. "정의로운 사람은 정의로운 행위를 함으로써 만들어지고, 온화한 사람은 온화한 행위를 함으로써 만들어진다. 이렇게 하지 않고는 누구도 선해지는 것을 기대할 수 없다."[21] 아리스토텔레스와 스피노자에게 덕은 유덕한 사람이 준수하는 행동 법칙을 따르는 것으로 시작된다. 시간이 지나면 이러한 행동들은 자연스럽게 그 사람의 품성에서 흘러나오거나, 스피노자의 표현을 빌리면 그 사람의 적합한 관념으로부터 필연적으로 도출된다.

이성의 명령은 자유인의 정신 안에서 정서적으로 강력한 힘을 지닌 적합한 관념으로서 자유인을 특정한 방식으로 행동하게 한다. 자유인도 이성의 명령을 자신에게 특정한 행동 양식을 지시하는 규범으로 받아들이지만, 그는 이성이 지시하는 것을 언제나 당연하게 행한다. 반면 평범한 사람들에게 이성의 명령은 더 강력한 의미의 규범으로 작용한다. 이성의 명령은 그 사람이 정념으로 인해 꼭 하지는 않을 법한 일들, 그래서 결국엔 전혀 하지 않을 일들을 지시하기 때문이다.

이성의 명령이 하는 일은 모든 인간에게 기본적으로 존재하는, 모든 인간의 구성 요소이기도 한 '최선 그리고 최고의 의미에서 존재를 지속하고자 하는 욕망'을 충족하는 사유와 행동의 방식을 규정하는 것이다. 인간이 이성의 명령을 따라야 하는 것도 바로 이 때문이다.[22]

그러나 이 모든 것은 더 심오한 문제를 제기한다. 평범한 사람이 더 자유로워지고 궁극적으로 자유인이 되기 위해서는 이성의 명령에 따라 살아야 한다. 이런 의미에서 이성의 명령은 규준과 같다. 그러나 이것은 그저 가설적 또는 조건적

규준처럼 보인다. 만약 자유로워지고 싶다면 이성의 지시를 따르라는 말처럼 들리기 때문이다. 그렇다면 인간은 애초에 자유인이 되기 위해 노력해야 할 의무가 있는 걸까? 자유로워진다는 것이 무엇인지에 대한 적합한 이해가 없거나, 자유가 무엇이고 이성이 명령하는 것이 무엇인지는 알지만 현재 상태에 만족하고 자유를 추구할 충분한 동기도 그럴 마음도 없어서 정말로 자유로워지고 싶지 않다면 어찌할 것인가? 나약한 사람의 정념은 정서적 힘이 매우 강력해서 이성의 적합한 관념이 욕망을 지배하지 못할 수 있다.[23] 그런 사람은 자유를 추구하려는 실천적 동기를 충분히 느끼지 못하므로 자유로워지기 위해 이성이 규정하는 일을 해야 한다는 생각이 들지 않을 것이다.

스피노자는 어느 누구도 강제적으로 이성에 따라 살 의무는 없다는 점을 인정한다. 이는 자연 상태에서는 더더욱 사실이고, 현명한 통치자가 시민들의 자유에 진정으로 도움이 되는 (그리고 불복종을 처벌하는) 이성적인 법을 제정해 놓은 곳이 아닌 이상 정치 체제 안에서도 마찬가지다. 이성적으로 행동할 법적, 정치적 의무는 그런 이상적인 사회에나 존재한다. 이와 관련하여 스피노자는 『신학정치론』에서 다음과 같이 말한다.

오직 자연의 법칙 아래 산다고 간주되는 인간들 중에서 아직 이성을 모르거나 덕의 성향이 없는 사람은 이성의 법칙에 따라 삶을 사는 사람만큼이나 오직 충동의 법칙에 따라 살 최고의 권리를 갖는다. 즉 현명한 자가 이성이 지시하는 것은 무엇이든 행하고 이성의 법칙대로 살 최고의 권리를 지니는 것처럼, 무지하고 나약한 자도 충동이 자극하는 것은 무엇이든 행하고 충동의 법칙에 따라 살아갈 최상의 권리를 갖는다.[24]

인간이 만든 법률이나 법률의 구속력을 받는 계약 또는 합의 없이는 의무도 존재하지 않는다. 법으로 명시된 의무가 존재하는 국가에서도 (철학에 통달하지 않은) 통치자가 제정한 법이 사람들에게 이성적이고 유덕하게 살 것을 의무화하지는 않는다. 그렇다면 이성에 따라 살아야 한다는 현명한 통치자의 명령이 없는 경우, 자유인의 삶은 규준으로 작용할 수 있는가? 우리가 이성적으로 유덕한 사람이 되기를 바라야 하는 납득할 만한 이유가 있는가?

이쯤 되면 이것이 올바른 질문이 아니라는 점이 분명해진다.

자유를 위한 근본적인 노력은 인간이 의도적으로 선택할 수도 있고 선택하지 않을 수도 있는 그런 미정(未定)의 문제가 아니다. 모든 인간은 필연적으로 자유를 위해, 이성적으로 유덕한 삶을 위해 노력한다. 이는 모든 인간이 본성에 의해 자신의 능력을 보존하고 증대하며 자신의 존재를 발전시키기 위해 노력하기 때문이다. 모든 인간은 인간으로서의 완전성을 획득하거나 유지하기 위해 노력한다. 인간은 이것을 기쁨이나 즐거움에 대한 욕망으로 경험할 수도 있고, (충분한 오성을 부여받았다면) 그것을 있는 그대로, 즉 자유를 위한 노력, 이성, 덕으로 인식할 수도 있다.

어떤 사람들은 이 이성적 덕을 위한 노력에 탁월함을 보인다. 이런 사람들은 이미 자유롭고 이성의 적합한 관념에 따라 사는 이들이다. 이들은 참된 선과 덕에 진정으로 도움이 되는 것이 무엇인지 알고 그것을 좇는다. 그러나 어떤 사람들은 그런 노력에 서툴다. 설사 자기도 모르는 새 자유를 위해 노력하고 있더라도 수동적 정서와 부적합한 관념의 지도 아래서 불완전하고 잘못된 인식에 근거하여 그렇게 하는 것이다. 이들은 잘못된 길을 가며 가치 있는 것에 관한 잘못된 신념을 품고 있다. 또 자신이 이 세상에서 추구하는 즐거움이 진정한 선이고 그것을 통해 자신이 올바른 목표라고 믿는 상태에 이를 것이라고 생각한다. 이들은 모든 측면에서 틀렸다. 이들은 존재 지속을 위해 노력하지만 존재 지속의 본질이 무엇이고 그것이 무엇을 요구하는지 잘못 알고 있다. 이들이 진정으로 노력하고 있는 것은 (다시 한번 말하지만 그것을 깨닫든 깨닫지 못하든) 최고의 방식, 즉 자유, 행복, 지복 안에서 존재를 지속하는 것이다.

정념에 이끌려 사는 사람들은 자유인의 삶을 규준이라고 생각하지 않으며, 따라서 이성의 명령을 규범이라고 생각하지도 않는다. 그들은 이성이 제안한 목표를 의식적으로 욕망하지 않기에 그 목표를 실현하기 위한 이성적 수단을 취하려는 의욕이 부족하다. 설사 이성이 어떤 행동과 태도를 지시하는지 안다 하더라도 이렇게 자문한다. '왜 내가 그것을 해야 하지?' 이들은 무지해서 이성을 따르는 일이 사실상 자신들이 궁극적으로, 필연적으로 그리고 자기 본성에 의해 이루고자 노력하는 바로 그것, 즉 자유인의 삶에 이르는 길이라는 사실을 깨닫지 못한다.

그러므로 '왜 자유인이 되기를 바라야 하지?'는 잘못된 질문이다. 왜냐하면 누구나 자유인이 되기를 진심으로 바라기 때문이다. 자유인이 되기를 바라지 않는 사람은 아무도 없다. 더 정확히 이야기하면 사람은 모두 이미 어느 정도 자유인이어서 지금보다 더 자유로워지기를 바란다. 조금만 지혜로워도 이 사실을 깨달을 것이며, 이것을 깨달아야만 이성의 지시가 그들이 원하는 더 선하고 더 유덕하며 더 자유로운 삶에 이르는 데 실질적이고 필수적인 수단을 제공하는 규준임을 알게 된다.

그렇다면 그런 지혜는 어디에서 오는가? 자유인의 삶을 살기로 하는 일이 순수하게 즉흥적이고 자유로운 종류의 선택도 아니고 어떤 동기에 의해 유발되었으나 완전히 결정되지 않은 선택은 더더욱 아니라면(그런 일은 스피노자의 세상에 존재하지 않기 때문에), 왜 사람은 갑자기 자신의 삶을 바꾸고 싶은 욕망이 드는 것일까? 무엇이 사람을 자극하여 매혹적이지만 일시적인 세상의 쾌락 대신 오성이라는 참된 선과 그것이 동반하는 기쁨과 지복을 추구하게 하는 것일까?

이 질문에 대한 최고의 답변은 『지성교정론』과 이 책의 도입에 등장하는 스피노자 자신의 이야기에서 찾을 수 있다. 그는 말린 과일을 비롯한 식료품을 취급하는 사업가이자 암스테르담의 무역상이었고, 포르투갈계 유대인의 탈무드 토라 회중 사이에서 명망 높은 인물이었다. 그러나 그런 삶과 그런 삶을 특징짓는 가치들 때문에 그는 언제나 불만족스러웠고 마음 한구석이 허전했다. 지적으로나 정서적으로 충족되지 않는 것이 많았기에 스피노자는 그의 표현을 빌리면 "무언가 새롭고 다른 목표"를 자연스레 좇게 되었다.

경험을 통해 삶에서 일상적으로 마주치는 모든 것이 공허하고 허무하다는 것을 알게 된 후, 그리고 나의 모든 불안의 근원과 대상이 내 정신에 영향을 준다는 점을 제외하면 그 자체로는 선도 악도 아니라는 사실을 깨달은 후, 나는 진정한 선, 즉 스스로 그 의미를 전달할 수 있고 다른 모든 것은 배제한 채 오직 정신만을 자극하여 변화시킬 수 있는 것이 존재하는가, 한번 발견하고 습득하고 나면 내게 끊임없는 궁극의 기쁨을 영원히 가져다주는 것이 실제로 존재하는가를 탐구하기로 굳게 결심했다.

세상의 이치가 이렇지 않을까. 사람이 살다 보면 자신이 추구하던 선이 참된 선이 아니고 그것이 가져다주는 즐거움이 참된 기쁨과 행복이 아니라는 사실을 깨닫는 순간이 찾아오기도 한다. 개인을 새로운 방향으로 나아가게 하는 일, 이를테면 좀처럼 사라지지 않는 의문이나 개인적인 상실, 불만, 더 나은 것에 대한 경험도 생긴다. 이런 일은 자연의 만물처럼 모두 인과적으로 결정된 것으로, 사유의 속성 아래 자연적이고 필연적인 일련의 사건들이다.

그렇지만 누군가가 삶의 행로를 바꾸지 못한다 해서 그 사람을 비난해서는 안 된다. 공식적인 의무를 등한시하는 것이 아니므로 형벌도 없다. 그러나 이성에 따르는 삶을 간과하는 데 대한 개인적인 대가는 상당한 반면 이성을 추구하는 삶이 주는 보상은 대단히 크다.

이로써 앞서 언급했던 두 번째 문제, 즉 절대적 결정론과 윤리의 과제를 조화시키는 일의 해결법도 분명해진다. 이 문제는 스피노자와 서신을 주고받았던 친구 에렌프리트 발터 폰 치른하우스에 의해 독특한 형식으로 제기된다. 1674년에 스피노자에게 보낸 편지에서 치른하우스는 이렇게 묻는다.

우리가 외부 사물에 의해 강제되는 것이라면 그 누가 유덕한 성향을 획득할 수 있을까? (……) 하지만 우리가 외부 사물에 의해 무엇인가가 되도록 결정되더라도 단호하고 한결같은 마음으로 이것에 저항하지 않는 경우는 얼마나 되는가?[25]

어떤 면에서 치른하우스의 질문은 잘못되었다고 할 수 있다. 단순히 그가 스피노자가 말한 자유와 결정의 개념을 오해했기 때문만은 아니다.[26] 그는 우리가 외부 사물의 결정에 저항할 수 있다는 사실이 우리에게 (설사 상황에 따라 한쪽 방향으로 기울게 되더라도) 진정한 독립성을 유지시켜 주는 의지의 자유가 있음을 보여 준다고 생각하는 듯하다. 스피노자도 한발 물러나 우리가 외부 사물의 결정에 저항할 수 있고 그럴 수 있는 것은 자유 때문임을 인정할 수 있지만, 그렇다고 결과적으로 그러한 (자유로운) 행위가 전혀 결정(그가 말하는 엄격한 의미에서)되지 않는다고 말할 수는 없다고 주장한다. 앞서 본 것처럼 스피노자는 자유롭고 유덕한 행위가 이성과 인식에 의한 내면으로부터의 결정과 양립할 수 있다고 본다.[27] 우리의 적합한 관념이 지니는 정서적 힘이 외부 사물이 야기하는 정념보다 더 클 때, 그래서 우리가 그런 적합한 관념이 시키는 행위를 할 때, 우리는 능동적이고 자유롭다.

한편 치른하우스의 질문으로 더 포괄적인 쟁점도 제기되는데, 바로 덕의 획득과 습관에 관한 문제다. 이는 스피노자가 치른하우스에게 보내는 답장에서 다소 우회적으로 다루어진다.

"우리가 외부 사물에 의해 강제되는 것이라면 그 누가 유덕한 성향을 획득할 수 있을까"라는 (……) 그의 주장에 대해, 나는 누가 그에게 우리가 확고하고 한결같은 기질을 지니는 일이 숙명적인 필연성에 의해 일어날 수 없고 오직 정신의 자유로운 결정에 의해서만 일어날 수 있다고 이야기했는지 모르겠다.[28]

미결정의 의지의 자유는 자발적인 도덕적 성장을 위한,

다시 말해 확고하고 한결같은 기질을 지닌 사람이 되기 위한 필요조건이 아니다. 더 낫고 더 이성적이며 더 만족스러운 삶을 추구하는 일은 어떤 종류의 인과적 공백도 필요하지 않다. 사람이 자신의 인생을 바꾸는 데에 어떤 식으로든 행동할 수 있는 자유지상주의자의 역량이 필요한 것은 아니다. 그것은 외부 원인에 의해 결정되는 것으로도 시작할 수 있다. 앞서 확인한 것처럼 장막을 젖혀 탐탁지 않은 현재 상태와 바람직한 변화 가능성을 모두 드러내는 어떤 사건 또는 교훈적이고 감동적인 이야기만 있으면 된다.

『에티카』의 증명들이야말로 바로 그것을 위해 의도된 것이다. 기하학적으로 정리된 이 논문을 읽고 스피노자가 치밀하게 사유하여 내린 결론들을 완전히 이해한다면 누구나 지적인 측면에서나 정서적 측면에서나 특정한 방식으로 감화될 것이다. 『에티카』를 펼쳐 그 속에 담긴 정리와 증명들을 천천히 읽어 나가면 우리는 우주와 우리 자신, 일생 동안 우리가 끊임없이 추구하는 것들에 관한 진실을 보게 될 것이다. 또한 (앞서 발생한 원인의 결과로서) 변화가 필요하다고, 새로운 삶의 방향과 새로운 삶의 방식이 필요하다고 결심할 것이다.

스피노자의 목적은 자유인의 삶이 올바른 삶의 방식이고 인간에게 최선의 삶이라는 사실을 우리에게 깨우치려는 것이다. 자유인의 삶은 자주성과 덕, 능력이 갖춰진 **능동적**인 삶이다. 자유인의 욕망은 비이성적인 정념이 아니라 이성과 인식에 의해 인도된다. 자유인은 단순히 선처럼 보이는 것이나 어쩌다 즐거움을 주는 것이 아니라 자신이 선이라고 알고 있는 것, 자신에게 그리고 다른 사람들에게도 진정으로 이로운 것을 행한다.

또한 자유인의 삶은 진정한 행복에 이르는 삶이다. 그러므로 이것은 인식하든 인식하지 못하든 우리 모두가 영위하고 싶어 하는 삶이다.

감사의 말

고맙게도 많은 친구와 동료 들이 시간을 내어 책을 읽고 의견을 내주었다. 전문가들이 던진 질문과 제안은 물론이고 그들이 제기한 이견도 매우 큰 도움이 되었다. 이 자리를 빌려 카롤리나 휘브너, 맷 키스너, 마이클 르버프, 돈 러더퍼드, 앤드루 유파에게 진심 어린 감사의 인사를 전한다.

나의 벗 마크 크레이븐에게도 특별히 고맙다는 말을 전한다. 나와 함께 피레네산맥으로 자전거 여행을 간 마크는 페이르수르드 고개를 오르다 경사도 12도에 이르는 지점에서 나를 돌아보며 물었다. "그래서 스피노자의 형이상학과 윤리학은 대체 어떤 관계가 있는데?"

프린스턴 대학교 출판사의 훌륭한 편집 출판팀에 가장 큰 신세를 졌다. 이들과 일하는 것은 언제나 큰 기쁨이다. 특히 탁월한 편집장인 롭 템피오에게 감사하다. 지난 10년 간 이 책과 다른 저작들을 작업하면서 그가 보내 준 피드백과 격려(1년에 한 번씩 피자 가게에서, 때로는 카츠 델리카트슨에서 가졌던 식사 자리는 말할 것도 없고)는 이루 말할 수 없을 만큼 소중한 것이었다. 그와 협업할 앞날이 더욱 기대가 된다. 고마워요, 롭.

이 책의 내용은 모두 처음 출판되는 것이지만, 아이디어와 주장의 일부는 과거에 논문 형식으로 발표한 적이 있으며 그 논문들과 게재된 잡지 제목은 다음과 같다.

"On Spinoza's Free Man(스피노자의 자유인에 관하여)," *Journal of the American Philosophical Association* 1(2015): 103-20.

"Spinoza on Lying and Suicide(거짓말과 자살에 관한 스피노자의 이론)," *British Journal for the History and Philosophy* 24(2016): 257-78.

이 두 논문의 일부를 재인쇄할 수 있게 허락해 준 케임브리지 대학교 출판사와 테일러앤드프랜시스에 감사 인사를 전한다.

약어

스피노자의 저작

C: *The Collected Works of Spinoza*, 2 vols., edited and translated by Edwin Curley (Princeton, NJ: Princeton University Press, 1985, 2016).

Ep.: *Epistola* (Letter).

Ethics: *Ethica Ordine Geometrico demonstrata*; cited by part (roman numeral), proposition (p), demonstration (dem), definition (def), scholium (s), and corollary (c).

G: *Spinoza Opera*, 4 vols., edited by Carl Gebhardt (Heidelberg: Carl Winters Universitaetsbuchhandlung, 1925).

KV: *Korte Verhandeling van God, de Mensch en des zelfs welstand (Short Treatise on God, Man, and His Well-Being)*.

S: *Spinoza: The Letters*, edited by steven Barbone, Lee Rice, and Jocob Adler, translated by Samuel Shirley (Indianapolis: Hackett Publishing, 1995).

TIE: *Tractatus de intellectus emendatione (Treatise on the Emendation of the Intellect)*.

TTP: *Tractatus Theologico-Politicus (Theological-Political Treatise)*.

다른 인물의 저작

AT: *Oeuvres de Descartes*, 11 vols., edited by Charles Adam and Paul Tannery (Paris: J. Vrin, 1974-1983).

CSM: *The Philosophical Writings of Descartes*, 2 vols., edited and translated by John Cottingham, Robert Stoohoff, and Dugald Murdoch (Cambridge: Cambridge University Press, 1985).

CSMK: *The Philosophical Writings of Descartes*, vol. 3, *The Correspondence*, edited and translated by John Cottingham, Robert Stoohoff, Dugald Murdoch, and Anthony Kenny (Cambridge: Cambridge University Press, 1991).

FWC: *Die Lebensgeschichte Spinozas*, 2 vols., edited by Jacob Freudenthal, Manfred Walther, and Michael Czelinski (Stuttgart-Bad Cannstart: Frommann-Holzboog, 2006).

주

1 새로운 삶의 방식

1   벤투는 암스테르담의 포르투갈계 유대인 공동체 사이에서 부르던 스피
    노자의 이름이고, 바뤼흐는 유대교 회당에서 사용하던 히브리어 이름이
    다. 베네딕투스는 라틴어식 이름으로 그의 출판물에는 이 이름이 쓰였
    다. 세 이름 모두 '축복받은'이란 뜻이다.

2   *Ethics* I, Appendix, G II.78-79/C I.440-41.

3   *Ethics* Ip15 and Ip16.

4   범신론에 관한 논의는 Bennett(1984)과 Curley(1988)를 참고하고, 무
    신론에 관한 논의는 Nadler(2008)를 참고할 것.

5   *Ethics* Ip29.

6   *Ethics* Ip33.

7   *TTP* VI, G III.83-84/C II.154-55.

8   스피노자의 철학에서 목적론의 위치는 논쟁이 많은 주제다. 그의 이
    론에서 목적론이 어떤 역할을 하는지 알고 싶다면, Garrett(1999)와
    Lin(2006b)을 참고하라.

9   *Ethics* IV, Preface, G II.208/C I.545.

10 *Ethics* III, Preface, G II.138/C I.492.

11 *Ethics* I, Appendix, G II.78/C I.440.

12 *Ethics* IIp48.

13 *TIE*, G II.5/C I.7.

14 *TIE*, G II.5-6/C I.7-8.

15 다음을 참고할 것. Sidgwick(1907, 91-92), Williams(1985).

16 스피노자가 파문당한 것도 젊은 시절 유대 공동체에서 자주 토론했을
    신, 성서, 영혼과 같은 철학적, 신학적 주제들에 대한 견해 때문이라고
    보는 편이 타당하다. Nadler(2001; 2018)를 참고할 것.

17 *TTP* XX, G III.247/C II.353.

2 인간 본성의 전형

1 *Ethics* IIdef6.

2 *Ethics* IV, Preface, G II.206/C I.544.

3 *Ethics* IV, Preface, G II.206/C I.544.

4 *Ethics* IV, Preface, G II.207/C I.545.

5 『에티카』의 표준 영어 번역판(컬리 역)은 라틴어 bonum과 malum을
   각각 선(good)과 악(evil)으로 번역한다. 그러나 악은 스피노자 이론에
   서 윤리적 (그리고 신학적) 의미가 너무 강한 용어다. Deleuze(1981,
   34)가 지적한 것처럼 스피노자에게는 "선(Good)과 악(Evil)은 존재하
   지 않지만, 좋은 것(good)과 나쁜 것(bad)은 존재한다."

6 *Ethics* IV, Preface, G II.208/C I.545.

7 실제로 많은 학자들이 스피노자가 가치에 대해 주관주의를 표방한다
   고 해석해 왔다. Frankena(1975)는 스피노자가 도덕적 판단과 도덕적
   속성 면에서 모두 주관론자에 해당한다고 주장한다. 다양한 형식의 주
   관론 또는 반실재론적 해석을 내놓은 학자로는 Harvey(1981), Ruth-
   erford(2008), Melamed(2011), Jarrett(2014) 등이 있다. 반면 Mat-
   tern(1978)은 스피노자가 도덕적 자질에 대해 일종의 이상주의를 주장
   하고는 있지만 주관론자는 아니라고 본다. Youpa(2010a)는 스피노자
   가 가치에 관한 욕구-충족 이론을 견지하지 않기 때문에 주관론자는 아
   니라고 주장한다. Deleuze(1981), Bennett(1984, 293), Garrett(1996),
   Miller(2005b), Kisner(2010a; 2011, 특히 5장), 그리고 내가 맞게 해
   석했다면 LeBuffe(2010) 또한 비주관론적 해석을 내놓는데 그 방식은

모두 다르다. 스피노자 안에서 "절대적 (······) 실천적 규범"을 주장한 Lagrée(2002)(비록 이것을 "상대적 규범" 이상의 것이라고 한 것은 정도가 지나쳤을지 모르지만)도 참고할 것.

8 G I.43/C I.87.

9 G I.49/C I.93. 스피노자가 "자기 본성으로 고찰되는(in sua natura spectatum)" 것 중에는 좋은 것도 나쁜 것도 없다고 언급한 『지성교정론』 도입 부분도 참고할 것.(G II.5/C I.7)

10 *Ethics* IIaxiom1.

11 *Ethics* IIp13c.

12 *Ethics* IIaxiom2.

13 *Principles of Philosophy* I.60, AT VIIIA.29/CSM I.213.

14 *Leviathan*, Part Three, chap. 34, sect. 2.

15 *Ethics* Ip34.

16 『에티카』 2부의 정의 1을 참고할 것. "물체란 신이 연장된 사물로 고찰되는 한 신의 본질을 일정하고 확정적인 방식으로 표현하는 양태라고 나는 이해한다."

17 이 비유가 이해에 도움이 되길 바라지만 완벽하게 적절한 비유는 아님을 알고 있다. 왜냐하면 (맷 키스너가 내게 깨우쳐 주었듯이) 물리학에서 무언가가 전환된다는 것은 다른 것으로 변화함으로써 그것이 소멸한다는 의미이기 때문이다. 그러나 명백하게도 신 또는 자연의 무한한 능력은 비록 유한한 정신과 신체로 나타나지만 소멸할 수 없고 영원히 지속된다.

18 『에티카』 본문에서 정리의 증명은 앞선 정리들과 논리적 근거를 제공하는 다른 요소들을 인용하고 있지만, 가독성을 위해 그런 내부 인용은 생략했다.

19 *Ethics* IIIp7 and IIIp8.

20 *Metaphysical Thoughts*, G I.248/C I.314를 참고할 것.

21 *Ethics* IIp7s.

22 "욕망은 충동에 대한 의식을 동반하는 충동으로 정의될 수 있다."(*Ethics* IIIp9s)

23 Matheron(1969, 247)은 이것을 "가장 노골적인 생물학적 이기주의"라 부른다. 그러나 모든 사람이 의식적으로 코나투스의 특징적 결과인 존재 지속을 목표로 삼는 것은 아니다. 능동적으로 이성에 이끌려 사는 사람만이 자신이 존재를 지속하고 능력을 증대하기 위해 노력한다는 사실을 인식한다. 이 점은 이후 논의를 통해 더욱 분명해질 것이다.

24 *Ethics* IIIdef3.

25 그는 트란시티오(transitio)라는 용어를 사용한다.(G II.191/C I.541)

26 *Ethics* IIIdef3.

27 *Ethics* IIIp12 and IIIp13.

28 *Ethics* IIIp11s. 기쁨이 힝싱 수동적 정서인 것은 아니나. 왜냐하면 코나투스의 향상이 능동적으로 일어날 수도 있기 때문이다.

29 스피노자가 욕망을 일종의 정서라고 말하는 것은 이상한 일이다. 적어도 그가 처음에 정의한 것처럼(*Ethics* IIIp9s), 욕망은 능력이나 존재 지속을 위한 노력 그 자체로, 그것의 이행이 정서를 이루기 때문이다.

30 *Ethics* IIIp13s.

31 *Ethics* IIIp51s.

32 모든 인간이 인간 본성의 전형을 의식적으로 생각하고 있다는 의미는 아니다. 예를 들어 탐욕스러운 사람은 돈에 대한 자신의 욕망이 결국 그런 전형이 도달한 완전한 상태까지 존재 지속 능력을 향상시키고자 하는 (잘못된) 욕망이라는 것을 의식하지 못할 수도 있다.

33 상반되는 견해가 궁금하다면, Jarrett(2014, 78)을 참고할 것. 재릿은 스피노자의 윤리학을 구성주의 윤리학이라고 보고, "선과 악이라는 용어는 (……) 이성적 인간이라는 개념이 구성되지 않으면 아무런 의미가 없으며" 이 개념은 어떤 본질이나 사물의 실재에 객관적으로 근거하지 않는다고 주장한다.

34 *Ethics* IV, Preface, G II.208/C I.545-46.

35 *Ethics* IIIp39s.

36 *Ethics* IVp41 and IVp45c2s.

37 *Ethics* IVp31dem.

38 *Ethics* IV, Preface, G II.208/C I.545.

39 G II.8/C I.10.

40 Part Two, chap. 4, G I.60/C I.103.

41 『에티카』의 자유인을 인간 본성의 전형과 동일시하는 내 견해에 모든 학자가 동의하는 것은 아니다. 예를 들어 LeBuffe(2010, 187-90)와 Garrett(1996, 278)은 동의하지만, Kisner(2011, chap. 8)는 그렇지 않다.

3 자유인이란

1 자유인에 대한 이런 냉혹한 평가는 다음과 같은 문헌에서 찾아볼 수 있다. Bennett(1984), Garrett(1996), De Dijn(2004), Garber(2004), Jarrett(2014), Kisner(2010b; 2011), LeBuffe(2010), Marshall(2014), Matheron(1969) 등.

2 자유인이 4부 서론에 언급된 인간 본성의 전형이라는 데에는 보편적이지는 않지만 일반적인 합의가 있다. 여기에 이의를 제기하는 견해가 궁금하다면 다음을 참고할 것. De Dijn(2004), Kisner(2010b; 2011).

3 *Ethics* IIIp59s.

4 *Ethics* IIIdef2.

5 Deleuze(1981, 113)가 잘 설명하고 있듯이, "『에티카』가 많은 공을 들이고 있는 부분은, 자유를 선택하거나 창조하는 의지의 능력(무관심의 자유)으로 이해하든 어떤 모범에 따라 자신을 통제하고 그 모범을 실현하는 능력(현명한 자유)으로 이해하든 상관없이, 자유와 의지 사이의 전통적 고리를 끊는 것이다."

6 Ep. 56, G IV.259/C II.421.

7 *Ethics* Idef7.

8 물론 개인의 능력과 본성의 원천은 신 또는 자연이지만, 개인은 신 또는 자연의 한 양태이기 때문에 이는 외부 원인에 의해 결정되는 문제가 아니다.

9 하지만 개인의 의식적인 신념은 자기 이익과 존재 지속을 위한 노력을 나타내고 있을지라도 명시적으로 코나투스에 관한 내용은 아닐 수도 있다는 점을 명심해야 한다.

10 *Ethics* IIIp3.

11 *Ethics* IVp14.

12 *Ethics* IVp7.

13 *Ethics* IV, Appendix, G II.266/C I.588.

14 스피노자가 인식론적 합리주의자라는 사실을 부인하는 것이 아니다. 그는 분명한 인식론적 합리주의자다. 그러나 내가 판단하는 스피노자의 인식론적 합리주의는 궁극적으로 그의 도덕철학을 설명하기 위함이다.

15 *Ethics* IIp40s2.

16 *Ethics* IIp44dem.

17 Ep. 60 중 치른하우스에게 보내는 편지를 참고할 것. "사물의 관념 또는 정의는 그것의 작용인(efficient cause)을 표현해야 한다."

18 *Ethics* Iaxiom4.

19 *Ethics* IIp44.

20 *Ethics* IIp47.

21 *Nicomachean Ethics*, II.5, 1106a15–17.

22 *Ethics* IVdef8.

23 *Ethics* IVp18s.

24 *Ethics* IVp20dem.

25 *Ethics* IVp37s1.

26 더 정확히 이야기하면, 우리가 본성적으로 그리고 필연적으로 얻고자 노력하는 것은 기쁨, 즉 우리 능력의 증대다. 그리고 인간에게 있어 최고치의 능력을 갖는 상태란 지속적으로 이성의 지도를 받는 삶, 즉 자유인의 삶이다. 그러나 정념에 예속된 사람은 이렇게 관련시켜 생각하지 못하기 때문에 이성에 따르는 삶을 살기 위해 의식적으로 노력하는 일이 없다.

27 상당수 학자들은 자유인과 이성의 지도에 따라 사는 사람을 동일시하는 것을 거부해 왔다. 그들의 견해는 다음을 참고할 것. Garber(2004), Bennett(1984), Youpa(2010b), Kisner(2010b). 반면 Jarrett(2014)은 자유인이 이성의 지도에 따라 사는 사람과 동일하고 단순히 『에티카』 4부 정리 66의 주석에 처음으로 소개되는 것이 아니라는 데에 동의한다.

28 다시 한번 말하지만, 철학을 깨친 사람만이 자신이 사실상 얻기 위해 노력하는 것이 이성과 자유의 삶이라는 사실을 인식한다. 예를 들어 탐욕스러운 사람은 자기 본질인 자신의 능력을 증대하려는 노력에 마음이 동하겠지만, 그의 의식적인 욕망의 대상은 돈이며, 능력을 증대하려는 노력이 이성의 삶에 의해 충족된다는 사실을 보지 못한다.

29 Kisner(2011, 165-71)의 이론에서 자유인은 "오직 적합한 관념만"을 지니고 "완전히 능동적"이며 "완전히 자유롭다." Garber(2004, 186) 역시 자유인을 도달할 수 없는 이상향이라고 주장한다. 그가 설명하는 이유는 다음과 같다. "자유인은 오직 능동적으로만 행동하고 작용을 받아 행동할 수 없다. 그는 어떤 의미에서 그를 제외한 세상과 인과적으로 고립되어 있다. 그는 다른 사물에 작용할 수 있지만 다른 사물들은 그에게 작용할 수 없다. (……) 따라서 스피노자의 자유인은 죽을 수 없는 불멸의 존재일 수밖에 없다. 왜냐하면 죽음은 외부 원인에 의해서만 발생하기 때문이다."

30 다음을 참고할 것. Garber(2004, 184), Kisner(2010b, 92-93), LeBuffe(2010, 187), Jarrett(2014, 62). Bennett(1984, 325)은 "스피노자가 감각 결핍 상태를 이상적이라고 이야기하는 데 심혈을 기울인다는 사실을 모르기는 어렵다."라고 말한다.

31 *Ethics* IVp4 and IVp4c.

32 예를 들어 Jarrett(2014, 61, 63)은 자유인이 "(궁극적으로) 실제 존재할 수 없고 (……) 궁극적으로 존재하는 어떤 실제적 인간도 그 전형에 도달하거나 그 전형과 '일치'함으로써 완전한 인간이 될 수 없다."라고 주장한다.

33 이런 이유로 Kisner(2010b, 98)는 자유인과 이성의 지도 아래 행동하는 어느 정도 자유로운 사람을 구분한다. "자유인은 소박하게 주석에 등장하고 전체적으로 보면 10개의 정리 내에서 다루어진다." 하지만 이는 옳지 않다. 관련 정리들에서 스피노자가 하는 말이 그가 자유인을 명시적으로 소개하기 한참 전부터 자유인에 대해 이야기해 왔음을 암시하고 있기 때문이다.

34 Kisner(2011, 177).

35   Bennett(1984, 317)은 자유인을 "분자의 부피가 0 이상인 기체의 개념처럼 이론적으로 편리한 제한적 사례"라고 부른다. Matheron(1969, 281)은 자유인을 "최고치의 상태여서 실현 불가능하다."라고 말하는데, 그 이유는 자유인이 이론적으로 불가능하거나 개념적으로 일관성이 없어서가 아니라 언제나 이성으로 하여금 정념들을 온전히 통제하는 데 필요한 힘을 획득하지 못하게 만드는 정념들의 '긴급성' 때문이다.

36   *Ethics* Idef7. "오직 자기 본성의 필연성에 의해서만 존재하는 것을 자유롭다고 부른다."

37   Bennett(1984, 317), Jarrett(2014, 62–63), Garber(2004).

38   이는 자유인에 관한 Garrett(2010, 202)의 해석이다.

39   *Ethics* IVp68.

40   Kisner(2011, 166)도 스피노자가 자유인을 때때로 "다른 사람들 때문에 다치기도" 하고 "외부 사물에 대한 감각을 느끼는" 등 "외부 사물에 의해 수동적으로 자극받아 변하는 것"처럼 묘사한다는 점을 인정한다. 또 자신의 주장과 충돌하는 부분이 "자유인은 적합한 관념만을 지니며" "완전하게 능동적"이라는 스피노자의 주장이라는 점도 시인한다. 키스너는 이것이 스피노자가 자유인이라는 개념을 어디에 사용하고 어떤 논지를 전달하려는가에 따라 단락마다 자유인을 다르게 그리기 때문이라고 말한다. 그는 결국 자유인이 인간 본성의 전형과 동일시되어서는 안 된다고 말하면서, "자유인은 스피노자 윤리학의 핵심이 아니고, 필연적으로 수동적이고 유한한 존재인 인간의 자유에 관한 설명에서는 더더욱 중요하지 않다."(178)라고까지 주장한다.

41   이를 옹호하는 더 길고 자세한 주장은 Nadler(2015)를 참고할 것. 스피노자를 이런 식으로 해석하지 않는 경우는 드물지만 Alquié(2003, 326–27)를 참고할 것. 알키에는 (현인과 자유인을 동일시하면서) 자유인이 "시간 속에, 세상 속에, 도시에 살고 (……) 현인은 언제나 감정을 지니며 (……) 그의 신체가 다른 신체들을 경험하고 그래서 그의 영혼이 부적합한 관념으로 가득 찬다는 것을 안다. 그는 인지하고, 표상하며, 정념을 지닌다."라고 설명한다. Kisner(2011)는 인간 본성의 전형이 되는 인간이 인과적으로 분리된 개인이 아니라는 나의 주장에 동의할

것이다. 그러나 이는 단지 그가 인간 본성의 전형을 자유인과 다르다고 보기 때문이다.

42   *Ethics* IVp66s.(강조는 저자)

43   *Ethics* IVp58s.

44   스피노자가 사용한 용어는 포르티투도(fortitudo)이다.

45   *Ethics* IVp69. 그러나 자유인에 대한 나의 해석, 즉 자유인이 정념을 (통제하지만) 경험할 수밖에 없다는 해석이 『에티카』의 내용 일부와 양립하기 어려워 보일 수 있다는 점을 언급할 필요가 있다. 특히 스피노자가 "인간이 자유로운 상태로 태어난다면, 어떠한 선과 악의 개념도 형성하지 않을 것이다."(IVp68)라고 말한 부분과 극명한 대조를 이룬다. 악의 개념은 정념과 연결되어 있기 때문에 이 말은 자유인이 정념을 경험하지 않는다는 의미가 된다. 그러나 스피노자도 인정하듯이 이 정리는 실현 불가능한 이상향, 즉 "자유로운 상태로 태어난" 사람에 대한 것이지 자유인 그 자체에 대한 이야기가 아니다.

46   *Ethics* V, Preface를 참고할 것.

47   예를 들어 *Ethics* Vp18s을 참고할 것.

48   *Ethics* IVp66s.

49   *Ethics* IVp37s1. 자유인의 본성과 가능성에 관한 더 자세한 논의는 Nadler(2015)를 참고할 것.

50   스피노자는 남성에 대한 여성의 종속이 단순한 관습의 문제라면, 여성을 정치적 영역에서 배제하는 일에는 합리적 이유가 없음을 인정한다.

51   *Political Treatise*, chap. 11, G III.359-60/C II.603.

52   *Ethics* IIp7s.

53   *Ethics* IIp13s.

54   *Ethics* IIp13s.(강조는 저자)

55   이것이 바로 Lloyd(1994, 165)가 "차이를 초월하는 공통된 인간 본성"이라고 부르는 것이다. Gullan-Whur(2002, 97)가 주지하듯이 스피노자는 남성과 여성 신체의 생리적, 화학적 차이 때문에 "일정 정도 여성에게만 나타나는 사고방식의 형이상학적 하부 구조"를 주장했다. 그러나 걸런워의 주장처럼(나도 이에 동의하는데) 이것이 인간 본성에 나타

나는 심오하고 실질적인 성별의 차이를 정당화하지는 않는다. 왜냐하면 인간 본성은 최고 수준의 지적 추론 능력에서 표현되기 때문이다. 걸런 워는 "『정치론』의 마지막 페이지에 서술된 주장이 스피노자의 일반적 윤리학 이론과 모순되며 당혹스러울 만큼 논거가 빈약한 철학적 일탈로 평가되어야 한다."(110)라고 결론짓는다.

56 이 문제들에 관한 더 자세한 논의가 궁금하다면 다음을 참고할 것. Gullan-Whur(2002), Matheron(1977), Lloyd(1994), and the essays in Gatens(2009).

57 다시 한번 말하지만『에티카』4부의 정리 68은 자유인이 실현 불가능한 이상향을 의미한다고 해석될 수 있지만, 앞서 이야기했듯이 나는 이것이 해당 정리를 악용한 것이라 생각한다.(45번 각주 참고)

58 일부 학자들은 스피노자가 초기 저작들과는 달리『에티카』저술 이전에 이 문제에 관한 견해를 바꿨다고 주장한다. Garber(2004)도 그중 하나다.

59 Temkine(1994, 441)은 스피노자에게 역사적 인물 중 자유인이라고 부를 수 있는 사람은 극소수로 탈레스, 소크라테스, 솔로몬, 예수 그리스도뿐이었다고 설명한다.

60 *Ethics* IVaxiom1.

61 *Ethics* IVp3.

4 덕과 행복

1 이 첫 번째 유품 목록의 필사본은 FWC I.336에 있으며, 원본은 헤이그의 지방자치기록실 공증 아카이브 I, 1597-1842, no. 372/850, fol. 24에 보관되어 있다.

2 스피노자가 사망하면서 빚을 너무 많이 남겼기 때문에 레베카와 다니엘은 끝내 유산 상속에 대한 법적 권리를 포기했다. 다음의 문서를 참고할 것. 154, 155, 158, 159, 160, in FWC I.366-71. 판데르 스페이크도 스피노자에게 빌려준 돈의 일부를 회수하기 위해 결국 그의 유품을 경매에 내다 팔았다.

3 FWC I.339.

4 두 번째 유품 목록 역시 헤이그의 지방자치기록실 공증 아카이브 I, 1597-1842, no. 372/850, fols. 27-32에 있으며, 사본은 FWC I.343- 54에 있다.

5 이 상세 목록은 FWC II.185에서 온 것이다.

6 *Lives of the Eminent Philosophers* VII.127.

7 *Lives of the Eminent Philosophers* VII.117-18.

8 *Lives of the Eminent Philosophers* VII.122.

9 스피노자와 스토아학파에 관한 연구는 다음을 참고할 것. James(1993), DeBrabander(2007), and Miller(2015).

10 실제로 "이성의 명령"이 묘사의 기능을 하는지 지시의 기능을 하는지에 관해서는 많은 논쟁이 있다. Curley(1973, 371)는 이성의 명령이 지시의 기능을 하는 "필연적 전건(前件)을 동반하는 가언적 명령이기 때문에 사실상 정언적"이라고 주장한다. 반대되는 견해는 LeBuffe(2018, chap. 3)와 Rutherford(2008)를 참고할 것. 이 문제는 11장에서 다시 다룬다.

11 *Ethics* IVp18s.

12 *Ethics* IVp24.

13 *Ethics* IVp68s 참고. Garber(2004)는 이성의 지시가 자유인을 이끄는 원칙들과는 별개라고 주장한다.

14 *Ethics* IVp26.

15 *Ethics* IV, Appendix IV, G II.267/C I.588.

16 *Ethics* IVp18s.

17 *Ethics* IVp19.

18 *Ethics* IVp18s.iii.

19 *Ethics* IVp46.

20 *Ethics* IV, Appendix XII; IVp37s1; IVp70dem.

21 *Ethics* IVp51, alt. dem.

22 *Ethics* IV, Appendix XX.

23 *Ethics* IVp39dem.

24 Garber(2004)에 의해 옹호되는 해석과는 반대된다.

25 *Ethics* IVp45s.

26 Hübner(2014, 138n49)는 현인을 자유인, 즉 "오직 이성에 이끌리는 인간"과 동일시해서는 안 된다고 주장한다. 그러나 관련 문단의 맥락은 그런 구분을 뒷받침하지 않는다. "이성의 지도에 따라 사는 인간"에 관한 논의가 아직 끝나지 않은 것만은 분명하다.

27 *Ethics* IIIp56s.

28 *Ethics* IVp18s.i.

29 *Ethics* IIp49sIVA−B, G II.136/C I.490.

30 *Ethics* Vp20s.

31 *Ethics* Vp6s.

32 *Ethics* IV, Appendix XXXII, G II.276/C I.593−94.

33 예를 들어 에픽테토스의 『엥케이리디온』 1부를 참고할 것. "어떤 것은 우리에게 달렸고 어떤 것은 우리에게 달려 있지 않다. (……) 그러니 기억해라. 만약 네가 자연적으로 강요된 것들이 자유롭다고 생각하거나 네 것이 아닌 것을 네 것이라고 생각한다면, 너는 곤란해지고 불행해지며 기분이 상하고 신과 인간을 모두 비난하게 될 것이다. 그러나 오직 네 것만을 네 것이라 여기고 네 것이 아닌 것은 원래 그렇듯 네 것이 아닌 것으로 여긴다면, 아무도 너를 강요하지 않고 방해하지 않을 것이며, 너는 그 누구도 비난하거나 힐난하지 않을 것이고, 어떤 일도 억지로 하지 않을 것이며, 어떤 적도 없을 것이고 아무도 너를 해치지 않을 것이다. 왜냐하면 너는 전혀 해를 입지 않을 것이기 때문이다."

34 *Ethics* Vp42s. Rutherford(1999)는 여기에서 acquiescentia를 '만족'이라고 번역할 것을 제안한다.

5 오만에서 자긍심으로

1 Thomas Aquinas, *Summa Theologiae*, First Part of the Second Part, Q. 84.

2 *Ethics* IV, Appendix, XX, XXVII.

3 *Ethics* IVp73s.

4   스피노자는 죄(sin, peccatum)라는 용어를 민법에 대한 불복종을 나타내는 것으로 사용한다. *Ethics* IVp37s2 참고.

5   *Ethics* IIIp45.

6   *Ethics* IIIp39.

7   *Ethics* IVp45 and IVp45s.

8   *Ethics* IVp46.

9   *Ethics* IIIp59s.

10   *Ethics* IVp46dem.

11   *Ethics* IIIp43.

12   *Ethics* IIIp56.

13   *Ethics* IVp40c2 and IVp40s.

14   *Ethics* III, def. aff., XX.

15   다시 한번 이야기하지만, 스피노자의 견해는 스토아학파와 유사하다. 『분노에 대하여(*On Anger*)』에서 세네카는 "분노에 사로 잡혀 있는 사람은 강인하지 않다. 심지어 자유롭다고 말할 수도 없다."(III.4.iv)라고 강조한다.

16   *Ethics* IIIp24s.

17   *Ethics* IIIp35.

18   *Ethics* IIIp55s, cor.

19   *Ethics* III, Appendix XXXII, G II.276/C I.594.

20   *Nicomachean Ethics*, Book II.8, 1107a–b 참고.

21   *Ethics* IVp69.

22   *Ethics* IVp69c.

23   다음을 참고할 것. Thomas Aquinas, *Summa Theologiae*, First Part of the Second Part, Q. 84, art. 2. 한편 스피노자가 겸손을 악덕에 포함시킨 것은 기독교 신학 전통에 어긋난다.

24   *Ethics* IIIp26s.

25   *Ethics* IIIp26s.

26   *Ethics* IVp57.

27   *Ethics* III, def. aff., XXVIII.

28 최근 Rutherford(1999), Carlisle(2017)과 같은 학자들이 스피노자 이론의 만족(acquiescentia)에 대해 연구한 바 있다.

29 "Acquiescentia in se ipso"를 번역하는 다양한 방법에 대한 논의는 Carlisle(2017)을 참고할 것. 칼라일은 표상에 근거한 만족감과 이성에 근거한 만족감 사이의 연속성을 보존하기 위해 해당 표현을 번역하지 않고 두는 쪽을 선택한다. 반면 Rutherford(1999)는 '자기만족(acquiescentia in se ipso)'과 '정신의 만족(acquiescentia mentis)' 사이의 차이로 중요한 대비가 정확히 포착된다고 믿는다.

30 *Ethics* III, def. aff., XXV and XXVI; IIIp55.

31 *Ethics* IIIp53.

32 *Ethics* IIIp30.

33 *Ethics* IIIp53c.

34 *Ethics* IVp58s.

35 *Ethics* III, def. aff., XXIX.

36 *Ethics* III, def. aff., XXVII.

37 *Ethics* IVp54.

38 *Ethics* IVp54s.

39 그러나 Soyarslan(2018)은 스피노자의 기준에서도 겸손이 이렇게 사회적, 인식론적으로 유용한 역할을 수행할 수 없다고 주장한다.

40 *Ethics* IVp53.

41 *Ethics* IVp52s.

42 *Ethics* IVp52.

43 *Ethics* IVp52dem.

44 *Ethics* IVp70. 자유인은 적어도 다른 사람들이 자유와 덕의 상태에 이르도록 돕기 위해 노력하는 한 그들의 정신과 의견을 완전히 무시할 수 없다. 그러므로 자유인은 그들과 효과적으로 소통하고 그들에게 계속해서 관심을 기울일 수 있는 방법을 찾아야 한다.

45 이에 관해서는 Carlisle(2017)을 참고할 것.

46 이는 컬리(Curley)의 번역이다. *Ethics* Vp42s (C I.617)를 참고할 것. Carlisle(2017)은 '마음의 만족'이라고 번역한다. Rutherford(1999)는

이러한 용어 차이를 매우 중시하면서 '자긍심(자기만족, acquiescentia in se ipso)'은 2종 인식을 동반하는 반면 '영혼의 만족(acquiescentia animi)'은 3종 인식만을 동반한다고 주장한다.

47 *Ethics* Vp30.

48 Carlisle(2017, 233)이 이 논점에 대해 잘 설명한다.

49 *The Guide of the Perplexed* III.51, in Maimonides(1963, II.626–27).

6 정신의 힘에 관하여

1 Ovid, *Metamorphoses*, book 7, 10–21.

2 Plato, *Phaedrus*, 237e–38a. '방종'으로 번역한 그리스어는 휴브리스 (hubris)다.

3 Plato, *Protagoras*, 357d–e.

4 *Ethics* IVp17s.

5 *Ethics* IVp7.

6 *Ethics* IVp14.

7 *Ethics* IIIp9.

8 아크라시아에 대한 스피노자 이론의 상세한 분석을 보고 싶다면 Lin(2006a)과 Marshall(2008)을 참고할 것. 이에 이의를 제기하는 해석은 Bennett(1984, 284–26)과 Della Rocca(1996, 242)를 참고할 것. 델라 로카는 "비이성적 행동에 대한 스피노자의 설명에 보이는 핵심 요소는 그의 이론에서 적합한 근거를 찾을 수 없다."라고 주장한다.

9 *Ethics* IVp9c.

10 *Ethics* IVp16.

11 *Ethics* IVp5 참고.

12 결국에는 외부 원인이 언제나 이긴다. 어쨌거나 영원히 죽지 않는 인간 은 없기 때문이다.

13 *Ethics* IVp15.

14 엄밀히 말하면 스피노자가 의지박약을 이야기한다는 언급은 틀렸다. 왜 냐하면 스피노자에게 의지라는 것은 존재하지 않기 때문이다. 스피노자

가 보는 아크라시아의 이유는 의지박약이 아니라 이성적 관념의 정서적 힘이 약해서다.

15   Preface to the French translation of the *Principles of Philosophy*, AT IX-2.14; CSM I.186.

16   Preface to the French translation of the *Principles of Philosophy*, AT IX-2.14; CSM I.186.

17   Descartes, *The Passions of the Soul*, III.190, AT XI.471, in Descartes(1989, 121).

18   Letter to Elisabeth, August 4, 1645, AT IV.265-66/CSMK, 257-58.

19   *Ethics* IIIp59s.

20   *Ethics* IVp73s.

21   *Ethics* IVp65 and IVp66.

22   *Ethics* IIp44c2dem.

23   *Ethics* IVp62.

24   *Ethics* IVp62s.

25   *Ethics* IIp40.

26   이 논점에 관한 상세한 분석은 LeBuffe(2018, 131)를 참고할 것. 그러나 나는 공통 개념의 근원이 감각 경험이라고 설명하는 그의 견해에는 동의하지 않는다.

27   *Ethics* Vp3 and Vp4.

28   *Ethics* Vp4s.

29   *Ethics* Vp6s.

30   *Ethics* Vp15.

31   *Ethics* Vp30.

32   *Ethics* Vp32s.

33   *Ethics* Vp37dem. Alquié(1998, 333-34) 참고.

34   *Ethics* Vp31s. Garrett(1996, 284)이 말한 것처럼, 그것은 "단순히 더 완벽한 완전성으로의 이행이 아니라 완전성 그 자체다."

35   *Ethics* Vp33 and Vp33s.

36   *Ethics* Vp23s.

37 *Ethics* Vp20s and Vp27. 스피노자가 말하는 두 종류의 신에 대한 사랑
    을 분석한 내용은 Nadler(2017)를 참고할 것.

38 *Ethics* Vp10s.

39 *Ethics* Vp10s.

40 아크라시아에 대한 직관적 인식의 저항에 관해서는 직관의 힘은 절대
    정복당하지 않는다고 주장하는 Sandler(2005)와 직관적 인식마저도 아
    크라시아에 빠지기 쉽다고 주장하는 Soyarslan(2014)을 비교해 볼 것.

7 정직에 관하여

1   자유인의 무조건적인 정직성에 관한 스피노자의 주장에 당혹스러운
    측면이 있음을 인정하는 학자들도 있다. 예를 들어 다음을 참고할 것.
    Garber(2004), Garrett(1990), Rosenthal(1998).

2   *Meditations* XII.17; *Meditations* III.7도 참고할 것.

3   예를 들어 다음을 참고할 것. *On Anger* III.39.

4   Kant(1996, 74).

5   Kant(1996, 611-15). Carson(2010)이나 Varden(2010)을 비롯한 여러
    학자들이 칸트의 이 절대론적 해석에 이의를 제기해 왔다.

6   이 스피노자의 논리를 칸트의 논리와 유사하다고 판단하기 쉽다. 그러
    나 Matheron(1969, 537n87)은 이것이 절대 칸트의 철학이 아니라고
    주장한다. 왜냐하면 기만은 자기모순적인 것이 아니라 이성의 명령에만
    모순되기 때문이다. 그렇기는 하지만 스피노자와 칸트 모두 근본적으로
    기만하는 일이 비이성적이라는 주장을 편다.

7   *Ethics* IVp72.

8   예를 들어 다음을 참고할 것. Bennett(1984, 317), Gabhart(1999,
    626), DeBrabander(2007, 82).

9   *Ethics* IVp31c. 이 원칙은 타인에 대한 선의를 입증하는 스피노자 주장
    의 핵심으로, 8장에서 확인할 것이다.

10 *Ethics* IVp34.

11 다른 사람 안에 거짓되고 부적합한 관념으로서의 정념을 야기하는 일이

반드시 대립이나 경쟁으로 이어지는 것은 아니라는 점을 유의할 필요가 있다. 한 사람은 이성에 의해, 다른 한 사람은 정념에 의해 이끌린다고 하더라도 두 사람은 여전히 행위와 목표에서 일치할 수 있다. 이를테면 정치적 맥락에서 거짓말이 화난 대중의 분노를 누그러뜨려 그들이 합리적인 법을 따르게 만드는 데 효과적인 도구가 될 수 있는 것처럼 말이다. 또 『신학정치론』이나 표상을 사용하여 대중에게 '복종'을 장려할 필요성을 봐도 그렇다.

12 Bidney(1962, 317), Bennett(1984), Garrett(1990)을 비롯한 많은 학자들이 이 문제를 인식했다. Gabhart(1999)는 『에티카』 4부 정리 72의 주석과 3부 정리 4의 코나투스 원칙 사이의 모순은 겉보기에만 그럴 뿐이라고 주장한다.

13 이 문제를 해결하기 위해 계략(dolus)을 두 종류로 구분하는 것은 Garrett(2010, 204)이 제안한 것이다.

14 이 구별법은 『신학정치론』 16장에 등장한다. Garrett(2010, 204)은 이 구별법이 명시적으로 인용된 주석 32를 언급하지만, 이 주석을 스피노자가 직접 작성했는지는 분명치 않다.

15 Matheron(1969, 255)이 말한 것처럼, "우리는 모두 자신의 존재를 보존하기를 원하며 자신의 존재를 보존하고 싶어 한다는 사실을 모두 알고 있다. 그러나 존재한다는 것이 무엇인지 모른 채 우리는 그것을 그저 죽지 않는다는 것과 혼동한다."(번역은 저자)

16 예를 들어 다음을 참고할 것. Matheron(1969, 246), Garrett(1990), Yovel(1999), Miller(2005a, 2005b), Youpa(2003, 2009), Carriero(2017). 한편 Delahunty(1985, 226-27)나 LeBuffe(2005) 같은 학자들은 현세적 생존주의 해석을 택한다.(르버프는 스피노자가 생존에 대해 현세적 의미와 주지주의적 의미를 모두 의도하고 있다고 여기는 입장이기는 하다.)

17 현세에서 존재를 지속하기 위한 노력은 완전성을 획득하기 위한 노력의 필요조건이다. *Ethics* IVp21 참고. 그러나 만약 완전성에 대한 희망이 없다면, 계속 삶이 이어지더라도 '잘사는 것'이 수반된다는 희망이 없다면, 과연 이성은 존재 지속을 권장할까?

18 *Ethics* IV, Preface, G II.209/C I.546.

19 *Ethics* IVp26.

20 *Ethics* IVp27.

21 *Ethics* IVp67.

22 *Ethics* IVp30.

23 Youpa(2009, 254) 참고. "기만행위를 하고 존재를 지속할 것인지 정직한 행동을 하고 존재 지속을 종료할 것인지를 두고 이성은 후자를 선택하고 지시한다." Rutherford(2008, 506-7)도 참고. Yakira(2004, 79) 또한 "살 가치가 없는 삶의 형태라는 것이 있다면" "이성적인 인간"은 생명에 위협이 되는 일을 할 것이며 "목숨을 거는 일이 분명 때로는 자기 보존을 위한", 즉 "자신의 자유와 이성"을 보존하는 "올바른 방법일 것"이라고 주장한다. Matheron(1969, 537-38)은 "자유인은 그것 때문에 목숨을 잃더라도 선의를 갖고 행동한다 (……) 코나투스는, 상기하자면, 단순히 동물적이고 생물학적인 존재를 보존하는 일로 격하되지 않기 때문이다. 우리의 존재 안에서(일반적 존재 안에서가 아니라) 존재를 지속하는 것은 우리의 본질의 결과를 실현하는 것이다. 그리고 우리의 본질의 결과가 바로 이성의 명령이다."라고 강조한다. 마트롱은 "동그라미가 살아남기 위해 정사각형이 될 수 없듯이"(번역은 저자) 자유인도 그의 본성을 바꿀 수 없고 거짓말을 하지 못한다고 말한다.

24 Garrett (1990, 2010); Garber(2004)도 참고할 것.

25 비유의 출처는 다음과 같다. Garrett(1990).

26 Garber(2004, 195)의 표현대로 "자유로워지고 싶다고 해서 이미 자유로운 사람처럼 행동할 필요는 없다."

27 Youpa(2009, 256)가 이 논점을 잘 설명한다. "완전하게 자유로운 사람의 자유를 보존하고 증대하는 것이 곧 부분적으로만 자유로운 사람의 자유를 보존하고 증대하는 것이다."

8 선의와 친교

1 *Ethics* IIIp28.

2   *Ethics* IIIp9s. 스피노자의 이기주의는 홉스의 이기주의와 유사하다. 스피노자가 1660년대에 『에티카』를 집필할 당시 홉스의 저작을 읽었기 때문에 영향을 받았을 수 있다. 홉스는 『리바이어던』에서 "모든 인간의 자율적 행위에서 그 대상은 자신에게도 일정 정도 선이다."라고 주장한다.(*Leviathan* XIV.8) 이 문제에 대한 스피노자와 홉스의 견해를 비교하려면 Curley(1988, chap. 3)를 참고할 것. 정념에 관한 홉스의 일반적 논의(중요한 논점에서 스피노자의 분석과 매우 유사하다.)는 *Leviathan* VI를 참고할 것.

3   능력 증대는 기쁨과 동일하다는 점에서, 또 스피노자의 독자들(또는 적합한 관념에 기초하여 행동하는 현명하고 이성적으로 유덕한 사람)만이 존재 지속 즉 코나투스와 그것의 변동이라는 관점에서 고려한다는 점에서, 어쩌면 스피노자는 기쁨이 욕망의 대상이자 행동의 동기이며 올바른 것의 기준이라고 보는 심리적·도덕적 쾌락주의자라고 부르는 편이 더 적절할지도 모른다. LeBuffe(2010, 130–35) 참고. 실제로 르버프는 스피노자 이론을 심리적 이기주의로 해석하는 것에, 또는 적어도 욕망이 언제나 존재 지속에 대한 의식적인 욕망이라는 식의 심리적 이기주의로 해석하는 것에 반대한다. 그는 스피노자의 이론을 "우리가 의식적으로 욕망하는 것은 우리가 기쁨과 연관 짓는 대상"이라고 보는 "제약 없는 심리적 쾌락주의"로 해석하는 것을 선호한다.(132) 그러나 욕망은 여전히 자신의 기쁨에 대한 욕망이기 때문에, 또 기쁨은 자신의 존재를 지속하는 능력의 증대이기 때문에 나는 스피노자의 이야기가 심리적 이기주의가 될 수 없다고 보지 않는다. 욕망의 대상은 언제나 자신에게 유익해 보이는 것이다. 르버프가 스스로 말한 것처럼 "사람은 언제나 자신의 이익을 위해 행동한다."(133)

4   *Ethics* IVp24.

5   놀랍게도 최근 『스피노자의 에티카에 대한 케임브리지 안내서(*The Cambridge Companion to Spinoza's Ethics*)』(Koistinen 2009)나 LeBuffe(2010)처럼 『에티카』의 윤리적 차원을 집중적으로 연구한 학술 논문을 비롯한 다수의 저작과 출판물들은 이 중요한 문제를 다루지 않는다. 이 문제에 대한 자세한 논의는 Della Rocca(2004), Kisner(2011,

chap. 7)를 참고할 것.

6   이것이 칸트 훨씬 이전, 특히 중세와 근대 초기 사상의 자연법 이론에 의무 기반 도덕 이론이 존재하지 않았다는 말은 아니다.(이 점을 상기시켜 준 맷 키스너에게 고맙다는 말을 전한다.)

7   이는 스피노자의 심리적 이기주의가 인간은 항상 그리고 필연적으로 행복을 증진해 주는 것만을 추구하고 자신의 상태를 약화시킬 수 있는 것을 몹시 꺼리는 것을 의미한다는 나의 주장과 모순되는 것처럼 보일 수 있다. "우리는 기쁨을 가져다줄 것으로 표상하는 것은 무엇이든 실현되도록 노력하고, 그 반대라고 표상하는 것, 즉 슬픔을 가져다줄 것으로 표상하는 것은 무엇이든 막거나 파괴하려고 노력한다."(*Ethics* IIIp28) 그러나 이 실천적 이기주의가 우리가 자신의 행복을 증진하는 것을 추구하려고 노력한다는 사실을 의식적으로 자각하고 있음을 내포하는 것은 아니다. 다시 말해 우리는 노골적으로 자기 이익을 좇으려는 마음이 없어도 우리의 상태를 개선시켜 줄 것처럼 보이는 것에 의해 추동될 수 있다.

8   Garrett(1996, 302-3).

9   널리 알려져 있듯이 이것은 황금률을 다소 왜곡한 것이다. 황금률은 남에게 바라는 것처럼 남을 대접해야 한다는 것이 어떤 행동을 도덕적으로 허용하거나 요구하는 때를 결정하는 판단 기준으로서만 적용된다고 공언할 뿐이지 도덕적 행위의 동기가 호혜에 대한 기대라고 말하지는 않는다.

10   *Apology* 25e.

11   *Ethics* IIIp39.

12   *Ethics* IIIp21 and IIIp22s.

13   *Ethics* IV, Appendix XVI.

14   *Ethics* IVp50 and IVp50c.

15   *Ethics* IVp37s1. Ep. 23, 빌럼 판 블레이엔베르흐에게 보낸 서신도 참고할 것. 이 서신에서 스피노자는 "나의 저술 『에티카』(아직 출간 전인)에서 나는 이 (다른 사람들을 공정하게 대하고자 하는) 욕망이 도의심이 있는 사람들에게서는 필연적으로 자신과 신에 대한 명확한 인식으로부

터 생겨난다는 것을 보여 준다."라고 말한다.(G IV.151/C I.389)

16 *Ethics* IIIp27c3s, IVp37s1. 컬리는 피에타스(pietas)를 '도의심'이라고
    번역한다.(C I.565) 6장에서 본 것처럼 스피노자는 실질적으로 동일
    한 현상, "각자가 오직 이성의 지시에 의해서만 다른 사람들을 돕고 그
    들과 친교를 맺으려고 노력하는 욕망"(*Ethics* IIIp59s)에 대해 관대함
    (generositas)이라는 용어를 사용한다.

17 *Ethics* IVp31.

18 *Ethics* IVp31dem.

19 Garber(2004, 189)를 참고할 것. Bennett(1984, 300–301), Stein-
    berg(1984), Della Rocca(2004, 129, 134)도 참고할 것. Kisner(2011,
    chap. 7)는 스피노자의 편에서 이런 반대 의견에 대한 답을 내놓는다.

20 *Ethics* IVp18s.

21 *Ethics* IVp29dem.

22 이 주장에 대한 상세한 분석은 Matheron(1969, 261–63)을 참고할 것.

23 *Ethics* IVp32 and IVp33.

24 *Ethics* IVp34dem.

25 *Ethics* IVp35.

26 *Ethics* IVp36.

27 *Ethics* IVp35dem.

28 *Ethics* IVp35c1 and c2.

29 *Ethics* IVp46.

30 *Ethics* IIIp31.

31 이 주장에 대한 면밀한 분석은 Della Rocca(2004)를 참고할 것.

32 *Ethics* IVp37dem2.

33 *Ethics* IIIp27.

34 이 마지막 두 가지 주장은 수동적 정서가 이성적 인간이 덕을 추구하는
    것을 촉진한다는 의미를 포함하기는 하지만, 이성적 인간 안에서 일어
    나는 선의에 대한 동기(다른 사람들 안에서 덕을 촉진하는 일)가 그의
    표상이나 수동적 정서에서 생겨남을 암시하지는 않는다는 점을 유의해
    야 한다. 오히려 이성적 인간은 이성적으로 유덕한 타인들과 함께 지내

는 것이 자신이 덕을 더 효과적으로 추구할 수 있게 돕는다는 사실을 이성을 통해 이해한다고 할 수 있다.

35 *Ethics* IVp35c2.

36 *Ethics* IVp35s. 스피노자는 여기에서 명백하게 홉스와 부분적으로 의견을 달리한다. 홉스는『시민론』의 헌사(스피노자의 서재에는 이 책의 라틴어 판본이 꽂혀 있었다.)에서 "인간은 인간에게 신이며, 인간은 인간에게 늑대(homo homini Deus, & homo homini lupus)라는 말은 모두 참이다."라고 말한다.(Hobbes (1782, vi))

37 그러나 다소 근거가 빈약한 이 해석은『에티카』4부 정리 46("이성의 지도에 따라 사는 사람은 가능한 한 자신을 향한 타인의 미움, 분노, 경멸을 사랑이나 관대함으로 대응하려고 노력한다.")에 의해 암시된 것이라 할 수 있다.

38 *Ethics* IVp37.

39 Kisner(2011, 142-46)는 스피노자의 이론에서 이성적 선의의 동기가 이기주의적이라는 데 동의한다. 선의의 명분이 행위자를 이롭게 하는 것이기 때문이다. 그러나 키스너는 선의가 도구적으로만 가치가 있다는, 즉 오직 그것의 결과(이를테면 다른 사람으로 하여금 행위자를 호의로 대하도록 만드는 일)에만 유용하다는 의미는 아니라고 덧붙인다. 그의 주장에 따르면 호의적인 행동은 그 사람의 덕의 구성 요소이며 따라서 그 자체로 (행위자에게) 선하기 때문이다.

40 Matheron(1969, 270, 273)은 스피노자의 이론에서 이타적 행위의 근본적 동기가 이기적인 성격을 띤다는 데에 동의한다. "이성은 우리에게 자신의 개인적인 이익만을 생각할 것을 명령한다. (……) 각자가 자기 본위에 충실한 타산적인 사람일 때 필연적 결과로서 공동선이 보장된다. (……) 만약 (이성적인 인간)이 자신과 유사한 사람들의 능력이 똑같이 증대되는 것을 바란다면, 그것은 어디까지나 그렇게 함으로써 자신에게 돌아오는 실질적인 결과 때문이다."(번역은 저자)

41 *Ethics* IVp18s. 그러나 Bennett(1984, 306)은 "스피노자는 협력적 도덕성을 주장하는 모든 단계에서 실패한다."라고 말하면서『에티카』의 이런 정리들에 동의하지 않는다.

42 물론 자유인은 자신이 덕의 상태로 인도한 사람들로부터 호의적 행동을 돌려받을 수 있다는 합리적인 (그리고 논리적인) 기대가 있다. 하지만 이것은 불확실한 미래 사건에 대한 희망의 정념과는 다르다.

43 *Ethics* IIp49sIVc.

44 *Nicomachean Ethics* VIII.2, 1155b31-56a5.

45 *Ethics* IIIp59s. 스피노자는 다른 곳에서 "이성의 지도에 따라 사는 사람이 다른 사람들과 친교를 맺는 데 근거가 되는 욕망"(IVp37s1)을 두고 덕성(honestas)이라는 또 다른 용어를 사용한다. 주 16번에서 언급한 저자의 설명을 고려하여 스피노자의 도덕 관련 용어를 정리하면 다음과 같다.

IIIp59s
fortitudo(정신의 힘): 인식하는 한 정신과 관계된 감정에서 생기는 모든 활동
animositas(강인함): 각자가 오직 이성의 지시에 의해서만 자신의 존재를 보존하려고 노력하는 욕망
generositas(관대함): 각자가 오직 이성의 지시에 의해서만 다른 사람들을 돕고 그들과 친교를 맺으려고 노력하는 욕망

IVp37s1
religio(종교): 우리가 신에 대한 관념을 가지고 있거나 신을 인식하고 있는 한 우리가 원인이 되어 욕망하고 행하는 모든 것
pietas(도의심): 이성의 지시에 따라 삶으로써 우리 안에 생기는 선을 행하고자 하는 욕망
honestas(덕성): 이성의 지도에 따라 사는 사람이 다른 사람들과 친교를 맺는 데 근거가 되는 욕망

정신의 힘과 종교는 본질적으로 같은 것처럼 보인다. 마찬가지로 이성의 지시에 따라 다른 사람들을 돕고 그들과 친교를 맺으려는 욕망인 관대함은 도의심과 덕성이 결합된 것처럼 보인다.

46   *Ethics* IVp70dem.

47   *Ethics* IV, Appendix XII.

48   혹자는 앞서 논의된 『에티카』 3부 정리 59의 주석에 나타난 강인함과 관대함의 구분법에 근거하여 스피노자가 말하는 친교의 동기를 이기적이라고 한 저자의 해석에 반대할지도 모르겠다. "각자가 오직 이성의 지시에 의해서만 자신의 존재를 보존하려고 노력하는 욕망"인 강인함은 자기 본위의 덕처럼 보이는 반면 "각자가 오직 이성의 지시에 의해서만 다른 사람들을 돕고 그들과 친교를 맺으려고 노력하는 욕망"인 관대함은 일견 이타적인 덕처럼 보인다. 강인함과 관대함을 구분하고 난 직후, 스피노자는 "행위자의 이익만을 목적으로 하는 행동을 강인함으로, 타인의 이익도 목적으로 하는 행동을 관대함으로 간주한다."라고 설명한다. 이는 유덕한 사람이 친교를 추구하는 목적이 자신의 이익뿐 아니라 다른 사람의 이익을 위해서이기도 하다는 것을 의미한다. 그러므로 스피노자의 견해는 자신의 발전을 도모하는 유덕한 사람도 다른 사람의 이익을 위해 다른 사람에게 선한 행위를 한다는 아리스토텔레스의 주장과 크게 다르지 않다.

한편 친교의 동기가 이기적이라는 나의 해석은 관대함의 정의와 일치한다. 스피노자의 이성적으로 유덕한 사람 안에서 내가 발견하는 이기주의는 다른 사람을 위해 행동하지 말 것을 요구하지 않기 때문이다. 그와는 반대로 이성적으로 유덕한 사람은 정말로 타인의 삶을 개선하고 그 사람도 이성적으로 유덕한 사람으로 만들기 위해 노력한다. 그러나 나의 해석에 필요한 것은 유덕한 사람이 다른 사람의 이익을 위해 행동해야 하는 이유가 그런 행동이 자신에게도 유익하기 때문이라는 점이다. 스피노자가 말하는 유덕한 인간이 분명하고 명확한 인식을 갖고 있으면서도 다른 사람의 삶을 개선하는 것이 자신에게도 왜 유익한지 모르고 그래서 다른 사람의 삶을 개선하기를 바라지도 않을 것이라는 것은 말이 되지 않는다. 따라서 강인함과 관대함의 차이는 이기적 동기의 행위냐 이타적 동기의 행위냐의 차이가 아니라, 행위자의 삶만 개선하는 이기적 동기의 행위냐 다른 사람의 삶도 개선하는 이기적 동기의 행위냐의 차이이다. 왜냐하면 관대함에 의해 행동하는 사람은 "오직 이성의 지시에 의해 노력"하고, 스피노자에 따르면 이성의 지시는 "모든 이가 자신을 사랑하고, 자신에게 이익이 되고 정말로 유용한 것을 추구하며, 진정으로 인간을 더 큰 완전성으로 이끄는 것을 바랄 것을, 그리고 절대적으로, 모든 이가 가능한 한 자신의 존재를 보존하기 위해 노력할 것을 요구"(IVp18s)하기 때문에, 이성이 인도하는 대로 사는 이성적으로 유덕한 인간을 움직여 다른 사람을 위해 행동하게 만드는 것이 자신의 이익이라는 점은 분명하다.

49   *Nicomachean Ethics* VIII.3, 1156b7.

50   *Ethics* IVp71dem.

51   친구는 아닌 것이 분명한 빌럼 판 블레이엔베르흐에게 보낸 서신(Ep. 19(January 5, 1665))에서 스피노자는 다음과 같이 적고 있다. "내가 볼 때 내 능력 밖의 것들 중에 내가 가장 높이 평가하는 것은 진심으로 진리를 사랑하는 사람들과 친교를 맺는 영예를 허락받는 것이다. 왜냐하면 나는 우리의 능력 밖의 것들 중에 그런 사람들 외에 우리가 평온한 마음으로 사랑할 수 있는 것은 아무것도 없다고 믿기 때문이다. 그들이 서로에게 지닌 사랑은 각자가 진리의 인식에 대해 품고 있는 사랑에 근거하기 때문에, 그것을 파괴하는 일은 한번 인식된 진리를 수용하지 않는 것만큼이나 불가능하다. 더욱이 오직 진리만이 다양한 의견과 정신을 완전하게 결합할 수 있으므로 그것은 우리의 능력 밖의 것들에게 주어질 수 있는 가장 위대하고 즐거운 것이다."(G IV.87/C I.358-59)

52   Lucash(2012, 311-13)도 스피노자의 이론에서 진정한 친교와 평범한 친교를 구별하면서, 평범한 친교는 양측이 "서로에게서 이익(능력 증대)도 얻고 손해(능력 감소)도 보는" 관계라고 말한다. 그러나 나는 "진정한 친교가 오직 자유인들 사이에서만 발생한다."는 루캐시의 의견에는 동의하지만, 불완전한 친교에서 어느 한쪽이 꼭 고통받는다고 보지는 않는다.

53   *Ethics* IVp37s1.

54   이 논점에 대해 고집스레 반박해 준 돈 러더퍼드에게 고마움을 전한다.

55   *Ethics* IV, Appendix XVII.

56   다음을 참고할 것. *TTP* XII, G III.165/C II.255, and chap. XV, G

III.188/C II.281-82.

57 *Ethics* IVp59.

58 *TTP* XII, G III.165/S 151

59 *TTP* XIII, G III.170/S 156.

60 *TTP* XIII, G III.171/S 156.

9 자살에 관하여

1 Tacitus, *The Annals of Imperial Rome*, XV.62-64(translation from Tacitus (1977, 376)).

2 *De finibus* III.60 (translation from Cicero(1931, 279-81)).

3 *Lives of the Eminent Philosophers* VII.130(translation from Diogenes Laertius (2018, 358)).

4 *Ethics* IVp20s.

5 Miller(2005a)는 '이성적 행동으로서의 자살이 가능한가'와 '자살이 도덕적으로 정당화될 수 있는가'를 구분하고자 했다. 그러나 이성의 지시에 따른 행동을 유덕한 행동과 동일시하는 스피노자에게 그 두 가지 질문은 결국 같은 이야기와 다름없다.

6 스피노자를 이런 식으로 해석하는 것은 상당히 흔한 일이다. 따라서 Bennett(1984, 240)은 "(스피노자가) 범한 오류가 있는데, 그것은 다름 아닌 이성적인 자살은 있을 수 없다고 암시한 일"이라고 주장한다. 베넷이 해석하는 스피노자에 따르면 "누군가 능동적, 자의적, 이성적으로 침착하게 자살을 도모할 수는 없다." 맷슨 역시 스피노자가 자살을 전쟁에 뛰어드는 무모함이나 생명을 위협하는 활동 같은 특정 행위와 마찬가지로 비이성적인 특성을 지닌 것으로 본다고 주장한다. Matson(1977, 410)에 따르면 스피노자에게 "자살은 (일시적으로) 정신 나간 행동"이다. Lloyd(1996, 94)도 참고할 것. Miller(2005a, 17)는 "어느 누구도 자살을 선택하는 사람은 없으며, 자살은 '왜곡된 인간 본성'에게만 가능하다는 것이 스피노자의 입장"이라고 주장한다.

7 *Ethics* IVp18s.

8   이것이 스피노자가 4부 정리 20과 그 주석에서 이야기한 내용의 요점
     이라 할 수 있다. 그러나 이상하게도 스피노자가 주석에서 들고 있는 세
     가지 자살의 예시 중 어느 것도 여기에 해당하지 않는다. 사실 첫 번째
     예시는 자살이라기보다 살해에 가깝다. 세 번째 예시 역시 자살의 사례
     로는 볼 수 없고 본성이 외부 상황 또는 어떤 것의 죽음으로 극단적으로
     변한 사례라 할 수 있다.(Gabhart(1999, 624)를 참고할 것.)

9   Gabhart(1999)는 자살에 관한 스피노자의 주장으로 인해 그가 자살을
     "다른 형식의 죽음"과 구분하지 못하게 되었다고 주장한다. 스피노자의
     주장에 따르면 모든 죽음은 개인의 본성을 압도하는 외부 힘의 결과가
     되기 때문이다. 그러나 스피노자는 자살의 자발성이라는 요소를 통해
     외부적 힘이 강제한 다른 종류의 죽음과 자살을 구분할 수 있다.

10   "자유롭고 이성적인 사람은 자신과 세상에 대한 적합한 이해를 통해 자
     신의 행복의 관점에서 어떤 미래가 펼쳐질지 아주 정확히 파악하고 있
     다."라는 나의 주장을 복잡하게 만드는 것은 『에티카』 2부 정리 30과 31
     이다. 여기서 스피노자는 인간 정신이 자신과 자신의 신체를 포함한 사
     물의 지속에 대해 부적합한 인식만을 지닐 수밖에 없다고 주장한다. 그
     렇다면 이제 중요한 문제는 자살을 생각 중인 이성적으로 유덕한 사람
     이 자신의 미래를 바라볼 때 활용하는 그 뛰어난 통찰력에, 삶을 끝내겠
     다는 이성적인 결정에 필요한 확실성이 있는가가 될 것이다. 그러나 나
     는 존재 지속에 대한 적합한 인식이 그런 통찰력에 필요하다고 생각하
     지는 않는다. 저자의 해석에 대해 이 문제를 제기해 준 토머스 콜본(맥
     길 대학교)에게 감사의 말을 전한다.

11   *Ethics* IVp21.

12   *Ethics* IVp66.

13   이런 맥락에서 LeBuffe(2005, 191-92)가 (이에 찬성하지는 않지만) 제
     언하는 내용은 다음과 같다. 스피노자의 이론에 근거하면 "우리가 획
     득할 수 없는 더 큰 선보다 획득할 수 있는 더 작은 악을 좇는 편이 나
     을 때도 있다. (……) 심지어 때로는 거짓말이나 자살이 다른 어떤 대안
     보다 더 큰 자제력을 의미하기도 한다. 실제로, 4부 정리 20의 주석에
     서 스피노자는 일부 매우 불행한 상황에서는 자살이 인간이 선택할 수

있는 최선의 행동일 수 있음을 의미한다."(LeBuffe(2010, 192-93)를 참고할 것. 르버프는 이것을 세네카의 사례와 연결 짓는다.) 반면 Bennett(1984, 240)은 이것을 스피노자를 비판하는 논점으로 삼아 스피노자가 "이에 대해 분명 맹점을 드러냈으며 자살하려는 사람은 자신의 삶이 앞으로 얼마나 끔찍할지에 대해 생각한다는 사실을 보지 못했다."라고 말한다. 나는 르버프의 견해에 동의하며 논증을 통해 그의 주장을 강화하고 있기는 하지만, 정말 스피노자가 이성적인 자살의 가능성을 이해하지 못했는가에 대한 베넷의 견해에는 동의하지 않는다.

Miller(2005a, 24)는 정직에 대해 논의하면서 배신행위가 주는 혜택이 자신의 이성적 덕의 보존에 의해 대체될 수 있다고 언급하지만(『에티카』 4부 정리 72과 코나투스 이론 사이의 모순을 해결해 준다.) 자살에 대한 스피노자의 관점에는 다른 접근법을 취하면서 스토아학파와 달리 스피노자에게 자살은 이성적 행위가 될 수 없다고 결론 내린다. Lloyd(1996, 94) 역시 "스피노자는 일부 스토아학파가 이야기하는 고결한 자살이라는 윤리를 부인한다."라고 주장한다.

14 내가 확신의 표현을 쓰지 않은 것은 미래에 능력이 저하될 것이라는 생각이 적합한 관념을 통해 나왔다면 그것은 슬픔이 아니라 (오성으로서의) 기쁨이기 때문이다. 이 부분을 지적해 준 카롤리나 휘브너에게 감사의 말을 전한다.

15 다음을 참고할 것. *Ethics* IIIp13 and IIIp19.

16 *Ethics* IVp68.

17 *Ethics* IVp63c.

18 나의 해석에 대해 이 문제를 제기해 준 돈 러더퍼드에게 고맙다. 존 그레이는 이미 내 전작의 해석(Nadler 2015)에 반대한 바 있으며, 적합한 관념에 의해서만 행동하는 자유인이 자신의 죽음에 대한 적합한 관념을 가질 수는 없으므로 스피노자에게 자유롭고 이성적인 행동으로서의 자살은 있을 수 없다고 주장했다.(Grey 2017)

19 *Ethics* IVp65c.

20 *Ethics* IVp20s.

21 *Ethics* IVp20s.

22   Bennett(1984, 237-38)이 좋은 예시를 들어 이 논점을 자세히 설명한다.

23   *Ethics* IVp20s.(강조는 저자)

24   Bennett(1984, 238)도 세네카에 관해 비슷한 주장을 펼친다. 그에 따르
      면 세네카의 "자살은 그날 죽지 않는다면 다음 날 아침 더 잔혹한 죽음
      을 맞이할 것이라는 세네카의 믿음"과 "본성에서 비롯된 것"이다. 반면
      LeBuffe(2005, 192)와 Barbone and Rice(1994)는 이에 이견을 제기하
      며 세네카가 자발적으로 자살하지 않았다고 주장한다.(그러나 르버프
      는 이후 그의 생각을 바꾼 듯 보인다. LeBuffe (2010, 191-92)를 참고
      할 것.) 이는 Matson(1977, 410)의 견해이기도 한데, 그는 행위에 관한
      선택이 자신에게 어떤 미래가 기다리고 있는지에 관한 통찰에 근거한다
      고 인정하면서도 이는 행위를 야기하는 원인이 그 사람의 외부에 있음
      을 암시한다고 주장한다. "자살을 하는 사람은 그것이 맞든 틀리든 세
      상이 자신에게 가할 불행보다 소멸이 낫다고 믿기 때문이다. 이것은 분
      명한 외부 원인이다." Carriero(2017, 166) 역시 코나투스가 단순한 존
      재 지속을 위한 노력이 아니라 완전함 속에서의 존재 지속을 위한 노력
      이므로 세네카가 그랬듯이 "더 작은 악을 선택함으로써" 이르게 된 자
      살은 "존재를 보존하는 것"으로 이해할 수 있다는 데 동의한다. 그러나
      카리에로는 이것을 명확하게 '이성적인' 행위로 인정하지는 않는다.

25   자살에 대한 스피노자와 스토아학파의 관점을 비교하려면 Miller(2005a)
      를 참고할 것.

26   *De finibus* III.18.60-61(translation from Cicero(1931, 279-81)).

27   *Ethics* IVp67.

28   Grey(2017)는 스피노자의 자유인이 자신의 죽음에 대한 적합한 관념을
      가질 수 없다고 주장한다.

10 죽음에 관하여

1   Israel(1995, 625)에 인용.

2   Ep. 17, G IV.76/C I.353.

3   Plato, *Apology*, 40c-41a.

4   *Ethics* IVp63.

5   *Ethics* IVp63s.

6   실제로 Grey(2017)는 자유인이 자신의 죽음에 대해, 적어도 적합한 관념을 통해서는 생각할 수 없다고 주장한다. 그러나 나는 이것이 옳다는 확신이 없다. 『에티카』의 정리들을 적합한 관념으로 간주한다면, 인간 생명의 유한함을 설명하는 정리들(특히 "인간이 존재를 지속하는 힘에는 한계가 있으며, 외부 원인의 힘은 그것을 무한히 능가한다."라고 말하는 4부의 정리 3)은 분명 자유인에게 자신의 죽을 운명에 대한 적합한 이해로 간주되어야 한다.

7   *Ethics* IVp3.

8   Deleuze(1981, 40)가 이야기하듯이, 정념에 의해 인도되는 삶에서 "우리는 사는 것이 아니라 외견상 삶과 유사한 것을 영위할 뿐이다. 그런 삶은 죽음을 멀리하는 방법만 생각하기 때문에 삶 전체가 죽음에 대한 숭배와 다름없다."

9   *Encheiridion*, 21.

10   *Ad Lucilium Epistolae Morales*, Ep. 4, lines 5-9(translation from Seneca [1979, 15-17]).

11   이 내용은 1658년에 스페인 종교 재판에 제출된 토마스 솔라노 수사와 미겔 페레스 데 말트라닐라의 보고서에 나타난다. Révah(1959)에 나온 보고서와 Nadler(2001, 29-30)에 나오는 논의를 참고할 것.

12   *Letter to Menoecus*.

13   *Ethics* Vp20s.

14   이것은 정신의 영속적인 부분이 사적인 성질은 아니더라도 적어도 개인적인 성질, 즉 존재를 지속하는 나 자신과 관계가 있다고 인식할 수 있는 무엇이 있는가에 관한 한층 심오한 문제다. 사실 나는 정신의 영속성에 개인적인 성질이 꼭 있는 것은 아니라고 본다. 이것이 스피노자의 설명과 모순된다고 하더라도 말이다. Nadler(2001, chap. 5)를 참고할 것.

15   Mendelssohn(1983, 123).

16   *Ethics* Vp23.

17   *Ethics* Vp22.

18   *Ethics* Vp38dem.

19   *Ethics* Vp40c.

20   자의식과 기억은 지속적으로 존재하는 신체에 연결되어 있으므로 영
     속적인 정신의 특징이 아니라는 점에 대해서는 각각 『에티카』 2부 정
     리 23과 5부 정리 21을 참고할 것. 정신의 영속성 이론의 두 가지 측면
     에 대한 자세한 논의를 알고 싶다면 Garber(2005), 여기에 언급된 반불
     멸성 분석에 대한 더 자세한 설명과 논증을 보고 싶다면 Nadler(2001)
     를 참고할 것. 모든 학자가 스피노자의 정신의 영속성 이론이 곧 개인
     의 불멸성을 부정한 것이라고 동의하는 것은 아니다. 이 논점에 대해서
     는 특히 Wolfson(1934, II.310-11), Donagan(1974; 1988, chap. 10),
     Bennett(1984, 375), Rudavsky(2000, 181-86)를 참고할 것.

21   *Ethics* Vp38s.

22   *Ethics* Vp38s.

23   *Ethics* Vp34s.

24   *Ethics* Vp42.

25   Garber(2005, 113).

11 올바른 삶의 방법

1   *Ethics* Vp42s, G II.308/C I.617.

2   *Ethics* IVp17s. 수많은 경험 가운데서도 스피노자가 가장 큰 충격을 받
    은 일은 1672년에 성난 군중이 네덜란드 연방 의회 의장이었던 얀 더빗
    과 그의 형 코르넬리스(두 사람은 프랑스와의 전쟁 중에 반역을 저질렀
    다는 모함을 당했다.)를 살해하고 그들의 주검을 갈기갈기 찢은 사건이
    었다.

3   Kant(1996, 61).

4   그러나 몇몇 학자들, 특히 Kisner(2011, chap. 8)는 자유인을 인간 본성
    의 전형과 동일시해서는 안 된다고 주장한다.

5   이를테면 Garrett(1990)을 참고할 것.

6   이 주장에 대한 설명은 Garrett(1990)과 Garber(2004)를 참고할 것.

내 해석이 맞다면 Kisner(2011, 113)를 참고해도 좋다.

7   실제로 Rutherford(2008)는 자유인에게는 이성의 지시가 전혀 규범적
    이지 않고 자유인이 사는 방식을 묘사할 뿐이라고 주장한다. 러더퍼드
    에 따르면 스피노자는 인간이 어떻게 행동해야 하느냐가 아니라 이성의
    영향을 받으면 필연적으로 어떻게 행동하는지에 대해 결론 내리고 있다.

8   Curley(1973)와 Kisner(2011, 118)를 참고할 것. 키스너는 러더퍼드의
    해석에 이의를 제기한다.

9   *Ethics* IVp18s.

10 LeBuffe(2014)는 사실 모든 이성의 명령이 공통 개념에 근거하기 때문
    에 모든 사람이 알고 있는 것이며 기본적으로 상식에 해당한다고 주장
    한다.

11 이성의 지시를 이렇게 구분하는 방법은 Kisner(2011, chap. 6)가 제안
    했다.

12 Kisner(2011, 112)와 Curley(1973, 371)는 이성의 명령을 "칸트 이론
    의 언어로 설명하면 필연적 선례를 동반한 가설적 명령이므로 사실상
    정언명령"이라고 설명한다.

13 *TTP* XVI, G III.191/C II.284.

14 *Ethics* IVp54s. 스피노자의 "유덕한 정념"에 대해서는 Kisner(2008)를
    참고할 것.

15 그러나 아래에서 논의하듯이 실질적(즉 법적 또는 도덕적으로 구속력
    이 있어 강제되는) 의무가 있는 것은 아니다.

16 다음을 참고할 것. *TTP* XVI, annotation 34.

17 사실 이성의 명령을 따르는 것만으로도 그 사람은 이미 그만큼 자유로
    운 사람이다.

18 *Ethics* Vp10s.

19 실제로 스피노자는 이성의 지도에 따라 사는 사람이 어떻게 행동하는지
    설명하는 『에티카』 4부 정리 46과 그 주석이 첫 번째 준칙과 동일하다
    고 말한다.

20 *Ethics* Vp10s.

21 *Nicomachean Ethics* II.4, 1105b9-11.

22 Kisner(2011, 118-19)는 가장 일반적인 이성의 명령을 자연법에 비유하면서 자연법을 "존재를 지속하고 능력을 증대하고자 하는 인간의 욕망으로 인해 규준적이라고 설명한다." 그리고 다음과 같이 주장한다. "스피노자의 자연법도 홉스의 자연법과 마찬가지로 본질적으로 인간의 욕망 때문에 규준적 원칙의 기능을 하는 기술적(記述的) 주장이다. (……) 모든 사람은 깨닫든 깨닫지 못하든 이성에 따라 살기를 원하는데, 그렇게 하는 것이 자신의 능력을 가장 크게 증대시킬 수 있기 때문이다. 따라서 스피노자의 자연법은 모든 사람이 이성을 제공하는 욕망을 소유하여 이성의 명령을 의무라고 받아들인다는 점에서 보편적으로 구속력이 있다." 그러나 나는 키스니가 왜 이러한 추론이 더 구체적인 이성의 명령, 예를 들어 자유인을 정직하게 만드는 이성의 명령에도 적용된다고 보지 않는지 궁금하다. 왜냐하면 그런 명령들 역시 "이성을 따르고자 하는 욕구"와 "능력을 증대시키고자 하는 욕구"를 만족시키는 데 도움이 되기 때문이다.

23 정신 안에 이성의 적합한 관념이 있는 한, 이성의 명령은 반드시 어느 정도의 정서적 힘을 가지므로 어느 정도 실천력을 지닌다.

24 *TTP* XVI, G III.190/C II.283.

25 Ep. 57, G IV.264/C II.425-26.

26 스피노자는 답장에서 "그가 말하는 내가 내린 자유의 정의(즉 '어떤 원인에 의해 무엇인가로 결정되지 않은 것')와 관련하여 (……) 나는 그가 그것을 어디서 들었는지 모른다."(Ep. 58, G IV.265/C II.427)라고 말한다. 게다가 치른하우스가 말한 '결정된다'의 의미는 스피노자가 의미한 바와 다르다는 것은 분명하다. 치른하우스에게 있어 무엇이 결정되는 것은 오직 그 사건에 대한 (그의 말을 빌리면) '유인' 또는 그것을 더 가능성 있게 만든 인과적 조건이 있을 때만 발생한다. 반면 스피노자에게 있어 결정이란 대안을 용인하지 않는 인과적 필연성이다.(치른하우스는 이것을 결정이 아니라 '강제'라고 부른다.) 이것이 바로 치른하우스가 모든 것은 결정되지만 모든 것이 강제되는 것은 아니라고 말할 수 있었던 이유다. 그는 선행된 요인에 의해 결정되기는 하나 강제되지는 않아서 지금과 달랐을 수도 있기 때문에 자유롭다고 할 수 있는 인간 행

위들이 있다고 말한다.

27 물론 치른하우스가 '우리가 외부 사물에 의해 언제나 효과적으로 강제
    되고 결정된다면 유덕하게 행동하는 일이 가능한가'라고 묻는다면, 스
    피노자는 가능하지 않다고 말할 것이다.

28 Ep. 58, G IV.267/C II.430.

参고 문헌

Alquié, Ferdinand (1998). *Le Rationalisme de Spinoza*. Paris: Presses Universitaires de France.

Alquié, Ferdinand (2003). *Leçons sur Spinoza*. Paris: La Table Ronde.

Barbone, Steven, and Lee Rice (1994). "Spinoza and the Problem of Suicide." *International Philosophical Quarterly* 34: 229–41.

Bennett, Jonathan (1984). *A Study of Spinoza's Ethics*. Indianapolis: Hackett Publishing.

Bidney, David (1962). *The Psychology and Ethics of Spinoza*. New York: Russell and Russell.

Carlisle, Clare (2017). "Spinoza's *Acquiescentia*." *Journal of the History of Philosophy* 55: 209–36.

Carriero, John (2017). "Conatus." In Yitzhak Melamed, ed., *Spinoza's Ethics: A Critical Guide*. Cambridge: Cambridge University Press, 142–68.

Carson, Thomas L. (2010). *Lying and Deception: Theory and Practice*. Oxford: Oxford University Press.

Cicero, Marcus Tullius (1931). *On Ends*. Translated by H. Rackham for the Loeb Classical Library. Cambridge, MA: Harvard University Press.

Curley, Edwin (1973). "Spinoza's Moral Philosophy." In Marjorie Grene, ed., *Spinoza: A Collection of Critical Essays*. Notre Dame, IN: University of Notre Dame Press, 354-76.

Curley, Edwin (1988). *Behind the Geometric Method*. Princeton, NJ: Princeton University Press.

DeBrabander, Firmin (2007). *Spinoza and the Stoics: Power, Politics, and the Passions*. London: Continuum.

De Dijn, Herman (1996). *Spinoza: The Way to Wisdom*. West Lafayette, IN: Purdue University Press.

De Dijn, Herman (2004). "*Ethics* IV: The Ladder, Not the Top: The Provisional Morals of the Philosopher." In Yirmiyahu Yovel and Gideon Segal, eds., *Ethica 4: Spinoza on Reason and the "Free Man."* New York: Little Room Press, 37-56.

Delahunty, R. J. (1985). *Spinoza*. Boston: Routledge and Kegan Paul.

Deleuze, Gilles (1981). *Spinoza: Philosophie pratique*, 2nd ed. Paris: Les Éditions de Minuit.

Della Rocca, Michael (1996). "Spinoza's Metaphysical Psychology." In Don Garrett, ed., *The Cambridge Companion to Spinoza*. Cambridge: Cambridge University Press, 192-265.

Della Rocca, Michael (2004). "Egoism and the Imitation of the Affects in Spinoza." In Yirmiyahu Yovel and Gideon Segal, eds., *Spinoza on Reason and the "Free Man."* New York: Little Room Press, 123-48.

Descartes, René (1989). *The Passions of the Soul*. Translated by Stephen Voss. Indianapolis: Hackett Publishing.

Diogenes Laertius (2018). *Lives of the Eminent Philosophers*. Translated by Pamela Mensch, edited by James Miller. Oxford: Oxford University Press.

Donagan, Alan (1974). "Spinoza's Proof of Immortality." In Marjorie Grene, ed., *Spinoza: A Collection of Critical Essays*. Notre Dame, IN: University of Notre Dame Press, 241-58.

Donagan, Alan (1988). *Spinoza*. Chicago: University of Chicago Press.

Frankena, William K. (1975). "Spinoza's 'New Morality': Notes on Book

IV." In Eugene Freedman, ed., *Spinoza: Essays in Interpretation*. La Salle, IL: Open Court, 85–100.

Gabhart, Mitchell (1999). "Spinoza on Self-Preservation and Self Destruction." *Journal of the History of Philosophy* 37: 613–28.

Garber, Daniel (2004). "Dr. Fischelson's Dilemma: Spinoza on Freedom and Sociability." In Yirmiyahu Yovel and Gideon Segal, eds., *Spinoza on Reason and the "Free Man."* New York: Little Room Press, 183–208.

Garber, Daniel (2005). "'A Free Man Thinks of Nothing Less Than of Death': Spinoza on the Eternity of the Mind." In Christia Mercer and Eileen O'Neill, eds., *Early Modern Philosophy: Mind, Matter, and Metaphysics*. Oxford: Oxford University Press, 103–18.

Garrett, Don (1990). "'A Free Man Always Acts Honestly, Not Deceptively': Freedom and the Good in Spinoza's Ethics." In Edwin Curley and Pierre François Moreau, eds., *Spinoza: Issues and Directions*. Leiden: Brill, 221–38.

Garrett, Don (1996). "Spinoza's Ethical Theory." In Don Garrett, ed., *The Cambridge Companion to Spinoza*. Cambridge: Cambridge University Press, 267–314.

Garrett, Don (1999). "Teleology in Spinoza and Early Modern Rationalism." In Rocco Gennaro and Charles Huenemann, eds., *Essays on the Rationalists*. Oxford: Oxford University Press, 310–36.

Garrett, Don (2010). "'Promising Ideas': Hobbes and Contract in Spinoza's Political Philosophy." In Yitzhak Y. Melamed and Michael A. Rosenthal, eds., *Spinoza's Theological-Political Treatise: A Critical Guide*. Cambridge: Cambridge University Press, 192–209.

Gatens, Moira, ed. (2009). *Feminist Interpretations of Benedict Spinoza*. University Park: Pennsylvania State University Press.

Grey, John (2017). "Reply to Nadler: Spinoza and the Metaphysics of Suicide." *British Journal for the History of Philosophy* 25: 380–88.

Gullan-Whur, Margaret (2002). "Spinoza and the Equality of Women."
  Theoria 68: 91-111.

Harvey, Warren Zev (1981). "A Portrait of Spinoza as a Maimonidean."
  Journal of the History of Philosophy 19: 151-72.

Hobbes, Thomas (1782). *Elementa philosophica de cive*. Basel: J. J. Flick.

Hübner, Karolina (2014). "Spinoza on Being Human and Human Perfec-
  tion." In Matthew Kisner and Andrew Youpa, eds., *Essays on Spino-
  za's Ethical Theory*. Oxford: Oxford University Press, 124-42.

Huenemann, Charles (1997). "Spinoza's Free Man." *Journal of Neoplatonic
  Studies* 6: 105-35.

Israel, Jonathan (1995). *The Dutch Republic: Its Rise, Greatness, and Fall:
  1477-1806*. Oxford: Oxford University Press.

James, Susan (1993). "Spinoza the Stoic." In Tom Sorrell, ed., *The Rise of
  Modern Philosophy*. Oxford: Clarendon Press, 289-316.

Jarrett, Charles (2014). "Spinozistic Constructivism." In Matthew Kisner
  and Andrew Youpa, eds., *Essays on Spinoza's Ethical Theory*. Oxford:
  Oxford University Press, 57-84.

Kant, Immanuel (1996). *Practical Philosophy*. Translated and edited by
  Mary Gregor and Allen Wood. In *The Cambridge Edition of the
  Works of Immanuel Kant*. Cambridge: Cambridge University Press.

Kisner, Matthew J. (2008). "Spinoza's Virtuous Passions." *Review of Meta-
  physics* 61: 759-83.

Kisner, Matthew J. (2010a). "Perfection and Desire: Spinoza on the
  Good." *Pacific Philosophical Quarterly* 91: 97-117.

Kisner, Matthew J. (2010b). "Reconsidering Spinoza's Free Man: The
  Model of Human Nature." *Oxford Studies in Early Modern Philoso-
  phy* 5: 91-114.

Kisner, Matthew J. (2011). *Spinoza on Human Freedom: Reason, Autonomy,
  and the Good Life*. Cambridge: Cambridge University Press.

Kisner, Matthew J., and Andrew Youpa, eds. (2014). *Essays on Spinoza's*

Ethical Theory. Oxford: Oxford University Press.

Koistinen, Olli, ed. (2009). *The Cambridge Companion to Spinoza's Ethics*. Cambridge: Cambridge University Press.

Lagrée, Jacqueline (2002). "Spinoza et la norme du bien." In Jacqueline Lagrée, ed., *Spinoza et la norme*. Besançon: Presses Universitaires Franc-Comtoises, 107–19.

LeBuffe, Michael (2005). "Spinoza's *Summum Bonum.*" *Pacific Philosophical Quarterly* 86: 243–66.

LeBuffe, Michael (2007). "Spinoza's Normative Ethics." *Canadian Journal of Philosophy* 3: 371–392.

LeBuffe, Michael (2010). *From Bondage to Freedom: Spinoza on Human Excellence*. Oxford: Oxford University Press.

LeBuffe, Michael (2014). "Necessity and the Commands of Reason in the Ethics." In Matthew J. Kisner and Andrew Youpa, eds., *Essays on Spinoza's Ethical Theory*. Oxford: Oxford University Press, 197–220.

LeBuffe, Michael (2018). *Spinoza on Reason*. Oxford: Oxford University Press.

Lin, Martin (2006a). "Spinoza's Account of Akrasia." *Journal of the History of Philosophy* 44: 395–414.

Lin, Martin (2006b). "Teleology and Human Action in Spinoza." *Philosophical Review* 115: 317–54.

Lloyd, Genevieve (1994). *Part of Nature: Self-Knowledge in Spinoza's Ethics*. Ithaca, NY: Cornell University Press.

Lloyd, Genevieve (1996). *Routledge Philosophy Guidebook to Spinoza and the Ethics*. London: Routledge.

Lucash, Frank (2012). "Spinoza on Friendship." *Philosophia* 40: 305–17.

Machery, Pierre (1994). "*Éthique* IV: Les Propositions 70 et 71." *Revue de Métaphysique et de Morale* 4: 459–74.

Maimonides, Moses (1963). *The Guide of the Perplexed*, 2 vols. Translated by Shlomo Pines. Chicago: University of Chicago Press.

Marshall, Eugene (2008). "Spinoza on the Problem of Akrasia." *European Journal of Philosophy* 18: 41–59.

Marshall, Eugene (2014). *The Spiritual Automaton: Spinoza's Science of the Mind*. Oxford: Oxford University Press.

Matheron, Alexandre (1969). *Individu et communauté chez Spinoza*. Paris: Éditions de Minuit.

Matheron, Alexandre (1977). "Femmes et serviteurs dans la Démocratie spinoziste." *Revue philosophique de France et de l'Etranger* 167: 181–200.

Matson, Wallace (1977). "Death and Destruction in Spinoza's *Ethics*." *Inquiry* 20: 403–17.

Mattern, Ruth (1978). "Spinoza and Ethical Subjectivism." *Canadian Journal of Philosophy* 8, supp. 1 ("Rationalism and Empiricism"): 59–82.

Melamed, Yitzhak (2011). "Spinoza's Anti-Humanism: An Outline." In Carlos Fraenkel, Dario Perinetti, and Justin E. H. Smith, eds., *The Rationalists: Between Tradition and Innovation*. Dordrecht: Springer, 147–65.

Mendelssohn, Moses (1983). *Jerusalem*. Translated by Alan Arkus. Hanover, NH: Brandeis University Press.

Miller, Jon (2005a). "Stoics and Spinoza on Suicide." In Gàbor Boros, ed., *Der Einfluss des Hellenismus auf die Philosophie der frühen Neuzeit*. Wiesbaden: Harrassowitz.

Miller, Jon (2005b). "Spinoza's Axiology." *Oxford Studies in Early Modern Philosophy* 2: 149–72.

Miller, Jon (2015). *Spinoza and the Stoics*. Cambridge: Cambridge University Press.

Nadler, Steven (2001). *Spinoza's Heresy: Immortality and the Jewish Mind*. Oxford and New York: Oxford University Press.

Nadler, Steven (2008). "'Whatever Is, Is in God': Substance and Things in Spinoza's Metaphysics." In Charles Huenemann, ed., *Interpreting Spinoza*. Cambridge: Cambridge University Press, 53-70.

Nadler, Steven (2015). "On Spinoza's Free Man." *Journal of the American Philosophical Association* 1: 103-20.

Nadler, Steven (2016). "Spinoza on Lying and Suicide." *British Journal for the History of Philosophy* 24: 257-78.

Nadler, Steven (2017). "The Intellectual Love of God." In Michael Della Rocca, ed., *The Oxford Handbook to Spinoza*. Oxford: Oxford University Press.

Nadler, Steven (2018). *Spinoza: A Life*, 2nd ed. Cambridge: Cambridge University Press.

Révah, I. S. (1959). *Spinoza et Juan de Prado*. Paris: Mouton & Co.

Rosenthal, Michael (1998). "Two Collective Action Problems in Spinoza's Social Contract Theory." *History of Philosophy Quarterly* 15: 389-409.

Rudavsky, Tamar (2000). *Time Matters: Time, Creation, and Cosmology in Medieval Jewish Thought*. Albany: State University of New York Press.

Rutherford, Donald (1999). "Salvation as a State of Mind: The Place of *Acquiescentia* in Spinoza's Ethics." *British Journal for the History of Philosophy* 7: 447-73.

Rutherford, Donald (2008). "Spinoza and the Dictates of Reason." *Inquiry* 51: 485-511.

Sandler, Ronald (2005). "*Intuitus* and *Ratio* in Spinoza's Ethical Thought." *British Journal for the History of Philosophy* 13: 73-90.

Seneca (1979). *Ad Lucilium Epistolae Morales*, 3 vols. (vol. 1). Loeb Classical Library. Cambridge, MA: Harvard University Press.

Sidgwick, Henry (1907). *The Methods of Ethics*. London: MacMillan and Co.

Smith, Steven B. (2003). *Spinoza's Book of Life: Freedom and Redemption in the Ethics*. New Haven, CT: Yale University Press.

Soyarslan, Sanem (2014). "The Susceptibility of Intuitive Knowledge to Akrasia in Spinoza's Thought." *British Journal for the History of Philosophy* 22: 725-47.

Soyarslan, Sanem (2018). "From Humility to Envy: Questioning the Usefulness of Sad Passions as a Means towards Virtue in Spinoza's *Ethics*." *European Journal of Philosophy*, December 3, https://doi.org/10.1111/ejop.12422.

Spinoza, Benedictus (1925). *Spinoza Opera*, edited by Carl Gebhardt, 4 vols. Heidelberg: Carl Winters Universitaetsbuchhandlung.

Spinoza, Benedictus (1985, 2016). *The Collected Works of Spinoza*, 2 vols. Translated and edited by Edwin Curley. Princeton, NJ: Princeton University Press.

Steinberg, Diane (1984). "Spinoza's Ethical Doctrine and the Unity of Human Nature." *Journal of the History of Philosophy* 22: 303-24.

Tacitus, Publius Cornelius (1977). *The Annals of Imperial Rome*. Translated by Michael Grant. Harmondsworth: Penguin.

Temkine, Pierre (1994). "Le Modèle de l'homme libre." *Revue de Métaphysique et de Morale* 4: 437-48.

Varden, Helga (2010). "Kant and Lying to the Murderer at the Door··· One More Time: Kant's Legal Philosophy and Lies to Murderers and Nazis." *Journal of Social Philosophy* 41: 403-21.

Williams, Bernard (1985). *Ethics and the Limits of Philosophy*. London: Fontana Press.

Wolfson, Harry Austryn (1934). *The Philosophy of Spinoza*, 2 vols. Cambridge, MA: Harvard University Press.

Yakira, Elhanan (2004). "Is the Rational Man Free?" In Yirmiyahu Yovel and Gideon Segal, eds., *Spinoza on Reason and the "Free Man."* New York: Little Room Press, 69-81.

Youpa, Andrew (2003). "Spinozistic Self-Preservation." *Southern Journal of Philosophy* 41: 477-90.

Youpa, Andrew (2009). "Spinoza's Theory of the Good." In Olli Koistinen, ed., *The Cambridge Companion to Spinoza's* Ethics. Cambridge: Cambridge University Press, 242–57.

Youpa, Andrew (2010a). "Spinoza's Theories of Value." *British Journal for the History of Philosophy* 18: 209–29.

Youpa, Andrew (2010b). "Spinoza's Model of Human Nature." *Journal of the History of Philosophy* 48: 61–76.

Yovel, Yirmiyahu (1999). "Transcending Mere Survival: From *Conatus* to *Conatus Intelligendi.*" In Yirmiyahu Yovel, ed., *Desire and Affect: Spinoza as Psychologist: Ethica III.* New York: Little Room Press, 45–61.

Yovel, Yirmihahu, and Gideon Segal, eds. (2004). *Ethica 4: Spinoza on Reason and the "Free Man."* New York: Little Room Press.

옮긴이 연아람

한국외국어대학교 영어교육학과를 졸업한 후 서강대학교에서 국제관계학을, 영국 런던정치경제대학(LSE)에서 인권학을 공부하고 이주 정책 및 청소년 교육 관련 공공 기관에서 근무했다. 한국외국어대학교 통번역대학원에서 번역 전공으로 석사 학위를 받았으며 영미권 도서를 우리말로 옮기는 작업에 매진하고 있다. 옮긴 책으로 『생명 가격표』, 『주소 이야기』가 있다.

죽음은   최소한으로   생각하라

1판 1쇄 펴냄 2022년 7월 29일
1판 2쇄 펴냄 2024년 2월 29일

지은이 스티븐 내들러
옮긴이 연아람
발행인 박근섭·박상준
펴낸곳 (주)민음사

출판등록 1966. 5. 19. 제16-490호
주소   서울시 강남구 도산대로 1길 62(신사동)
        강남출판문화센터 5층(06027)
대표전화 02-515-2000 | 팩시밀리 02-515-2007
홈페이지 www.minumsa.com

한국어 판 ⓒ (주)민음사, 2022. Printed in Seoul, Korea

ISBN 978-89-374-5595-7 03100

* 잘못 만들어진 책은 구입처에서 교환해 드립니다.